U0635586

马克思政治哲学视阈中的
分配正义问题研究

Makesi Zhengzhi Zhexue Shiyu Zhong De
Fenpei Zhengyi Wenti Yanjiu

涂良川 ◎著

人民出版社

目　录

引　言

　　自罗尔斯《正义论》问世以来，分配正义再次成为政治哲学研究的焦点。如何保障公民的基本利益，以公平的方式来分配权力与职位、权利与机会、收入与财富就成为分配正义的基本问题。分配正义基本问题的转换引发了西方学界的长期争论，罗尔斯、德沃金、诺奇克、阿玛蒂亚·森等政治哲学家就一些前沿问题进行了激烈讨论，形成了一系列旗帜鲜明的理论观点和理论流派，如权利平等主义、资源平等主义、后果平等主义、自由至上主义，等等。同时，分配正义研究的兴起也给历史唯物主义和马克思的政治哲学研究提出了新课题。众所周知，马克思没有像当代政治哲学家那样对分配正义问题进行系统性的研究与讨论，但马克思在批判资本主义社会、资产阶级意识形态、阐释共产主义原理的过程中提出了丰富的正义理论（比如"权利本来就是不平等的"）和分配观点（比如"各尽所能，按需分配"等），无疑，这为当下的分配正义研究奠定了最为深厚的存在论根基，将分配正义问题的研究牢牢地锚定在人类解放的现实道路上。

　　在这个意义上，本书立足于马克思以实现全人类解放为目标的政治哲学来明确马克思分配正义的核心内涵，在透视当代西方政治哲学分配正义的理论逻辑与内在局限的基础上，试图超越就分配谈分配的研究理路，将对分配正义问题的研究从分配推向生产，从物质利益推向人的自我实现，使分配正义研究上升到"人的原则高度"。同时，以重述马克思分配正义批判性的方式提炼马克思分配正义的建构性，为正确应对我国目前分配正义研究中过分强调增加财产性收入和保护非劳动收入的倾向、正视分配中市场调节与政府干预之间的矛盾与冲突提供思想基础，并以此探索建构我国分配正义原则的方向与路径，丰富与发展马克思分配正义的研究与实践。

在开始马克思的分配正义研究之前，我们有必要简要梳理一下国内外既有研究现状，以明确未来的研究方向。

自罗尔斯以来的西方政治哲学界以自由、平等、权利、福利等关键词为基点对分配正义进行了蔚为壮观的学理建构。这引发了西方马克思主义——分析马克思主义、生态马克思主义、女权主义、社会批判理论学派等——的积极回应。西方马克思主义对马克思分配正义的研究主要涉及如下几个问题：马克思是否拒斥正义，马克思分配视野中的资本主义生产与分配是否正义，共产主义社会是否超越正义，马克思是否反对分配正义，借用历史唯物主义的概念范畴修正西方主流政治哲学的分配正义理论等。

塔克尔在《马克思的革命观念》一书中依据《哥达纲领批判》，在将历史唯物主义理解为历史还原论后，阐释了一个"既无分配也无正义"的马克思。艾伦·伍德以更为细密的论证提出"马克思并不认为资本主义是非正义的"观点，并在其"起源性论证"中将马克思创造的历史唯物主义与"正义的边缘化"本质地结合起来。胡萨米则认为"塔克尔—伍德命题"（Tucker-Wood Thesis）犯了"以偏概全"的错误，这一命题只注意到了规范的社会决定而忽视了规范的阶级决定。柯亨以重塑马克思思想的规范性内涵与平等主义的道德精神来拯救罗尔斯的正义论，完成了"平等主义正义论的新建构"。罗默推动机会平等与个人责任的有机融合，重新引入了分配的重要概念"应得"，认为资源分配应该努力使分布处于相同百分位数的个人回报均等化。埃尔斯特力求探索"一个概念的和理论性的框架来描绘和解释社会机构是怎样分配稀缺物品和必要负担"的"局部正义"理论。尼尔森肯定了马克思对资本主义分配的透视与分析，认为分配问题不能独立于生产问题，社会主义不是一种分配社会产品的选择性系统。奥康纳"绕开"唯物主义认为，"分配正义首先关涉的是个体的权利／要求而不是社会的权利／要求"，对于平等来说必要的不是分配正义而是"生产性正义"。弗雷泽认为，"今天的正义需要再分配和承认，孤立的二者是不充分的"。

从国外研究的状况来看，西方马克思主义的学者主要局限于当代西方政治哲学所开创的分配正义范式，在物质利益和政治权利之间摇摆不定，而未能深入到人的现实的存在方式：比如，有的仅仅局限于就分配而分配的表象，有的局限于资产阶级政治意识形态，有的则是将个人与社会割裂开来，即使是号称重建历史唯物主义的分析马克思主义者对马克思分配正义的政治哲学前提也少有涉及。因此，西方马克思主义学者基本上是对罗尔斯、德沃金以及诺奇克所开创的分配正义范式进行马克思主义式的小修小补，未能对当代西方政治哲学分配正义的资产阶级属性进行澄清，从而就不能对之进行有力的回应。这造成的结果就是，马克思的分配正义研究与实践并没有在人的解放的意义上得到应有的推进。

与国外学者对马克思分配正义的纯学理研究不同，国内学者研究的现实性指向更为明显，他们往往立足于中国社会分配问题的现状，以期从马克思的分配正义思想中找到解决问题的钥匙。目前，国内学者一致认为，中国目前的分配存在三方面的突出问题：分配不公导致贫富差距进一步扩大、劳动者报酬在初次分配中的比例偏低、公共服务在分配中所占比例及功能没得到分配正义的应有关注。但是，国内学者对分配正义的研究一直也没能真正突破当代西方政治哲学分配正义确立的理论范式，在未做根本性修正的基础上直接将其运用于中国社会的分配现实。

而从马克思政治哲学视阈来研究分配正义的理论自觉正处于萌生之中，这主要表现在以下五个方面：其一，揭示研究马克思分配思想的必要性与可能性。段忠桥提出，"我们应该在时代中发展马克思主义，创立一种新的超越传统马克思主义分配正义观的正义理论"；李惠斌以追问"马克思的分配正义理论是否可能"的方式肯定了马克思分配思想应该得到必要的重视。其二，以马克思历史唯物主义的某些重要范畴尝试建构历史唯物主义的分配正义。比如，姜涌着眼于劳动者事实上如何生活的"劳动分配正义观"研究、魏晓萍依据对《马克思恩格斯全集》Mega^{2}版的解读作了"通向分配正义的劳动价值研究"等。其三，悬置马克思分配正义的内涵与哲学前提，比较研究马克思与当代西方学者的分配正义。比如，有多位学者对马克思与罗尔斯的分配正义进行了比较研究，林进平对马克思与哈耶克批判分配正义的比较研究等。其四，以马克思的单一重要文本为基础分析分配正义的可能性与可欲性。王广认为分配正义是生产方式的反映和表征，应该超越"分配—正义"的理路。其五，借用西方政治哲学话语体系并结合马克思历史唯物主义来建构当代中国的分配正义原则。比如洪镰德主张以"贡献原则"乃至"权利原则"对分配进行制度性调节等。

　　综合国内目前的研究现状，我们发现，探讨如何应对当前我国面临的分配正义的论著虽然明显增多，但它们大多是基于罗尔斯、德沃金等当代西方政治哲学家的正义理论，而不是基于马克思主义的正义理论。对马克思分配正义的研究，一方面力图超越对马克思分配思想的传统解读，另一方面也尝试从马克思的某些重要概念来重构马克思的分配正义，也有学者针对当代中国的分配问题以"嫁接"的方式借用西方政治哲学分配正义的概念来建构当代中国的分配原则。这些研究理路，一方面说明了马克思分配正义的研究目前还受限于西方政治哲学开创的理论范式，另一方面也说明了马克思分配正义的核心内涵亟待明确、研究意境尚待提升。

　　因此，国内外的研究现状凸显了马克思分配正义及实践路径研究的必要性与紧迫性。这一方面是因为，分配正义是人类社会绕不开的难题，更是关系今天中国社会公平公正、和谐稳定，以及中国人全面发展的重要理论与实践问题。另一方面则是因为，以脱离社会历史现实的"应得"为基础，通过"道德权利"与"法律权利"建构的基于"平等权利"的分配正义，是以金钱为"公分母"对正面与负面效果的一种物化衡量。这种理论范式虽然推进了分配正义研究的深入与分配方式的变革，但仅仅是一种就分配而分配的表象主义，尚未从根本上深入到分配正义本身。从根本上来说，"分配是人享有人类文明与社会进步成果的基本方式"[①]，这就意味着分配通过给个人提供物质产品和精神动力的方式实现个人与社会的协调一致。因此，分配问题不

---

① 　涂良川、胡海波：《论马克思的分配正义思想》，《现代哲学》2009 年第 2 期。

仅仅是最为迫切的生活资料的占有问题，更关键的是通过生产资料的占有而实现对人的本质力量的占有，使人参与到人类文明的现实建构中来。

这样来看，真实开启与推进马克思政治哲学视阈中的分配正义及实践路径研究就具有重要的理论意义与实践价值：其一，能够解决在分配正义研究中马克思主义的失语现状，挖掘马克思分配正义的丰富内涵，推进马克思分配正义与当代西方政治哲学分配正义的比较研究，展现马克思分配正义的"现实性与力量"，进而激活马克思主义对于当代社会的解释力和塑造力，建构马克思主义的分配正义理论。其二，能够发挥马克思分配正义对资本主义分配现实的哲学"诊断"与"批判"，有利于正视当前社会生产与贫富差距之间的冲突与矛盾，保障社会生产与社会财富增长的可持续，促进社会的平等与公正的实现。其三，能够明晰制约当前分配正义实现的因素，在学理与实践中透视我国分配制度改革，彰显马克思分配正义对于社会主义制度完善与社会进步的独特价值。

基于上述讨论，我们形成了在马克思政治哲学范围内研究分配正义的基本观点和基本思路。我们认为，马克思超越了研究分配正义的单一政治、经济、道德模式，从哲学的高度把握了分配正义的本质，并对资本主义的分配原则、分配制度、分配结果等进行了哲学批判。因此，马克思分配正义的意义不止于其提出的"按劳分配""按需分配"等重要分配原则，更在于其以分配的方式实现社会正义的社会实践；或者说，马克思的分配原则是实现社会正义的重要途径，而所谓社会正义，从根本上来说，不过是人的美好生活需要。所以，分配正义是在生产可能的范围内满足人需要的正义理论。分配就是要使人享有社会文明与社会进步的成果，不仅要关照收入、机会和各种资源的平等分配，也要关注社会整体福利的提升，尊重个性并促进个性的全面发展。

马克思的分配正义，我们可以概括为："不平等权利的平等分配"。"不平等权利"是马克思对分配现实与基础的政治哲学还原，"平等分配"则是在肯定经济拉平对人自由个性生成的意义上追求过程与结果的统一。在这个意义上，分配正义就是以"人的方式"来处理人与人、人与社会关系的分配，它要在现实的分配活动中将"人的关系和人的世界还给人自身"，是融涵道德判断的制度建制。它不是当下生产力、生产方式与生产关系的理论"翻版"，而是人对自身关系的科学分析、实践批判与理想规划。它不以抽象的自由设准为前提，而以具体的、现实的自由个性解放为结果。

那么，什么是作为马克思分配正义之政治哲学前提的"不平等权利"呢？在《哥达纲领批判》中，马克思提出"权利就不应当是平等的，而应当是不平等的"。分析这一判断的前后逻辑，我们发现"权利"不是一个政治问题，也不是一个经济学问题，而是一个表征分配本质的哲学问题。"权利"是融涵政治、经济、文化内涵的人类学范畴。马克思基于现实与历史提出了"不平等权利"。因此，马克思的"不平等权利"不是对政治平等权利的直观否定，而是对基于政治平等的经济不平等的政治哲学分析，是真正与经济照面的政治哲学理念。正因为是基于历史唯物主义的政治哲学理念，马克思的"不平等权利"一方面在肯定资产阶级"天赋人权"的人类意义前提下超越了资产阶级基于"平等权利"的抽象政治哲学，另一方面马克思"不平等权利"作为对现实与历史的政治哲学分析，使人最现实的经济处境获得了政治哲学表征。

在此意义上，马克思的"不平等权利"重新奠基了分配的社会历史前提。其一，根基于社会历史的"不平等权利"，是对"现实的历史的人"政治权利的现实肯认，而非抽象规定。或者说，一种能够真正关照人生存与发展的政治哲学，必须将社会历史的现实纳入其根本的价值追求中。其二，由于"不平等权利"表征了人真正的政治本质，所以它不是对私有财产不平等事实的描述与肯定，而是对私有财产不平等内在机制与必然逻辑的政治哲学把握。"不平等权利"是在肯定独立个体合理需求的前提下对他者权利的肯定。其三，"不平等权利"既是对"权利永远不能超出社会的经济结构以及由经济结构所制约的社会的文化发展"①的政治哲学还原，更是超越资产阶级"平等权利"的哲学探索。

由此，马克思的以"不平等权利"为基础的分配正义远远超越了政治与经济的单一视阈，是一个洞悉人类社会本质、批判资本主义的哲学范畴。分配既与个体的生存与发展密切相关，又为整个社会的进步与发展奠定基础。资本主义的分配充分体现了"人人互为手段"的经济事实与政治现实，没能真正从历史的根基处去探求解决私与公的冲突、个人与社会的矛盾、公共伦理与个人利益的对立等现实的经济与政治问题。因此，在马克思政治哲学视阈中，分配正义必然具有规范与批判的双重维度。而且，马克思对分配正义的批判不是抽象的道德反对，而是政治经济学—哲学批判。这意味着，马克思的分配正义将历史的解释原则具体化在制度设计的规范价值之中了。

---

① 《马克思恩格斯选集》第 3 卷，人民出版社 1972 年版，第 12 页。

在马克思看来，分配正义的建构无法离开社会生产的现实，即无法离开生产什么、如何生产的现实，这是分配正义的存在论前提。这意味着，从马克思的分配正义看来：不存在离开社会生产的分配，不能脱离社会生产去抽象地设定分配正义；资本主义的分配正义是基于资产阶级利益的分配正义，资产阶级在主导社会生产的过程中，将阶级利益置换成普遍利益；历史唯物主义肯定资本主义生产的先进性，但并不等于直观认可资产阶级政治价值的合理性。反思资本主义生产的逻辑前提，是把握资本主义分配正义本质的理论前提；缺乏政治经济学—哲学反思的、直观反映经济事实的分配正义，只是对资产阶级政治经济学的抽象还原，而非对社会生产和社会分配的价值引导。

因此，马克思既批判了资本主义分配的不正义，又建构了共产主义不同阶段的分配正义。对资本主义分配的批判，马克思一方面还原了政治经济学的形而上学本质，展开了对其分配正义的政治哲学批判；另一方面科学地呈现了资本主义剩余价值生产、占有和转移的物化逻辑与形而上学本质，具体地批判了资本主义分配正义的生产关系与政治逻辑。对共产主义不同阶段分配正义的建构，一般体现在《哥达纲领批判》中马克思提出的"按劳分配"与"按需分配"。马克思这一层面的分配正义理论既是深入谴责与批判资本主义的分配正义，又是对社会主义"按劳分配"的批评与校正①，还是对分配正义原则的全新建构。"按需分配"作为马克思所说的共产主义高级阶段的分配原则，虽然有"物质财富充分涌流"这一限定，但其实是将人自我

---

① 参见段忠桥：《马克思的分配正义观念》，中国人民大学出版社 2018 年版，第137 页。

审视与社会规范的双重向度纳入社会财富分配之中的分配原则，是超越物化尺度的政治价值原则。

更进一步来看，马克思的分配正义思想不仅具有批判性、价值性与理想性，而且具有规范性、事实性与实践性，实现了二者的辩证统一。这种分配正义思想在实践中将社会经济运行的当前状态与发展前景结合起来，将人的个性化需要与社会的和谐稳定结合起来。这尤其体现在马克思的分配正义思想对社会主义"按劳分配"的现实指导与价值引导中。

在对社会主义分配的现实指导与价值引导中，马克思的分配正义思想具体表现在以下方面：其一，马克思的分配正义是在辩证地关注生产力发展与社会公平的意义上来面对初次分配与再分配的。或者说，马克思分配正义的实践具体体现为"现实主义"地处理财富生产与财富享有之间的冲突与矛盾。其二，马克思的分配正义真诚地面对差异性个体具体的生活情境，将解决非选择性不利条件的问题作为分配正义的直接目标，以此来表达人类社会生产的整体性与个体发展的差异性。其三，共享原则是马克思分配正义处理商品享有的根本原则。这为解决分配问题中长期存在的公平与效率之争探索了新的解决路径。其四，人民是马克思分配正义的价值主体，这从根本上改变了从特定群体利益出发来寻求平等校准的分配正义范式。在具体分配过程中，社会一方面为整体利益做出合理的预留与积累，为公共事务的解决提供物质基础；另一方面又满足个体合理的生活需要，保障个人自由个性的发展，从而在社会整体进步与个人蓬勃发展的总体平衡中，既保证社会充满活力，又实现个体的自由与解放。

总体上来看，马克思的分配正义思想具有双重视野——劳动与需要。所谓"劳动"表征的是人之为人的类本质，是合目的性与合规律性的统一，既包括物质劳动，也包括非物质劳动；所谓"需要"表征的是美好生活的需要，是一个以生存需要、生产需要和自我实现需要为内容的需要体系。马克思的分配正义正是在劳动与需要所敞开的人类性视野之中完成自身理论建构的，是现实建构性与理想批判性的有机统一。一方面，通过分配正义的实现，劳动被历史性地建构为"生存的第一需要"以及"生活的第一需要"，最终不再作为谋生的手段，而是人们本质力量的自我确证和自我发展。另一方面，需要也越来越摆脱粗陋的实际需要的束缚以及资本增殖的捆绑，逐渐获得更高的逻辑层次，成为一种人之为人的本真层面的需要。因此，马克思的分配正义已经上升到了哲学人类学的高度，不再仅仅是一项政治活动或者经济活动，而是一种批判旧世界、发现新世界的人类性的实践活动，旨在实现每一个人的自由而全面的发展，努力消除社会中的"最不利者"，让每一个社会成员都能够找到合乎自身本性的存在方式，在最无愧于自身本性的意义上全面敞开自身的丰富性。这就是马克思分配正义思想的人类解放意蕴，正如马克思在《〈黑格尔法哲学批判〉导言》中所确证的"绝对命令"一样，"必须推翻使人成为被侮辱、被奴役、被遗弃和被蔑视的东西的一切关系"①；亦如恩格斯批判施蒂纳所指出的那样，"我们必须从我，从经验的、有血有肉的个人出发"，这是实践唯物主义者的根本立足点；但是，我们绝不能沉浸于这种自然性之中，我们的根本价值旨趣在于，"从那里上升到'人'"②。

---

① 《马克思恩格斯文集》第 1 卷，人民出版社 2009 年版，第 11 页。
② 《马克思恩格斯文集》第 10 卷，人民出版社 2009 年版，第 25 页。

第一章 "不平等权利"与分配正义

马克思是否具有正义观，是自塔克—伍德争论以来一直被理论界津津乐道的重要话题。否定者认为，马克思没有正义观，因为马克思既不是在道德的意义上批判社会意识形态，也没有明确阐释正义观念。肯定者认为，马克思有正义观，因为马克思对历史唯物主义的政治哲学批判在解剖资本主义的过程中就内在蕴含着一种超越基于政治法权的正义观。然而这一争论本身却忽略了一个前提：马克思的政治哲学是否是在割裂对政治的意识形态批判与历史唯物主义解剖的前提下展开的；如果这两个方面是割裂开来的，那么争论毫无疑问是有道理的。但如果不是割裂开来的，那么问题可能应该是另一种情形。在《哥达纲领批判》中，马克思虽然直接反对将激发无产阶级革命热情、奠基无产阶级社会革命的合理性希冀于"分配问题"的浅薄意识形态争论与粗浅正义观念建构之上，但他却提出基于历史唯物主义科学分析的政治哲学判断："权利就不应当是平等，而应当是不平等的。"① 马克思的这一论断从根本上弥合了历史唯物主义的科学结论与政治道德的价值判断之间的对立与分裂，从

---

① 《马克思恩格斯全集》第 25 卷，人民出版社 2001 年版，第 19 页。

总体上把握了人类社会正义问题的现实背景与价值前提，也从根本上对分配正义进行了政治哲学奠基。

正如塞缪尔·弗莱施哈克尔所说，分配正义是在现代的意义上才获得今天的内涵，"要求国家保证财产在全社会分配，以便让每个人都得到一定程度的物质手段"①。而且，戴维·米勒也提出："在绝大多数当代政治哲学家的著作中，社会正义被视作为分配正义的一个方面，的确，这两个概念被相互替换使用。"② 那么，分配的合理性到底何在？分配到底是对持有的肯定？应得的回报？权利的保障？平等的维护？效果的推进？……还是其他？唯有回答这些前提性的问题，才有可能构建一种正义的分配，从而使社会正义获得现实的具体的内涵。马克思基于历史唯物主义的世界观建构了分析社会分配问题的政治哲学视阈。在马克思看来，分配应该始于对社会存在与社会个体的历史唯物主义把握，在确认个体具有"不平等权利"的前提下，在社会历史的整体逻辑中去真实看待诸如持有、应得、激励等分配手段，在社会的历史逻辑中去寻求达到平等的分配路径，去追求符合人本性、生成人本质的"平等"分配。因此，马克思"不平等权利"的理念是对分配正义的政治奠基。"不平等"是达致更高平等的唯物主义辩证法，"不平等"是保有人差异性与个体性的政治"现实主义"，"不平等"更是在肯认个体所有权的前提下真正实现"每个人的自由发展是一切自由发展"的哲学前提。在此意义上，马克思"不平等权利"

---

① ［美］塞缪尔·弗莱施哈克尔：《分配正义简史》，吴万伟译，译林出版社 2010 年版，第 5 页。
② ［英］戴维·米勒：《社会正义原则》，应奇译，江苏人民出版社 2005 年版，第 2 页。

的提出，意味着权利不是一个抽象的政治问题、不是一个实证的经济学问题，而是一个表征分配正义本质的哲学问题。现实分配在何种程度上以保有"不平等"的方式实现了"平等"，就在何种程度上实现了分配的正义。

第一节 "不平等权利"的政治哲学

马克思"不平等权利"不是对政治平等权利的直观否定，而是对基于政治平等的经济不平等的政治哲学分析，是真正与经济照面的政治哲学理念。正因为是基于历史唯物主义的政治哲学理念，马克思的"不平等权利"一方面在肯定资产阶级"天赋人权"的人类意义前提下超越了资产阶级基于"平等权利"的抽象政治哲学；另一方面马克思"不平等权利"作为对现实与历史的政治哲学分析，使人最现实的经济处境获得了政治哲学表征。在此意义上，马克思"不平等权利"重新奠基了分配的社会历史前提：其一，根基于社会历史的"不平等权利"，是对"现实的历史的人"政治权利的现实肯认，而非抽象规定。或者说，一种能够真正关照人生存与发展的政治哲学，必须将社会历史的现实纳入其根本的价值追求中。其二，由于"不平等权利"表征了人真正的政治本质，所以它不是对私有财产不平等事实的描述与肯定，而是对私有财产不平等内在机制与必然逻辑的政治哲学把握。"不平等权利"是在肯定独立个体合理需求的前提下对他者权利的肯定。其三，"不平等权利"既是对"权利永远不能超出社会的经济结构以及由经济结构所制约的社会的文化发展"① 的政治哲学还原，更是超越资产阶级所谓抽象的"平等权利"的哲学探索。

马克思认为，不存在超越社会经济结构的权利。平等权利作为资产阶级反对封建的理论武器，虽然使人们认识到了"天赋人权"的实存性，但却固化了社会经济结构的发展性，它表达的不过是特定历史时期、特定阶级的特定利益。以此为起点的资产阶级的政治哲学，虽然为资产阶级的政治解放立下了汗马功劳，但却遮蔽了权利生成的社会历史现象学。当然，我们必须承认的是，"天赋人权"或自然权利的提出在现代历史中具有不可否认的进步意义。洛克认为，自然权利是立法权和行政权的原始根据，是社会和政府的起源。② 霍布斯认为，自然权利赋予人保全生命的自由与合理性，构成了自律的合理性根据与国家的目的论前提。③ 以"天赋人权"为基点的政治哲学凸显了人在政治理论、政治价值和政治实践中的中心地位，构成了资产阶级反对封建主义的政治理念与思想武器。由此带来了一个必然的历史后果：天赋"平等权利"是高在云端的社会生活的第一原则。然而，马克思"不平等权利"的提出，却使这种看似高在云端的第一原则真正地站在社会历史的地平面上，与社会经济结构和社会意识结构内在一体化起来。"平等权利"不是政治现实的逻辑前提，而是社会历史的意识结果；不是平等权利决定了现实的社会生活秩序，而是现实社会

---

① 《马克思恩格斯选集》第 3 卷，人民出版社 1972 年版，第 12 页。
② 参见 [英] 洛克：《政府论》（下篇），瞿菊农、叶启芳译，商务印书馆 1981 年版，第 78 页。
③ 参见 [英] 霍布斯：《利维坦》，黎思复、黎廷弼译，商务印书馆 1985 年版，第 97 页。

生活秩序决定了平等权利的政治内涵。虽然"平等权利"能够刻画社会个体自然意义上的相同性或相似性，并以政治原则或制度标准的方式确定下来，但却无力刻画相同的或相似的个人的社会历史属性。"平等权利"作为不取决于个体的肯定的明确规范性，只是设定了个人抽象的政治自足性，但并没有揭示个体存在的社会历史前提。"不平等权利"作为对个体社会历史存在前提的政治哲学表征，首先意味着权利作为受制于政治经济结构的社会意识形态，一旦要落实自然的、天赋的"平等"，就必须下行到社会的经济结构中。"平等权利"的政治肯认虽然是获得平等的重要前提，但"平等权利"的社会经济落实才是实现平等的历史前提。因此，真正面对人自由与解放的"平等权利"绝非是抽象地描述自然事实，而是要批判地表征社会历史现实：这一方面有利于社会生活现实的历史的个人以政治的视角真实地把握现实的境遇；另一方面则提供一种全新的政治哲学视阈，即在对历史与现实真实分析的基础上作出实现平等的政治选择。由此看来，提出"工人阶级的解放应当是工人自己的事情"[①] 就是从政治纲领与政治实践的意义来落实"平等权利"。

"平等权利"作为资产阶级宣扬的核心政治价值，无非是资产阶级经济逻辑与社会生活的政治论证。由于"平等权利总还是被限制在一个资产阶级的框框里"[②]，资本主义平等最真实的状况就是资本家"买"与工人"卖"的平等，其实质无非只是一种基于工人异化的形式平等。其根源在于资本主义私有制。首先，在异化的状态中，劳动

---

① 《马克思恩格斯全集》第 25 卷，人民出版社 2001 年版，第 21 页。

② 《马克思恩格斯全集》第 25 卷，人民出版社 2001 年版，第 19 页。

是工人外在性的强迫活动，它与工人的本质对象化与本性生成没有关系。这是由于在工人与资本家的"平等"交换中，工人完全让渡了自己对劳动能力的所有权。在此意义上的平等权利是资本主义平等享有工人劳动能力及其成果的权利。其次，束缚工人的异化劳动，不仅剥夺了工人享有平等权利的可能，更是吞噬了工人劳动的人性价值。基于资本主义平等权利的生产逻辑、交换方式、流通环节和分配过程并没遵循平等的基本原则，而是以"平等"的程度合理性表达着资本主义私有制对劳动及其组织方式的绝对支配。最后，"平等权利"在资本主义逻辑中具体落实为"商品等价交换"的交换平等。马克思说，资本主义是"天赋人权"和自然权利的乐园，劳动力自由买卖是支撑资本主义逻辑的经济前提与政治根基。在这里，马克思的意思实际上包含了如下几个方面：其一，资本主义的"平等权利"是以生产资料、劳动能力的私人占有为前提的。"平等权利"是对占有形式与占有内容的肯定，是资本主义私有制的政治保障。其二，"平等权利"在资本主义的现实运行中表现为买的平等与卖的平等，由于其从来不反思这一买卖的前提，所以平等权利必然是形式上的平等所掩盖的实质上的不平等。其三，资本主义的经济逻辑用等价交换的经济原则置换了"平等权利"的价值内涵。马克思说，"流通中发展起来的交换价值过程，不但尊重自由和平等，而且自由和平等是它的产物；它是自由和平等的现实基础"①。自由与平等作为人权的基本内涵，既使资本主义历史逻辑中的个人获得了脱离封建依附的政治根据，又具体地表达了资本主义平等交换、自由买卖的政治要求，是资本主义私有制的理

---

① 《马克思恩格斯全集》第 31 卷，人民出版社 1998 年版，第 362 页。

想状态。所以，"平等权利"是资本主义形式平等而事实不平等最为真实的政治写照。"平等权利"以政治意识形态的方式强化了异化劳动，形成了资本主义"平等"的分配原则——"按劳分配"。"生产者的权利是同他们提供的劳动成比例的；平等就在于以同一尺度——劳动——来计量。"① 在此意义上，平等的个人被资本主义定义为可以计算尺度的同一性，而非人格存在的独立性与个性的独特性；权利被资本主义落实为与主体分离的被支配的权利。

当资产阶级的平等权利落实为抽象的财产权的时候，似乎获得了社会历史的现实性，实则完成了对不平等财产占有的政治哲学辩护。而"不平等权利"恰恰是从反思现实的财产不平等占有出发，来探索现代财产权的政治意义与哲学价值。洛克提出财产权之于现代人自由和权利的重要意义、斯密证成"'一般劳动'是财富的唯一本质"②，使人对财产的获得、占有和支配成为现代政治的核心问题。洛克从宗教与世俗两个方面提出了人对共有财产享有的平等权利，以"滥用限制律"与"充足限制律"③ 限定了财产占有的不平等状态。然而，洛克却认为私有财产不平等是正当的，"洛克对比了世界早期的财产持有的基本平等和他所看到的在他的时代的'对于地地可以不可平均和相等的占有'。但他将两种分配都视为合法的"④。虽然洛克的持有并没有证明不平等占有的政治合理性，但却被斯密

---

① 《马克思恩格斯全集》第 25 卷，人民出版社 2001 年版，第 19 页。

② 张盾：《财产权批判的政治观念与历史方法》，《哲学研究》2011 年第 8 期。

③ ［英］洛克：《政府论》（上篇），瞿菊农、叶启芳译，商务印书馆 1982 年版，第21 页。

④ Jeremy Waldron，*The right to Private Property*，Oxford: Clarendon Press，1988，p.210.

"劳动的一般"赋予了历史的现实性，成为资本主义政治的重要前提。在资本主义逻辑中，侵犯个人财产（无论是基于哪种理由）就是对独立个人的政治否定与个人权利的侵犯。然而，现代历史这一最大的成就却造成了最大的现实困境——平等权利导致了现实的经济不平等。首先，洛克根据的、资本主义逻辑依循的平等权利存在致命的缺陷："资产阶级的平等权利"是一种不平等的权利，是以抽象同一性来对待现实个人的形式平等。其次，由平等权利衍生出来的私有制必然导致现实的经济不平等。私有财产必然导致不平等的事实一直被理论家们所公认，但其后果只有马克思的"不平等权利"的政治哲学才有正确的预见。其一，基于平等权利的私有财产必然造成工人的普遍贫穷与社会的严重分化，既使工人异化—劳动异化，又使资本家异化—财富异化；其二，基于平等权利的私有制必然导致生产社会化与生产资料个人所有制之间的绝对矛盾，既导致社会生产的浪费，又导致贫困的普遍化。最后，平等权利不但不可能批判私有财产的不平等，而且还会成为经济不平等的帮凶。当资产阶级将平等停留于权利上，而无视经济不平等的时候，"就是简单把不平等叫做平等"[1]。因为，在资本主义生产逻辑与社会生产中，平等只存在于流通领域，一当进入生产、分配领域，平等就不再存在了，而资本的多寡才是决定性因素。因此，资产阶级"平等权利"的政治哲学，一方面是适应资本主义政治生活与市民社会分离的政治哲学，"人民的单个成员在他们的政治世界的天国是平等的，而在社会的尘世存在中却不平等"。这就既使政治解放可欲、可能和可行，又

---

[1]　《马克思恩格斯全集》第32卷，人民出版社1957年版，第648页。

使经济差别趋于现实与合理。① 另一方面，则是捍卫私有制的政治意识形态，它"足够精确地反映了一个正在出现的资产阶级社会的矛盾情绪，这一资产阶级社会要求形式的平等，但是又要求实质的权利的不平等"②。资产阶级以保障与推进政治领域平等权利的方式使社会领域中的不平等与政治形态分离开来，以政治与社会二分的哲学逻辑保证经济不平等的合理性。

马克思"不平等权利"的政治哲学落实了"历史的现实的人"经济要求的政治合理性，是对分配正义的政治哲学奠基。首先，相对资产阶级"平等权利"基于对"现实的历史的人"之经济状况政治抽象而言，马克思"不平等权利"则立足于对人现实的经济状态进行了政治哲学的"还原"。劳动者不仅是作为劳动能力的提供者而进入经济运行的诸多环节，而且是作为一个整体的社会存在而进入社会生活中。因而，劳动者身上的一切特性既是其个体生命的偶然性，又是社会历史的必然性而赋予和造就的。具体而言，个体的个性化特质可能由自然的偶然性、社会的偶然性和历史的偶然性决定，具有道德上的中立性，但同时，个体的社会化特质就必然被社会所形塑并呈现其价值的取向性。虽然马克思对于"平等权利"的批判主要不是在分配领域展开的，但是因其从人现实的经济处境来把握不平等政治原象的哲学批判，却从根本上击中了资产阶级"平等权利"分配原则对人类社会历史本质的抽象与忽视。所以，如何在分配原则中历史唯物主义地揭示人的现实就成为分配正义建构必须回答的重要问题。其次，"现

---

① 参见《马克思恩格斯全集》第 3 卷，人民出版社 1998 年版，第 100 页。

② C.B. Macpherson，*The Political Theory of Possessive Individualism: Hobbes to Locke*，Oxford: Clarenden Press，1962，p.247.

实的历史的人"以"不平等权利"为由提出的经济要求，内在包含了对"平等权利"内蕴的排异原则进行的政治批判。经由"平等权利"建构的私有财产权是不可能允许任何人提出"不平等权利"的经济要求，因为排异性与对立性是私有所有根本特性。作为刚刚脱胎于资本主义的共产主义的第一阶段，如何破除资产阶级平等权利的遗留就是马克思思考分配正义所面对的核心问题。在马克思看来，必须建构一个能够充分考量劳动者个体差异与社会负担差异的核心原则。"不平等权利"作为马克思表达其历史唯物主义政治哲学分配原则的重要概念，它理所当然地要回应"平等权利"的质疑。在笔者看来，马克思的"不平等权利"是以历史主义的政治叙事解构了私人所有制的合理性，确立了人基于社会历史现实来提出需要的合理性。从逻辑上讲，"不平等"是"平等"的反题，必然要"侵犯"他者的所有权。但是马克思的"不平等权利"作为社会历史的政治哲学原则，是对当时的资本主义社会存在与历史整体性的政治哲学确认，因此经由经济所有表达的政治权利就不是对他者的排斥，而是对他者的接纳。当然，"不平等权利"的保障不能借助于情感的"怜悯"，而是重新赋予分配正义以新的内涵，"分配正义被理解成为任何财产权的正义所必需的，因而它也包含着对私有财产的拒绝"①。马克思认为，扬弃私有财产既是无产阶级现实的政治追求，也是历史的逻辑必须。一方面，私有财产的存在与无产阶级的存在在历史与逻辑上是同构的，私有财产由无产阶级创造、也由无产阶级作为阶级存在而保存下来，无产阶级被私

---

① ［美］塞缪尔·弗莱施哈克尔：《分配正义简史》，吴万伟译，译林出版社 2010 年版，第 5 页。

有财产剥夺并使私有财产产生出来。另一方面，无产阶级为实现自身既是对自身阶级属性的消灭，又是对私有财产存在前提的消灭。所以，无产阶级在社会分配中自觉到必须要把自我存在状态与社会历史现实表征于分配之中时，就必然会提出消灭私有财产的要求，也必然会以"不平等权利"的生活需要来表达现实的经济要求。

因此，马克思提出"权利就不应当是平等的，而应当是不平等的"①，其实就是提出基于历史唯物主义的政治宣言，就是要求社会能够保证财产在全社会分配，以便每个人都能够得到相应的物质条件，过着具有尊严的生活。

第二节　"不平等"与"平等"的辩证法

当马克思以"不平等权利"来表征人现实的政治状态的时候，"不平等"就不再是由社会结构或某种抽象权利观念所规定的社会现实与政治后果，而是达至"平等"的过程。从而从根本上确立了现实社会分配的历史逻辑：消灭不平等就是平等。在此意义上，马克思"不平等权利"的政治哲学批判了资本主义政治平等的意识形态幻象，并以"按劳分配"的正义原则探讨了扬弃资产阶级政治平等的实践辩证法，从而构建了"不平等"与"平等"的辩证法。马克思"不平等"与"平等"的辩证法，是以"历史之思"的方式对现实平等问题的政治哲学反思，是我们洞察与反省分配正义中平等问题的政治哲学前提。而且，

---

① 《马克思恩格斯全集》第 25 卷，人民出版社 2001 年版，第 19 页。

马克思认为在共产主义社会的第一阶段，平等虽然不再是核心的政治价值但却有其不可取代的社会历史意义。

平等作为历史的产物，不是超越历史的永恒真理，历史是理解"平等"问题的存在语境①，现实的不平等必须也只能在现实的历史进程中获得解决。马克思明确提出，现代的自私自利的市民社会是资产阶级平等存在的现实语境，资本主义宣扬的抽象平等观念只是具有历史暂时性的政治观念。因此，以政治平等为其核心内涵的平等，既是资本主义的政治现实，更是"资产阶级权利的狭隘眼界"②。本质上讲，平等作为资本主义现实的政治修辞，首先真实地呈现了资本主义抽象的形而上学实质，"从非政治的意义上看来，平等无非是上述自由的平等，即每个人都同样被看做孤独的单子。"③孤独与割裂，一方面使资本主义等价交换的经济行为成为可能与必要，另一方面也产生了资本主义所谓形式自由与平等的政治基础。正如赵汀阳所说，与上帝距离的抽象一致保证了现代个体的自足与独立，从而创造了现代意义上的政治个人。更为重要的是，资本主义的抽象平等还在具体的经济生活中得到了具体的实现与贯彻，并以现代政治世俗性与直观性勾连了现代政治两大核心价值观念。马克思说，"如果说经济形式，交换，确立了主体之间的全面平等，那么内容，即促使人们去进行交换的个人材料和物质材料，则确立了自由。可见，平等和自由不仅在以交换价值为基础的交换中受到尊重，而且交换价值的交换是一切平等和自由

---

① 参见《马克思恩格斯全集》第 20 卷，人民出版社 1971 年版，第 671 页。

② 何中华：《"平等"问题的历史规定及其超越——重读马克思〈哥达纲领批判〉》，《山东社会科学》2011 年第 10 期。

③ 《马克思恩格斯全集》第 1 卷，人民出版社 1956 年版，第 439 页。

的生产的、现实的基础。作为纯粹观念，平等和自由仅仅是交换价值的交换的一种理想化的表现；作为在法律的、政治的、社会的关系上发展了的东西，平等和自由不过是另一次方的这种基础而已。"① 因此，资本主义的平等交换既确立了经济运行的原则，确证了资本主义经济运行逻辑的合理性，给予了平等具体的形式：商品；又奠定资本人权的经济基础，赋予平等特定的政治内涵："平等地剥削劳动力，是资本的首要的人权。"② 进而，资本主义经济对平等的政治建构最后使平等落实为衡量尺度的平等。③ 当平等寄居于商品生产中一般的人的劳动平等的时候，劳动必然退化为谋生的手段，以量的可换算性成为分配的核心原则。因此，立基于"资产阶级权利的狭隘眼界"平等的"按劳分配"原则只能是资本主义对其经济逻辑和剥削本质的政治粉饰。或者说，如果反思平等的政治经济学前提的平等，只能是政治经济运行原则的循环论证，必然导致空想社会主义者们"按劳分配"的困境。

---

① 《马克思恩格斯全集》第 46 卷（上），人民出版社 1979 年版，第 197 页。
② 《马克思恩格斯全集》第 23 卷，人民出版社 1972 年版，第 324 页。
③ "什么平等?"是"为何平等?"的根基性问题。在森看来，任何一种对"什么平等"的回答都蕴含着对"为何平等"的回答。因此，在当代平等理论的研究，不同的理论总是确立不同的平等内容，以此来建构独特的平等理论。这一方面说明平等作为政治价值具有不可取代的地位，另一方面也说明平等一直是备受争议的理论与实践问题。森在《再论不平等》中提出了对"什么平等"的一种全新回答：能力平等。从某种意义上说可以看作是马克思对资本主义平等批判的一种当代发展。但是，森在其研究中并没有认真处理不平等与平等的辩证关系。因为，不平等是自罗尔斯《正义论》以来一直被人们诟病的问题，比如，是否允许不平等的现实存在? 消除不平等是否可能? 不平等的限定是什么? 这些根本问题一直都是平等关系的焦点。在笔者看来，马克思对资本主义平等观的批判，以及对共产主义社会第一阶段延续资本主义平等的辩证法才是真正解决平等理论关照现实选择与政治哲学理想性追求的合适选择。（参见 [印] 阿马蒂亚·森：《再论不平等》，王利文、于占杰译，中国人民大学出版社 2016 年版。）

那么，应该如何看待与解决共产主义社会第一阶段"按劳分配"的平等原则与不平等现实之间的矛盾呢？马克思认为，必须基于平等与不平等的历史辩证法。

正视财富占有对"平等"的决定关系，反思财富即劳动时间积累的政治经济学的政治前提。其一，雇佣劳动观念和体制强化了财富占有的绝对性与支配性，这是决定"平等"格局的根本原因。因此，必须重置劳动作为尺度的比对对象，使平等从资本权利结构中解脱出来，真正面对人的现实的生产劳动。在马克思看来，消灭雇佣劳动之后的"按劳分配"不是同占有财富（抽象劳动的积累）进行比对，而是仅仅同商品生产进行对比①。而且，社会机体的变化与劳动者的历史发展必然会使平等的前提与实践方式得到根本改变。由此看来，历史地反思社会制度的本质与生产组织形式的特质，是击中平等难题的前提。马克思说，"共产主义的最重要的不同于一切反动的社会主义的原则之一就是下面这个以研究人的本性为基础的实际信念，即人们的头脑和智力的差别，根本不应引起胃和肉体需要的差别；由此可见，'按能力计报酬'这个以我们目前的制度为基础的不正确的原理应当——因为这个原理是仅就狭义的消费而言——变为'按需分配'这样一个原理，换句话说：活动上，劳动上的差别不会引起在占有和消费方面的任何不平等，任何特权。"②马克思以历史的眼光正视了"能力不平等"与"劳动尺度平等"之间的矛盾。如果局限于财富占有平等权利，那么"能力不平等"必须会引发基本的消费与占有的

---

① 参见《马克思恩格斯全集》第23卷，人民出版社1972年版，第95页。

② 《马克思恩格斯全集》第3卷，人民出版社1960年版，第637—638页。

不平等——这一种具有毁灭性的不平等。如果超越占有平等权，那么"能力不平等"则会因为劳动的平等而非劳动作为尺度的平等而解决这一消费与占有不平等的毁灭性后果。当然，这需要社会历史的充分发展，但却绝非是简单的物质匮乏的随心所欲。由此，我们可以说，资本主义形式平等与内容不平等只是抽象地描述了平等难题。因为，价格对等的平等交换本身以对财富的私人占有为前提，只是形式的平等。这种平等产生商品生产与商品交换的偶然相遇的个体，是一种法律上的平等，必然依据与贯彻抽象劳动作为尺度的平等原则。所以，基于财富占有的平等，是承认剥削的平等，是积累起来的死劳动和现实生产的活劳动平等参与分配的全过程。这种平等虽然承认了生产者的权利，但却是"同他们提供的劳动成比例的"权利。所以，反思基于财富占有的平等，就是反思经济过程的政治合理性。如果不破解以财富占有而实现无偿占有的历史之谜，就不可能使平等与不平等的矛盾回到历史的地平面。

重回历史的地平面来直面平等问题，意味着既要注重实现平等的现实手段，又要关注不平等对现实手段的不可或缺，更需要探析超越平等的历史条件与现实可能。商品交换形式是资本主义实现平等的基本方式。离开人现实的自由与发展将平等设定为某一内容的平等方式，都无法避免"平等的权利总还是被限制在一个资产阶级的框框里"①的现实。这是当代众多平等理论争论不休的原因所在。商品交换与商品生产作为资本主义本质最直接、最具体的表现形式，也就从根本上揭示了这种平等对量的依赖。因此，受商品交换支配的平等实

---

① 《马克思恩格斯选集》第 3 卷，人民出版社 1995 年版，第 304 页。

现路径，必然会在实现平等的过程中以量的增加来削减不平等的程度。或者说，不平等是形式平等理论的论证手段，而非我们前述的基于人存在方式的权利内容。在此意义上讲，资本主义商品交换的平等逻辑必然产生一种不可避免的矛盾心理：在表面视不平等为猛虎，但其实质也必须借助不平等来证成其平等的理论与实践逻辑。而马克思则开辟了另一理论路径来透视不平等与平等的辩证关系。马克思认为，绝对不能将平等问题与人的异化隔离开来。或者说必须还原平等与不平等矛盾关系的社会历史前提，而非只是设定抽象的理论形态。现代历史境遇中的平等问题是与劳动作为谋生手段共生的社会历史难题。异化劳动与人本质的对立、与人本性的疏离，使人"种"生命的维度支配了人们对平等问题的思考。劳动成为人被迫的、无从选择的活动，虽然凸显了劳动在经验层面的不可超越性，但却遮蔽了劳动在超验层面的意义性。按照马克思的设想，共产主义社会因消灭了分工与劳动的对立、使劳动成为生活的第一需要、在社会生产力充分发展与物质财富充分涌流之后，平等问题就必须不再是以法权的形式出现在社会生活之中。仔细分析我们就会发现其中蕴含着这样的逻辑：其一，因为社会分工消失、劳动对立消解，所以劳动异化祛除社会历史局限，劳动不再是获得生活资料与财富占有的尺度与准则；其二，因为社会生产充分发展、物质财富充分涌流，不平等不再是激励"做大蛋糕"的手段，而是表达个体差异的方式，不平等权利获得了社会合理性与历史合法性；其三，因为劳动成为生活的第一需要，人们获取生活资料和个体占有只具有满足个体发展的意义，而非支配他者的权利。因此，平等与不平等的辩证法就不再是维系社会稳定的手段，而是对社会发展与个体自由的总体性把握。

而且，超越平等存在的历史前提，意味着真正共同体的形成，意味着普遍利益与个体利益的和解，也就必然意味着"平等"诉求转向"不平等权利"的要求。马克思认为，只有扬弃了私有制，才有可能超越平等存在的历史前提。因为在不存在私有制的生产与分配中，呈现出生产、交换与分配一致。"生产者不交换自己的产品；用在产品上的劳动，在这里也不表现为这些产品的价值，不表现为这些产品所具有的某种物的属性，因为这时，同资本主义社会相反，个人的劳动不再经过迂回曲折的道路，而是直接作为总劳动的组成部分存在着。"① 这既拔除了"劳动所得"的经济学根据，更是使个体劳动的社会性得到充分体现。而且，分配的财富也由劳动时间（无论具体劳动时间—工人工作，还是抽象劳动时间—占有的具有支配力的财富都包括在内）转向自由支配时间。不平等的关注也会从物质资料的占有多寡转向自由个性发展的充分与否。在此意义上，"平等"与"不平等"历史语境的转换，使得我们明了平等作为一种政治价值不在于其调和利益、维护稳定的功能性，而在于社会平等之于人自由个性的不可或缺。

然而，马克思对于平等与不平等作为历史性存在的判断，并没有消解平等作为政治伦理原则的重要地位：一方面，马克思"不平等权利"的政治哲学从政治根基处破解了资本主义形式平等与事实不平等之间的悖反。因为，资本主义平等是其奴役、强制的政治障眼法：自由与自我实现只被财富（主要是生产资料）占有者所享有，而其他人则未能享有自由与自我实现的社会机会与物质前提。另一方面，即使

---

① 《马克思恩格斯选集》第 3 卷，人民出版社 1995 年版，第 303 页。

我们认可诸如威尔·金里卡等人所说的马克思预设的共产主义是超越正义存在条件的社会，但我们却不能说马克思没有给平等作为共产主义社会的分配原则留下理论空间与实践可能。作为超越资本主义的共产主义社会，扬弃了资本主义不正义的背后"不平等"的根由——私有制，以"需要"的"不平等"重新定义了平等的内涵，形成了"按需分配"（这一问题在后文进行专门论证与分析）的平等原则。或者说，马克思以"不平等权利"的平等观念批判了资本主义的非正义性，论证了社会的正义性。共产主义在经济上消灭了私有制、在政治上消灭了阶级，平等作为价值原则与分配根据，既从逻辑上又从事实上涵盖了每个个体。在马克思看来，绝大多数人过上平等的生活（这是社会主义社会平等最真实的状态，但是社会主义社会绝大多数人从劳动意义上来确认）还是不够，必然使每个人都过上平等的生活才是共产主义社会的平等状态。① 而且，共产主义社会的平等不是依据自然偶性、历史偶性和命运偶性分配的平等，不是能力标准与财富标准比例的平等，而是"不平等权利"需要满足的平等。因此，共产主义的平等状态其实是对不平等需要的满足，而非以平等的资源份额来满足需要。恩格斯明确地反对了对"按需分配"平等原则的错误理解，他认为"在共产主义制度下和资源日益增多的情况下……侈谈平等和权利就像今天侈谈贵族等等的世袭特权一样显得可笑；……谁如果坚持要求丝毫不差地给他平等的、公正的一份产品，别人就会给他两份以示嘲笑。"② 所以，平等一定不是量的一致，而是满足不同需要的分配活

---

① 参见李义天：《马克思的平等概念：质疑与重构》，《湖南师范大学社会科学学报》2018 年第 1 期。

② 《马克思恩格斯文集》第 9 卷，人民出版社 2009 年版，第 354 页。

动本身；不是按劳取酬的平等权利，而是有同等权利、可能和能力平等地自我实现。因此，马克思超越平等存在的历史唯物主义分析所得出的"不平等权利"，将人自我实现需要的平等和满足这一现实要求作为正当、必要和不可能被取代的。马克思以"平等"与"不平等"的辩证法作为人的能力的获得与实现、自由解放与共同存在的质的平等。

因此，马克思"平等"与"不平等"的辩证法是分配正义的政治哲学建构。这一辩证法之于分配正义具有如下的重要意义。

其一，"平等"与"不平等"的辩证法是在反思人性生成的前提下建构起来的政治智慧。"不平等"揭示出"平等"这一价值的现实基础，"平等"具体化"不平等权利"。因此，在马克思政治看来，分配的"平等"与"不平等"不在于提出某个永恒的具体对象或内容，而是强调要将现实世俗生活的感性事实抽象成平等价值原则的内在要求。

其二，"平等"与"不平等"的辩证法，不是分配正义的外在反思，而是基于历史逻辑的整体对分配正义的内在反思。直白地讲，马克思"不平等权利"是基于改变世界的理论想象对平等权利的哲学批判，"不平等权利"对共产主义平等内涵的价值重建构成了对推进分配平等的实践路向。

其三，"平等"与"不平等"的辩证法，以取消平等问题的理论路径来解决分配中的不平等难题。"不平等权利"是马克思辩证表达人现实需要的核心概念，蕴含着唯有消灭私有制和阶级才能消解平等的历史前提。"随着阶级差别的消灭，一切由这些差异产生的社会和政治的不平等也自行消失。"① 因此，要解决分配正义的平等难题，就

---

① 《马克思恩格斯选集》第 3 卷，人民出版社 1995 年版，第 311 页。

必须克服平等与不平等的抽象对立，实现二者的辩证统一，即"不平等权利"的"平等分配"。

第三节 "不平等权利"与个体差异

马克思的"不平等权利"以历史唯物主义的世界观和实践观点的思维方式表征了社会个体的存在差异。这一理论创建一方面超越了自启蒙以来的政治哲学齐一化的形上逻辑与对立思维，开启了实现实质平等的政治哲学路向；另一方面则将政治语境的感性现实形上化，使"不平等"的差异不再成为人全面发展的障碍。

马克思的"不平等权利"，是对人与人之间自然差异的道德还原和人与人之间社会历史差异的政治哲学批判。

人与人之间的自然差异是否具有道德合理性一直是政治哲学争论的焦点。个体的自然差异是自然的、感性确定性的事实性存在，但是传统政治哲学的前定式思维对之视而不见，认为自然的差异是自然之事，社会政治只对其有怜悯之情而无伦理之义。而现代政治哲学则基于理性中立的立场，或者宣称自然的差异不具有道德的合理性，不能作为政治考量的前提；或者认为"个人的就是政治的"①，直接宣称自

---

① 这个命题是女性主义政治哲学的核心命题。表面上看，女性主义的政治哲学似乎是将自然差异政治化，是对以罗尔斯为代表的自由主义政治哲学的有力诘难。但是正如科恩所说，这一命题所构成的理论批判，"是不受法律控制的选择发生在正义的原初内，从理论的角度来讲，这是女权主义批判的主要教训"。（应奇、刘训练编：《马克思与诺齐克之间（G.A.柯亨文选）》，江苏人民出版社2007年版，第241页。）

然差异应该作为政治伦理原则的前提。由此看来，无论是传统政治哲学的怜悯，还是当代政治哲学的理性，都没有正视个体差异这一存在论问题。因为，这些政治哲学理论缺失了历史唯物主义的哲学视野，直观地看待了"平等"的人之"不平等权利"问题。

马克思认为，人的差异既不是前定的事实，不能以宿命论的方式将之简单地推诿给自然、命运等神秘因素，人的差异恰恰是一个政治所强化的历史性事实。依循历史唯物主义的判断，马克思强调不存在脱离具体历史的个体生命，也不存在没有个体生命活动的历史。执着于"一般人"的抽象逻辑，势必将历史神性化，将现实抽象化，将历史虚无化。"任何人类历史的第一个前提无疑是有生命的个人的存在，因此第一个需要确定的具体事实就是这些个人的肉体组织，以及受肉体组织制约的他们与自然界的关系。"① 这并非意味着应该基于打破自然自身规律对生理形态与自然条件进行人为干预，但却要求社会整体对之进行关注，从而使有生命的个人存在真正成为历史的前提。这是因为人是生产性的存在，人的生产活动是区别开人与动物的实践活动，又是正视人个体差异的社会历史活动。然而，个体"得到现成的和需要再生产的生活资料本身的特性"②，具体而现实地体现了历史的现实与个体的差异。所以，"个人怎样表现自己的生活，他们自己也就怎样"③。而且，人的差异性更是构成了人交往的前提与社会生产多样化的根据。人正是在满足自己差异性的生活需要的过程中产生各种各样的社会关系，"因此任何历史观的第一件事情就是必须注意上述

① 《马克思恩格斯全集》第 3 卷，人民出版社 1960 年版，第 23 页。
② 《马克思恩格斯全集》第 3 卷，人民出版社 1960 年版，第 24 页。
③ 《马克思恩格斯全集》第 3 卷，人民出版社 1960 年版，第 24 页。

基本事实的全部意义和全部范围，并给予应有的重视"①。因此，人如何对待自然的历史事实就会如何对待差异。然而，政治制度出现却使差异以政治创制的方式固定下来。按照恩格斯的观点，政治以集团之间的差异固化了人与人之间的差异，特别是现代政治的发展，"不仅使正开始的社会分裂为阶段的现象永久化，而且使有产者阶级剥削无产阶级的权利以及前者对后者的统治永久化"②。因此，还原人的差异使之成为自由个性的前提和有差异使之成为自由个性的具体表现，就不仅需要从观点上确认自然差异存在的事实与强化差异的历史，而且更需要一种能够表征这种差异的政治哲学观念。马克思"不平等权利"就是这种意义上的政治观念。

然而，基于"平等权利"的"自由—平等"政治理念却采取直观的道德拒斥，不曾从政治经济的现实中去反思自然差异与社会差异存在的历史前提，而是直接宣布理性的中立可以在政治设计与政治实践中消解差异。当代罗尔斯的"无知之幕"就是这一政治理念的典型代表。在罗尔斯看来，个体是作为除了具有自由、平等和理性之外的无差异的个体来建构正义原则的。自然的差异、社会的差异都因为不具有道德的合理性，而不能作为正义原则产生的背景。艾里斯·杨认为否定差异的道德合理性与政治要求的合法性存在着三个方面的问题：其一，差异是人的具体规定性，以统一的道德原则与政治标准腾空个体特殊性就使人失去了具体的存在语境；其二，情感的异质性被理性中立地取消，意味着人无法以道德与政治直观来面对自我，只能是

---

① 《马克思恩格斯全集》第 3 卷，人民出版社 1960 年版，第 32 页。
② 《马克思恩格斯选集》第 4 卷，人民出版社 2012 年版，第 123 页。

以理性的方式将设定的抽象主体被动地纳入主体之中，从而架空了主体；其三，否认差异，意味着设定统一的道德主体，使个性化的道德语境与个体化的道德主体不具有社会历史的合法性。① 这三方面的问题显示导致以下具体的政治后果：其一，二元对立的传统政治哲学思维穿了现代正义理论的外衣，其实质并没改变。因此，以此为据的分配正义必然无法为平等注入任何新的内涵，最多是在对"平等什么"的问题进行无休无止的争论。其二，自然差异被抽象消解，社会差异被忽略，分配正义表象的平等与原则抽象，引发了实质的不平等，取消了差异的存在论意义。按马克思的观念，自由个性的人，其实是充分发展保有差异的个体，而在政治前提下直观拒斥差异的"自由—平等"理念从根基上否认了这一前提。

而且，奉行"平等权利"的"自由—平等"政治理念认为，差异虽然不能成为公共领域行为原则的基础，但是在私人领域他们不拒斥差异。罗尔斯明确提出，中立偏好的中立国家，"确保所有公平享有平等的机会以发展他们自由确认的任何善的观念"② 。把差异"归还"给私人，既是现代政治哲学公私分立的必然结果，又是自由主义政治哲学基于"平等权利"前提的必然逻辑。他们认为，个体差异只是一个自由与价值多元的问题，只是一个权利与善的冲突问题。对此，布鲁姆明确地提出，这种权利优先于善的理论路向至多可以获得一种程序正义的外在规范原则，它既不正视个体的差异问题，更不可能从

---

① Iris Marion Young, *Justice and the Politics of Difference*, Princeton: Princeton University Press，1990，pp.100–101.

② John Rawls, *Political Liberalism*, New York: Columbia University Press，1993，p.192.

分配制度的角度来体现差异之于政治权利的根基性作用。① 虽然罗尔斯"将最大化的当代社会福利包含进政治正义的根本原则"②，但却并不是把社会发展的成果提供给每个个体的自由发展与个性生成。差异作为社会历史的总体性产物，构成了人权利的规定与内容，"如马克思所说，人对所需要的都没有权利可言；人的权利在于为了'生活计划'（不管它是什么）而认为需要的东西"③。如果将差异归咎于私人领域，那么就意味着差异至多是个人主义的多元，而非社会历史的事实。同时，将差异驱逐出公共领域，从宏观上是无视社会阶级与阶层的现实、忽略基于经济合理性与所谓利益整体的强权压制，消解了个体差异的政治合理性；从微观上讲，差异只是作为个体抽象的文化符号，凸显优势利益对劣势群体和个人的忽略。由此看来，当价值多元主义成为所谓差异的替代语的时候，至多只能是"平等权利"对其不得不见的现实的一种理论修饰。或者说，如果权利不纳入现实而只抽象地追求"平等"，必然会落入政治生活存在论意义的没落与政治制度的偏斜。

客观地说，不正视个体差异的"自由—平等"的政治哲学及其分配正义，带来了更多的不正义。那么是否就是说，如果建构一种差异政治就可以解决这一问题呢。我们在研究中发现，以艾里斯·杨为代表的差异政治哲学虽然凸显了差异的重要性，但其"身份认同"的差异政治哲学因为没能真正进入差异的历史社会根基，也只能是镜中花、水中月。"差异政治"认为，社群是依赖于人的历史感、思维方式、

---

① 参见 [美] 布鲁姆：《巨人与侏儒》，秦露等译，华夏出版社2003年版，第274页。
② [美] 布鲁姆：《巨人与侏儒》，秦露等译，华夏出版社2003年版，第274页。
③ [美] 布鲁姆：《巨人与侏儒》，秦露等译，华夏出版社2003年版，第274页。

感性模式、文化心理结构而构成的具有亲和力的社会群体，这样的社群组织模式不强调个体优于集体的社会本体论，以此来区别于自由主义的抽象个人本体论；又因为社群的松散结果，它就可以保有个体的文化独立性与身体独立性。所以"现代社会是一个存在着明显的群体的差异的社会，这种群体差异不仅包括不同的需求、利益、目标，而且包括不同的社会地位以及理解社会事务和社会政策所依赖的不同经验和视角"①。或者说，在差异政治看来，个体差异能够以社群的方式获得保护，政治身份的获得即意味着差异得到了政治表达。质言之，差异政治旨在建立一种保障政治身份的文化群体。虽然差异政治也强调文化群体的结构性差异不能归结为文化，而有其深层次的社会经济因素，但是其正义方案却只是直接宣称来自特定社群的政治主张与经济方案具有文化上的集权与权力上的偏好。如此一来，差异政治求诸于政治身份差异的政治前提与实践方案就根本上没有深入到历史的维度中，遗失了个体差异的政治经济前提。所以，其正义的致思逻辑还是从一种抽象"平等"到另一种抽象"平等"的政治叙事。

由此看来，差异虽然被当代政治推到了理论的前台，政治解放的"平等权利"却无法解决分配正义的个体差异难题。现代分配正义的争论在此意义上陷入弱势群体的界定、再分配正义还是身份政治、少数群体还是多数群体等具体争论就不足为奇。因为，这些关于正义的争论，尚未脱离确立"平等"逻辑的政治解放局限。政治解放的逻辑至多可以建构一种程序合理的分配正义，而不可能建构直面对个体差

---

① 马晓燕：《差异政治：超越自由主义与社群主义正义之争——I.M. 杨的政治哲学研究》，《伦理学研究》2010 年第 1 期。

异的分配正义。因为人作为类的存在者，个体差异是类存在的根基与前提，差异的个体既不是自由主义的孤岛式的存在，也不是社群赋予文化身份的差别，而是在创造性的、实践之中现实地创造出来的。社会经济结构如何把个体差异纳入其价值原则之中就成为了根本问题。所以，分配正义不在于消除差异，而是保有差异并且实现平等。即是说，分配正义不在于消除差异，而是在保有差异使其充分发展的意义上构建正义的社会。

　　基于政治解放的一般权利是超历史的权利，虽然是人自然依赖形态进行以物的依赖为前提的所谓自由形态的社会政治前提，但却因其导致政治社会与市民社会的分离，抽空了实现差异的社会经济前提。从历史唯物主义的观点看，超历史的一般权利是无差异的，而与个体差异性相对应的权利却是有差别的——重点在于，虽然在历史整体的意义上必然要被超越，但是在历史的现实中却必须得到尊重。或者说，差异意味着在一般权利绝对平等空间必须存在，否则就必然设定绝对同一的现实个体。事实上，"随着人类的社会生产力和文明程度的不断提高，对不断升华的人性（人的同一性和差异性）的尊重构成了人类最重要政治美德之一——正义感"①。所以，无论是物质匮乏的社会还是物质丰裕的社会，尊重差异与依循同一应该是分配正义应予以同时兼顾的原则。以"不平等权利"来表征差异与同一的辩证法关系意味着，在历史的现实中以尊重同一性的方式来保有差异，以保有差异的方式来实现同一是分配正义应秉持的重要原则。

---

① 杨缨、周生春：《最后的差异与特权：按劳分配的正义性与历史局限性》，《社会科学战线》2011 年第 8 期。

进一步讲，个体差异要真正得到政治的尊重，成为政治生活的原则，那么就意味着社会生活必须超越将差异政治化为私有制的政治模式。或者说，唯有超越了个体差异化的政治社会，才是一个能够真正实现个体差异性的政治社会。当代政治哲学有关分配正义的争论首先就源于分配对他者权利的侵犯，这一争论的实质就是如何看待自然差异与社会差异在阶级社会具体化为私有制的问题。本质上讲，差异性在阶级社会直接体现为具有政治合理性的特权，而"特权、优先权符合于等级相联系的私有制，而权利符合于竞争、自由私有制的状态；指出人权本身就是特权，而私有制就是垄断"①。私有制的垄断（不平等及其支配性后果）带来戕害了差异性实现的同一性（平等）前提。因此，"不平等权利"关注人的差异性，就是关注现实的平等。基于"不平等权利"的分配正义，就是保障实现差异同一性前提的分配正义。这种分配正义对资本主义私有制的合理性提出质疑。因为，以财产权保有和实现差异的方式，构成了资本主义最根本的差异对立。

所以，在马克思看来，要实现人的差异性，首先就是消灭无产阶级，消灭私有制。在人类共同体的意义上人们共有生产资料，个体的差异性成为总体类性的实现方式，个体从社会中获得的任何消费品都是差异性—类性的实现的经济方式。或者说，此时经济意义上的差异性不再具有前共产主义社会中的存在论意义。但是，作为刚刚脱离资本主义的共产主义社会依然以经济的差异性来表征个体的差异性。于是，"不平等权利"作为"市民权利"，就成为能够表征无产阶级体现于社会生产中的差异性。或者说，当马克思说，"权利不应该是平

---

① 《马克思恩格斯全集》第 3 卷，人民出版社 1960 年版，第 229 页。

等，而应该是不平等"时，"不平等权利"就从维护资本主义社会历史差异回归到了类的个体的差异：一方面赋予每个个体同等重要的同一性，从而革新了平等的内涵；另一方面则从提出新的分配原则——"按劳分配"来表现这种差异性。此时，生产力的差异是源于个性的差异，而非生产关系的差异。生产能力的差异虽然在共产主义社会的第一阶段会引起财富的差别，但却因为不再受私有制的左右所以不会产生支配性的后果。个体在社会生产中生产能力的差异作为个体的"天然特权"[①] 被尊重，这意味着对个体生产能力与个性的尊重，这是社会整体生产能力的一部分。因此，诸多"天赋"的差异，不必判断其道德的应得。"天然特权"只是用来获得消费品的方式，而不是用来积累"历史特权"的手段。

所以，"不平等权利"作为实现差异的政治理念，内在包含了扬弃不平等的内在动力，因为这是否定了剥削、扬弃了私有制的不平等权利，使不平等既成为激发个体积极向上的外在动力，又成为个体表现差异的现实方式。

第四节　"不平等权利"与自我所有

马克思的"不平等权利"还原了分配正义的历史语境，既是对自由主义坚持的自我所有权[②] 的政治拒斥，又是对个人所有的历史唯物

---

① 参见《马克思恩格斯全集》第 25 卷，人民出版社 2001 年版，第 19 页。
② 自我所有权，是指被诺契克发展了的资本主义私有制的当代形式。

主义的理解。马克思"不平等权利"的判断，不仅是校正诸如拉萨尔这样的社会改良主义的理论武器，更是批判当代古典自由主义分配正义的重要武器。自我所有作为自由主义分配的前提性支点，虽然其考虑自我所有产生的经济理由，但却不反思产生自我所有的经济理由；虽然重视自我所有被侵犯的道德后果，却忽视自我所有所产生的不平等后果。在自我所有的理论逻辑中，不平等的后果只是个体选择的结果，所以不具有要求社会消除不平等的道德合理性。但是在马克思"不平等权利"的理念中，不平等的社会后果必须从社会角度分析而不能推诿给个体的选择，更不能打着自由的旗号视而不见。马克思"不平等权利"洞见了自我所有的自然权利本质，我们在历史唯物主义政治视阈揭示自我所有道德抽象性的政治观念。

自我所有是始于洛克的政治哲学理念，是为私人占有提供辩护的财产权。人对自身劳动的自我所有赋予因为劳动而获得的占有具有了道德上的合理性。虽然洛克对自我所有的原始起点给出"足够多和足够好"、"增加人类共同的积累"和"避免浪费"三个限制性条款，但却是对私有制十足的功利主义解释。① 洛克的自我所有虽然解决了资本主义发展初期占有的政治疑难，但却没有深入地论证与把握资本主义自由交换条件下自我所有的延展。诺契克基于道德目的论的理论路向，进一步论证了自我所有为何是个人"不作为他人的资源"的问题。他提出了自我所有延展的三个基本原则：（1）获取正义原则（洛克自我所有）；（2）交易正义原则（发展资本主义的经济活动方式与

---

① 参见 Richard J. Arneson，"Lockean Self-Ownership: Towards a Demolition"，*Political Studies*，Vol. XXXIX ，1991，p.54。

原则）；（3）违反（1）、（2）的矫正正义（资本主义宪政对自我所有的保护）。① 因此，只要保证获取的正义，资本主义的自由交换是转移正义的保障，加之有矫正正义的存在，那么由此而产生的任何结果都具有道德上的合理性。而且，诺契克特别强调在获取的过程中，如果僭越"不使他人的状况恶化"的底线，那么财产的转移、积累在条件（2）、（3）的保证之下就不会出现非正义的占有。表面上看，由诺契克所发展的、当代自由至上主义所信奉的自我所有排斥了控制他人身体和生活的直接取向，但是作为道德原则无非就是资本主义原子个人的政治表达。科恩明确指出，自我所有"从道德角度而言，每一个人都是其自身和能力的合法拥有者，因此，从道德的角度来看，只要不妨害他人，每个人都可以随意运用志向和能力"②。

虽然，自我所有具体化了"天赋人权"，以财产占有的政治方式具体体现了资产阶级的历史正当性，为资本主义政治的确立立下了汗马功劳。但是，由于自我所有在资本主义政治哲学中直观接受了资本主义的生产方式和生产关系，所以基于自我所有建构的政治哲学必然是保障消极自由、排他的政治哲学。

第一，自我所有只是抽象的规定，它并不能证明占有的道德合理性，也就不能对表征历史现实本身的"不平等权利"提出合理的道德质疑。按马克思的分析，自我所有起始于"承认对方是私有者"③，

---

① 参见 Robert Nozick，*Anarchy, State and Utopia*，Oxford: Blackwell Publishers ltd，1974，p.151。

② G.A. Cohen，*Self-ownership, Freedom, and Equality*，Cambridge: Cambridge University Press，1995，p.67.

③ 《马克思恩格斯文集》第 5 卷，人民出版社 2009 年版，第 103 页。

延展于劳动产品的让渡，巩固于商品的流通。它表现出这样的逻辑，"流通中发展起来的交换价值过程，不但尊重自由和平等，而且自由和平等是它的产物；它是自由和平等的现实基础。作为纯粹的观念，自由和平等是交换价值过程的各种要素的一种理想化表现；作为在法律的、政治的和社会的关系上发展了的东西，自由和平等不过是另一次方上的再生产物而已"①。这意味着自我所有其实就是法律意义上的自我所有，是特定阶级规定的自我所有。而法律本身不过是经济关系的产物而已。"平等的权利"、"公平的分配"不过是自我所有这种资产阶级法权的政治术语与经济术语，不过是任意处理自己财产的权利和原则，不过是市民社会利己主义的价值原则。在此意义上，自我所有在孤立政治个体的四周确立起一道政治藩篱：他者是自我自由的限制。然而，"人的本质并不是单个人所固有的抽象物，实际上，它是一切社会关系的总和"②。自我所有不过是以财产的方式包裹起来的抽象物，而非现实的社会存在。因此，以自我所有为根据的对马克思"不平等权利"的拒斥本身就意味着对人作为社会存在物的拒斥。

第二，不反思自我所有产生的历史前提和历史后果的自我所有，是以肯认生产资料与劳动力的分离为政治前提。自我所有实证的表象思维，建构了自足的政治个体，提出拒绝再分配的道德理由，造就了资本主义的阶级对立与绝对贫困。奉行自我所有的资本主义存在明显的政治悖论：自由的政治与不自由的社会；平等的政治前提与不平等的政治后果。究其原因在于，自我所有"平等地剥削劳动力，是资本

---

① 《马克思恩格斯全集》第 31 卷，人民出版社 1998 年版，第 362 页。
② 《马克思恩格斯全集》第 3 卷，人民出版社 1960 年版，第 5 页。

的首要的人权"①。自我所有的政治排他性与经济利益至上性，一方面
使工人除了自我所有劳动力以外一无所有，另一方面使"人人生产
的财富越多，他的产品的数量和力量也就越大，他就越贫穷"②。因
此，建立在私有制基础上的自我所有，是服务于资本增殖逻辑和资
本主义政治稳定的财产权，是将"天赋人权"现实化与经济化的超
历史的"永恒价值"。所以，自我所有反对表征现实的历史观念和政
治价值。

第三，自我所有作为具有历史局限性的财产权，虽然具有明显的
资产阶级政治意识形态性，但却明确地表现了现代人的政治意识。自
我所有一方面将人现实的政治意识和政治感性具体化为财产权，另一
方面也形成了现代人实现自己权利的重要根据和主要形式。因此，马
克思在批判资本主义时明确提出，侵占工人的劳动成果就是不折不扣
的剥削。依据于此，分析马克思主义的巨擘科恩认为马克思对资本主
义的批判在一定程度上依赖于自我所有，是不彻底的批判。在科恩看
来，主张工人的权利就是主张工人的自我所有，主张"不平等权利"
的合理性就是侵犯他人自我所有。所以，社会主义主张自我所有只是
出于实际的需要，而不能作为根本原则，"马克思主义者必须以立法
的方式反对自我所有，而不是沉迷于物质富裕所带来的人人无限自由
的状态来逃避这个问题"③。科恩基于分析哲学理论的这一观点在反对
马克思"不平等权利"上没能走出多远，但是他的分析却突出了现代

---

① 《马克思恩格斯文集》第5卷，人民出版社2009年版，第338页。

② 《1844年经济学哲学手稿》，人民出版社2000年版，第51页。

③ G.A. Cohen，*Self-ownership*，*Freedom*，*and Equality*，Cambridge: Cambridge University Press，1995，p.16.

政治对自我所有的价值依赖。在我们看来，马克思主张"不平等权利"是以拒斥私有制为前提的。事实上，如果不存在私有制，"不平等权利"的主张的确是实现个体差异的可能和条件，而非私有制财产权表达的对他者的排斥与支配。

第四，对自我所有的政治批判，不能抽象地立足于康德式目的论，而只能是历史唯物主义的主张和实现"不平等的权利"。当代分析马克思主义提出与自由主义相反的推理原则：自我所有的根本的形而上学缺陷在于将人当作手段而非目的，失却了由康德所奠基的现代人的基本价值。他们认为：（1）即使是无行为能力的人主张的权利也是把他者作为手段的再分配；（2）为保有个体的差异的自我所有一定排他，把他者作为对立与手段的自我所有；（3）作为自我的所有表现形式的财产权，虽然可以保证人在社会活动中成为经济独立和自足的个体，但是却无法证明自我所有的个体就是目的而非手段。① 因此，只要拒绝自我所有，那么就可以保证康德式的自由。但是问题却在于，人是目的而非手段不仅意味着政治逻辑上的对等性，更为重要的是如何创造实现人的目的社会历史条件。因此，如何现实地主张人实现差异的权利与条件就成为根本性问题。

马克思"不平等权利"的政治哲学主张从根本上批判自我所有，创造性地赋予自我所有新的内涵，是探索实现人自由全面发展的分配正义的理论构想。

第一，"不平等权利"以伸张个体权利的方式扬弃了自我所有的

---

① 参见 G.A. Cohen，*Self-ownership，Freedom，and Equality*，Cambridge: Cambridge University Press，1995，pp.210–244。

历史局限性，既使现代人的政治感性成为政治原则的存在根基，又使历史的整体逻辑成为现实政治的价值规范。在马克思看来，自我所有可以成为批判资本主义异化的感性直觉，但是却必须限定自我所有滑向支配他人。其一，资本主义的异化即是对工人自我所有的践踏。或者说，资本主义的自我所有是双重标准的自我所有。在资本家那里表现为生产资料的自我所有，在工人那里表现为劳动力和身体的自我所有。自我所有的双重标准既是资本主义运行的经济秘密，又是资本主义掩盖剥削与支配的政治秘密。因此，就消除现实的异化而言，强调工人自我所有既涵盖生产资料又包括自我个体，就是以自我所有来反对自我所有的单一性、片面性和政治性。其二，超越了以私有制为前提的自我所有，实则是获得个人全面发展条件的自我所有（注意：我们特别强调全面发展的条件）。扬弃私有制，扬弃的是私有制单一化自我所有的权力属性，而不是祛除其权利属性。马克思设定的共产主义社会，是"以每一个个人的全面而自由的发展为基本原则的社会形式"①，既是对自我所有内涵的全面革新，又是对差异性个体自由个性的肯定保障。因此，自我所有必须不是诺契克的"持有正义"所维系的自我所有，也不是科恩"野营旅行"模式共享的自我所有，而是"个人自由而全面的发展"的自我所有（即重建个人所有制，这一问题将在后面章节专门阐释），即基于"不平等权利"的自我所有。因此，"不平等权利"的自我所有，必然具有两个方面的内涵：其一，自我所有支持个体劳动能力的社会所有，但不支持个人劳动和死劳动对他者的政治与经济支配。"不平等权利"的自我所有，不是分配的唯一尺度，

① 《马克思恩格斯文集》第 5 卷，人民出版社 2009 年版，第 683 页。

而是分配过程和结果的调节性原则，目的在于保障个人共享社会历史发展的整体性成果；其二，"不平等权利"的自我所有，是祛除利益个体性与片面性的所有，其目的是促进社会整体进步以保障个体获得自由全面发展的条件。

第二，"不平等权利"的自我所有，强化了现代政治哲学"人是目的"的核心追求，是对保证社会健康发展与个体自由发展的科学论证。公允地说，"自我所有"作为现代政治哲学对个体权利的主张，具有无可替代的重要性。自由主义（无论新自由主义还是自由至上主义）的根本问题不在于是否坚持自我所有，而在于对自我所有的理论前提缺乏唯物主义的哲学反思，缺乏现实感性的科学论证，只是对政治个人权力的价值规范与直观描述。我们知道，现代政治哲学的最大成就之一就是使劳动问题（从而经济问题）成为最核心的政治问题。或者说，资本主义的政治成就确定了劳动作为自我所有的经济合理性，并从之衍生出了政治合理性，马克思的共产主义的政治想象则确立了劳动的政治合理性并论证了经济的政治本质。马克思告诉我们，不存在离开经济的政治，也不存在离开政治的经济。人最形下的活动才是人最形上的本质。由洛克开创的源于劳动的自我所有虽然敞开了自我所有政治现象学，但却没有成为自我所有的内在规定。科恩也认为自我所有是一个合乎逻辑的概念，在逻辑上能够证明康德"人是目的"的观念。但他却矛盾地提出要拒斥自我所有，其原因在于科恩在创立分析马克思主义时抛弃了马克思对产生于劳动自我所有的"劳动价值论"的科学分析与哲学透视。或者说，自我所有之所以会产生科恩论及的诸多困难，既不在于产生这一政治意识的现代历史，也不在于自我所有概念的逻辑缺陷，而在于没有从根本上扬弃私有制这一逻辑前提。科恩虽然基于实用的考虑，为自我所有留了一席之地，但却一直为"普遍的完全的自我所有与平等和自主"之间的矛盾而焦虑。而在我们看来，马克思"不平等权利"的自我所有是对这一问题的历史破解。其一，"不平等权利"的自我所有首先确证的是差异个体的政治与经济的完整性与道德权利，排斥任何控制个体的政治企图与经济行为。这一观念是自我所有的历史唯物主义回归，而非代表自由的形而上学僭越。在自由主义逻辑中，自我所有与自由是可以直接画等号的，但"不平等权利"的自我所有是自由的保障与前提，是自由的可能性和能力体系，而非自由本身。虽然自我所有肯认自主性的存在论意义，但却不相信表现为自我所有的财产权就是自主本身。其二，"不平等权利"的自我所有，是肯认劳动贡献的积极自我所有。事实上，诺契克所坚持的、科恩所否定的自我所有，只是消极的自我所有：一方面是不受侵犯的自我所有，另一方面是支配他者的自我所有。而以"不平等权利"的方式来肯定自我所有的时候，情况则发生了根本性的变化，因为这一观念不认可任何外在于差异个体活动能力和活动过程之外的自我所有，只承认体现劳动差异性的自我所有，并且由之而衍生的财富也不是抽象地肯认自我。因此，这样的自我所有既有"分享蛋糕"尺度的功能，又具有"做大蛋糕"的能力，是长期以来分配正义中公平与效率争论的可能的解决途径。

第五节　"不平等权利"与分配的可能性

自塔克—伍德之争以来，马克思是否具有正义问题一直是马克思正义研究中的重要问题。无论是支持还是反对都把问题的焦点集中在马克思对正义的理论态度与阐释结论上，但从马克思政治哲学的基本观点来追问分配正义可能性的研究却一直没有得到应有的推进。在我们看来，马克思"不平等权利"的政治哲学观念作为对人政治生活的重要判断，是从历史唯物主义政治哲学的视角对正义可能性的回答，由此我们也可以逻辑地推论出马克思政治哲学视阈中的分配正义。

马克思的政治哲学不是要建立一种永恒不变的分配正义观念，而是一种能够调适社会矛盾、维护人"不平等权利"的分配正义，因其具体地、历史地表征人的存在状态、反思了社会经济制度的现实性与历史性，从而形成了具体的规范性原则用以指导人现实的分配活动，推进了社会经济体制的改革，这是一种可能的、具有正当性的分配正义。①

分配正义在原初意义上被规定为给人以其应得。因此，应得的标准一直是传统正义研究的核心课题。不同的理论家基于对应得的不同理解，建构不同的分配正义理论对于应得道德根据的不同回答，也构成了不同分配正义之间的理论分野，并由此形成了具体的理论争论。对于初次分配的应得人们一般很少质疑，对于再分配的却存在着诸多

---

① 林育川基于对历史唯物主义的重新解读，力图建构一种克服资本主义结构缺陷的历史唯物主义视域中的规范正义。应该说这一努力的理论方式极具启发性，但在马克思分配正义的建构中如何回答分配正义的正当性问题却被简单处理了。因此，以回答分配正义的正当性的方式来探寻马克思分配正义的可能性也应该成为一条重要的理论路径。（参见林育川：《历史唯物主义视域中的规范正义——一种可能的马克思主义正义理论》，《哲学研究》2018 年第 8 期。）

争论。① 分配正义的可能性首先面对的难题是人们对经济事实的政治直观。在经济层面这一问题表现为公平与效率问题，在政治层面表现为权利的问题。罗尔斯的新自由主义逻辑认为，自然和社会的偶性是不应得的，分享自然的赠予与社会历史的成果不会侵犯人的道德权利，不会引起对效率的伤害。他认为，如果能提升"最不利群体"者的利益，即使存在不平等在道德上也是允许的，因为这一安排可以在逻辑上和实践中都相应地照顾到效率的问题。但诺契克的古典自由主义却认为，在自由权利至上的社会进行再分配是绝对不允许的，因为这一行为侵犯了人的权利。应该说这一争论本身突显分配正义在当代历史中的一般处境，但是却缺失对权利本身进行应有的反思。罗尔斯自己也承认，马克思"这种批评，即在资本主义世界的市民社会中，某些基本权利和自由，同人权相关的权利和自由（以前我们称为现代人的自由的东西），所表达的和保护的是公民的共同的利己主义"②。而且，更有诸多哈耶克这样的反对分配正义的理论家，在他看来分配

---

① 再分配作为社会正义的诉求、作为平等理论的核心问题一直被人们所重视，但是当代身份政治哲学的兴起对之提出重要质疑。南茜·弗雷泽和阿克塞尔·霍耐特围绕此问题进行了深入的争论，最后形成了身份认同与再分配调和的正义观念。在我们看来，这一争论背后隐藏着一个更为根本的问题：再分配是奠基于身份认同之上的吗？或者说身份认同能为再分配奠基吗？虽然这一争论真实地反映了当代西方社会亚政治群体兴起所带来的政治哲学问题，但西方正义对再分配的权利根基却没有真实清理，没有追问经济与权利的互构关系，没有正视经济对权利的决定性作用，所有我们认为这种争论只是用描述的方式来表达西方社会现实的分配难题。（参见 [美] 南茜·弗雷泽、[德] 阿克塞尔·霍耐特：《再分配，还是承认？——一个政治哲学对话》，周穗明译，上海人民出版社 2009 年版，第 1—54 页。）

② [美] 约翰·罗尔斯：《作为公平的正义——正义新论》，姚大志译，上海三联出版社 2002 年版，第 289 页。

正义对商品经济是具有破坏性的政治行为，因为分配正义是对商品经济合理性的质疑，是对个人所有权的僭越。这些争论从根本上指向了分配正义的道德奠基问题。

当然，马克思也质疑了平等、公平和正义这些资产阶级的政治伦理。马克思认为，公平、正义和平等的改良方案不可能实现消灭阶级的革命任务，也不可能实现真正的平等——人的自由全面发展。拉萨尔之流"在所谓分配问题上大做文章并把重点放在它上面，那也是根本错误的"①。我们知道，马克思是在研究资本主义的生产方式和生产关系的基础上做出上述判断的。分配正义作为受生产力制约的政治问题，不可能奠基于对经济—政治现实的描述之上。

马克思是以未来社会的批判性正义来批判与透视资本主义描述性正义。马克思明确反对不改变社会关系的正义。他认为，普鲁东、拉萨尔等人将正义的实现寄希望于分配的虚幻性。因为这样的分配是奠基于超越历史的永恒的公正，是历史失去批判性的正义观念。马克思指出，"法学家把所有这些法的体系中的多少相同的东西统称为自然法，这样便有了共同点。而衡量什么算自然法和什么不算自然法的尺度，则是法本身的最抽象的表现，即公平。于是，从此以后，在法学家和盲目相信他们的人们眼中，法的发展就只不过是使获得法的表现的人类生活状态一再接近于公平理想，即接近于永恒公平。而这个公平则始终只是现存经济关系的或者反映其保守的方面，或者反映其革命方面的观念化的神圣化的表现。希腊人和罗马人的公平认为奴隶制度是公平的；1789 年资产者的公平要求废

---

① 《马克思恩格斯全集》第 25 卷，人民出版社 2001 年版，第 20 页。

除封建制度，因为据说它不公平。在普鲁士的容克看来，甚至可怜的专区法也是对永恒公平的破坏。所以，关于永恒公平的观念不仅因时因地而变，甚至也因人而异，这种东西正如米尔柏格正确说过的那样，'一个人有一个人的理解'"①。但是资产阶级却将因时而变、因人而异的公平抽象成抽象的平等权利，"人生而平等"的自足性成为其描述性正义的起点和根据。这显然只是对现实生产关系的调节，而非改造。正如马克思对普鲁东的批判，超越历史的正义、公平和平等是"各社会中起调节作用的、有机会的、至高无上的、支配一切原则的基本原则"②。由此看来，描述性的正义只能以"平等权利"的方式谋得对现存人的生活与实践进行直观的把握，而非批判性改革，不可能使不平等趋向于平等。

当然，马克思并不如同塔克所讲，认为正义不是评判资本主义的政治价值，亦不认为资本主义不正义。倒是凯·尼尔森比较公允地评价了马克思对待正义的态度，"没有理由认为马克思会相信正义原则是理所当然的毫无效用"③。在马克思看来，资本主义的分配正义具体而真实地呈现了资本主义政治原象与运行逻辑。即是说，资本主义简单地将经济正义原则等同于社会正义乃至分配正义的原则。马克思说，"生产当事人之间进行的交易的正义性在于：这种交易是从生产关系中作为自然结果产生出来的。这种经济交易作为当事人的意志行为，作为他们的共同意志的表示，作为可以由国家强加给立约双方的

---

① 《马克思恩格斯文集》第3卷，人民出版社2009年版，第322—323页。
② 《马克思恩格斯文集》第3卷，人民出版社2009年版，第320页。
③ 李惠斌、李义天编：《马克思与正义理论》，中国人民大学出版社2010年版，第236页。

契约，表现在法律形式上，这些法律形式作为单纯的形式，是不能决定这个内容本身的。这些形式只是表示这个内容。这个内容，只要与生产方式相适应、相一致，就是正义的；在商品质量上弄虚作假也是非正义的"①。资本主义社会经济行为的正义性，不在于其满足了人生存与发展的价值性需求，而在于以经济运算的逻辑刻画了社会运行的规则。基于经济合理性（核心原则是私利算计）的正义，并不是资本主义制度正义的逻辑证成，恰恰揭示了资本主义正义的内在局限与现实矛盾。因此，我们可以作出这样的判断：马克思说"与生产方式相一致的，就是正义的"无非是表明资本主义正义原则的非反思性，表明平等权利的政治原则的描述性，表明资本主义正义的非批判性。资本主义的正义理念，既不可能对资本主义进行历史批判，也不可能证成分配正义的可能性。

因此，马克思"不平等权利"的政治哲学敞开了证成正义可能性的另一条政治哲学理路。或者说，马克思"不平等权利"的平等分配，是超越资本"平等权利的不平等分配"的政治经济学批判。布坎南依循马克思的逻辑十分准确地把握了资本主义平等权利与不平等分配的内在自反，"在资本主义的意识形态领域流行的正义观念和更为具体的分配正义观念都非常强调自由和平等的地位，通过把视角限定在劳动工资的交易本身，那些为资本主义的意识形态所迷惑的人就能支持自由和平等理念，并证明这种劳资关系是合法的，而最后整个社会关系也是建立在这种理念之上"②。或者说，资本主

---

① 《马克思恩格斯文集》第 7 卷，人民出版社 2009 年版，第 379 页。
② ［美］布坎南：《马克思与正义》，林进平译，人民出版社 2013 年版，第 70 页。

义平等和自由对正义、分配正义的奠基从根本上讲是可疑的，由此而来的对资本主义的合法的规范也是立不住脚的。因此，资本主义的生产方式与生产关系在历史逻辑的环节上是合理的，由经济运行而自然产生的交换正义、分配正义对于规范经济行为本身是合理的、必要的，但一旦超出经济活动的领域，或者一旦缺失对这些正义原则的政治价值和历史逻辑的反思，这些所谓的正义原则就会存在逻辑与价值的天然缺陷。具体地说，资本主义的正义，只是把经济运行的理性计算的平等移入正义原则之中，然后又从正义出发来描述经济的合理性与合法性。在论证上是一个无意义的同义反复，在政治上是一个意识形态的狡计，在历史逻辑上是将环节的必然性放大为整体的必然性。或者说，资本主义平等权利因其描述性本质就无法真正解放差异个体生存与发展的正义需要。平等权利的分配逻辑，自然地屏蔽了"不平等"的合理需求，其依赖的应得、贡献、激励等原则，根本不可能在分配的场域中确证"现实的历史的人"的真实需求与社会的价值追求。所以，承认"不平等权利"的政治合法性、认可"不平等权利"的经济合理性，即是将人现实的历史的差异具体化在政治与经济实践的可能道路中，"不平等权利"所敞开的分配正义理论视野也就必然超越了平等权利不平等分配的意识形态藩篱和历史局限性。

第一，"不平等权利"奠定了一种尊重抽象人权、注重具体人权的分配正义。虽然马克思不希冀更不指望以改变分配形式的方式来实现对资本主义的政治经济学批判，但是马克思政治哲学的逻辑中并不拒斥，以分配正义来体现抽象人权、注重具体人权的方式来批判分配的齐一化逻辑的社会历史后果。从马克思政治逻辑的整体性上看，马克思虽然批判平等权利，但却承认共产主义社会的第一阶段允许"平等分配"。不过这种"平等分配"却有着不同于资本主义的平等分配。首先，遵循"不平等权利"的批判逻辑，平等的前提是作历史唯物主义的社会扣除；其次，以"不平等权利"来消解人们在分配中受狭隘自私主导的直观平等；最后，以"不平等权利"实现马克思所追求的实现自由的他者前提的社会历史前提。在此意义上，"不平等权利"作为一种奠基性原则，使分配真正获得了经济与政治的双重内涵，使分配正义具有描述与规范性 ① 的双重特性。分配正义不能局限于维系社会基本结构的稳定，或者逻辑证明的自洽：一方面，分配正义要具体地体现社会生产与生活需要的辩证关系，满足人的生活需要而不是生存需要，为人提供尊重、幸福生活的差异性满足；另一方面，分配正义又要形成对分配的理性规范原则，既要防止"不平等权利"在现实中可能具有的负面效应，又是保证分配正义能够激发人们积极地参与社会生产与生活，造就人类繁荣的物质条件与政治条件。分配正义在分层次地满足个体需要的基础上，以物质平等的优先原则来保障社会生产与生活的积极向上和社会分工的差序格局。虽然有学者认为，"马克思是在极其尖锐地批判分配正义的过程中泄露了他认同某种社会主义分配正义的'秘密'，这一点恰恰反映了他的历史唯物主义理论无法彻底地拒斥分配正义，因为分配正义即使是附

---

① 构建马克思的规范性理论，是当前马克思主义伦理学与政治哲学研究中的重要课题。规范性问题的提出，一方面开拓了马克思主义哲学研究的理论范式，另一方面也有利于我们理解马克思历史唯物主义的双重性（科学的解释性与超越的规范性）特质。在此，我们必须注意的问题是：马克思政治哲学与伦理学中的规范从根本上说是源于他的历史唯物主义超越的目的性，而非悬设的某种价值。

属性的、存在弊端的，也是不可能避免的"①。但是，我们却认为，马克思对分配活动的历史唯物主义透视，以"不平等权利"奠基了社会主义的分配正义。

第二，"不平等权利"破除了生产资料私有制的剥夺，建构了从生活需要与社会发展趋向出发的权利，是一种规避财产支配和偶然性支配的分配正义，有利于调适分配主体的利益冲突，是一种能将"蛋糕做大"的分配正义。按照生产资料私有制的逻辑来看，"不平等权利"必须侵犯他者的"合法"权利，必然会对社会总体生产带来负面效应；"不平等权利"的平等分配有着和经济拉平一样的消极后果。事实上，"不平等权利"的平等分配注重的是生活需要的合理性，而非支配他者的合理性。将分配的对象直接指向生活需要，就是从共同体整体出发来进行分配。个体决定的主体性、共同体的类性和自我差异的个性作为"不平等权利"的内在规定性，既是在历史的现实中来把握个体的差异性需要，使之不再单一地受某种固定量的限定；又是理性地来权衡共同体的生产能力与限度，是个体的差异自由，即马克思所讲的"把现实的历史和关系还给人自己"，是合理要求的合理满足。罗尔斯在回应马克思时说，"虽然生产资料方面的财产权是得到容许的，但这种权利不是一种基本权利，而且这种权利在现存条件下必须服从这种需要，即它应该是最有效的方式满足正义原则"②。这样一来，正义原则与其说是罗尔斯的差异原则，

① 林育川：《历史唯物主义视域中的规范正义——一种可能的马克思主义正义理论》，《哲学研究》2018 年第 8 期。
② ［美］约翰·罗尔斯：《作为公平的正义——正义新论》，姚大志译，上海三联出版社 2002 年版，第 289 页。

倒不如说是马克思的"不平等权利"的平等原则更为合适。正因为"不平等权利"的分配正义,不是奠基于生产资料私有制的基础上,故所有这样的分配正义能够在价值前提下兼顾积极自由与消极自由的平衡、以积极平等保障消极平等的分配正义。这样的分配正义不再是对经济生活的碎片式把握,而是从经济的分配环节入手对经济活动全过程的整体调适。在论述生产与分配、交换、消费的一般关系时,马克思指出,如果不把分配放到生产、消费和流通的整体中来把握时,分配正义无非就是"对概念作辩证的平等""解释现实的关系"①,所以"不平等权利"的平等分配必须回答如何将分配正义还原到政治经济生活的整体之中的问题。当然,正因为"不平等权利"不基于外在的政治设定——财产权——的方式来给定分配的尺度,而是以内在的标准来获得生活需要的满足,就从逻辑上将分配这一问题回归到了整体的政治经济生活之中。在此意义上,分配正义自然就具有批判的规范性,但不是设定他者界限的规范性,而是寻求自我解放与自由的他者条件的规范性。这既从根本上改变了分配的形象,也给予人们在分配中自然地、理性地将自己的需要与他者的满足统一起来。

"不平等权利"对分配正义的奠基,意味着历史唯物主义的批判性能够与分配活动的规范性合理统一起来。为我们反思当前中国特色的社会分配正义提供了重要的理论资源,也突显了分配作为一种社会的"善"应该被社会追求、国家坚守!

---

① 《马克思恩格斯全集》第 30 卷,人民出版社 1995 年版,第 31 页。

第六节 "不平等权利"与分配之善

分配特别是再分配是"人享有人类文明与社会进行成果的基本方式"[①]，是一种体现制度先进性的政治活动。分配作为为个体提供生存与发展的物质条件与精神产品的经济活动，既从经济上肯定个体对于社会的贡献，又从政治上肯定个体作为社会成员的权利，更从历史的意义上肯认社会合作的存在论意义。所以，作为社会制度首要美德的正义[②]，抑或是分配正义，"不仅是一种有关正义的主张，而且也是一种关于正义与归于善概念下的那些美德之间的关系主张"[③]。或者说，分配之所以必要，取决于两个方面：其一，符合社会制度美德之属性；其二，满足特定的正义原则。罗尔斯依循"契约论"的理路从"社会是合作的共同体""无知之幕""原初状态"对之进行了回答，诺契克立足古典自由主义的理路从持有、最小国家、交换，对分配进行了反驳，桑德尔以社群主义的善拒斥了自由主义的程序正义、捍卫了分配的必要性。总体上说，之所以存在这些争论，其实就是对分配正义的必要性存在分歧。

马克思虽然批判资本主义的分配正义，也反对在所谓的分配问题上大做文章，但是马克思却基于对人存在状态的历史唯物主义还原提

---

① 涂良川、胡海波：《论马克思的分配正义思想》，《现代哲学》2009 年第 2 期。

② 参见［美］罗尔斯：《正义论》，何怀宏等译，中国社会科学出版社 2009 年版，第 3 页。

③ ［美］迈克尔·J.桑德尔：《自由主义与正义的局限》，万俊人等译，译林出版社 2001 年版，第 162 页。

出了分配与"不平等权利"的关系问题。或者说，马克思从超越资本主义平等分配的视角提出了分配之善的问题。

第一，马克思在分配的语境下提出"不平等权利"的唯物主义论断，就是提出了如何把握分配之善的唯物主义原则。逻辑地讲，"不平等权利"一方面以个体化的方式表达出来，另一方面又以制度化的方式给予满足。因此，"不平等权利"必须排除两个道德上的难题：其一，从制度的角度来讲，个体提出的"不平等"要求，必须是排除欲望与偏好支配的不具有社会历史整体性的权利要求；其二，从个体的角度来讲，制度满足"不平等"要求，必须打破齐一化的尺度。但在马克思看来，"不平等权利"作为对分配问题的历史还原，不存在上述问题。第一，"不平等权利"是以个体需要的方式表达出来的制度对现实的历史性把握。或者说，如果分配在实践的意义上自觉贯彻"不平等权利"原则，就是对现实的一种唯物主义的尊重，而非意识形态或者利益主导的剪裁。第二，"不平等权利"是以制度的方式表达的对个体存在境遇的尊重。马克思认为，个人的活动方式和存在形态具有根基性的意义，"个人怎样表现自己的生活，他们自己就是怎样。因此，他们是什么样的，这同他们的生产是一致的——既和他们生产什么一致，又和他们怎样生产一致"①。有理由相信，马克思所肯认的"不平等权利"一定是个体表现自己活动特质和存在方式的个体性需要。"不平等权利"是对个体人性特质和政治特性的唯物主义把握。因为，个体的需要是历史的、具体的，源于生产内容和生产方式的差异性需求。"不平等权利"是扎根于无产

---

① 《马克思恩格斯全集》第3卷，人民出版社1960年版，第24页。

阶级政党意识内的"现实主义"政治认识论。① 基于唯物主义的立场，"不平等权利"的内容和根据超越了个体的感性直观，而成为表现个体感性活动的具体内容的政治观念：一方面整合了个体经验性与现实普遍性，使之既成为个体表面自我又成为社会认可个体的政治之善；另一方面既批判了个体的感性直观使之真正成为感性具体，又批判制度的抽象齐一使之差异化。或者说，"不平等权利"作为分配应满足的一种社会的善，不是一种求助他律的善，而是分配表征现实、个体认同分配的具体的善。②

第二，"不平等权利"作为一种批判的善，重新界定了分配正义的存在条件。休谟认为，分配正义之所以存在，是因为：其一，物质的相对匮乏；其二，善的观念的冲突。作为人为德性的正义就是要协调上述两个方面的矛盾。③ 由此而来的"有限慷慨"就限制了政治哲学对分配正义的理论想象。如果我们深究就会发现，这样的致思理路其实预设了一个重要的逻辑前提：自我利益。自我利益的排他性在分配中体现为林林总总的理由，也主导着分配正义的诸种理论逻辑。然而，马克思却认为，"不平等权利"却可以超越自我权利的排他性局

---

① 参见《马克思恩格斯全集》第 25 卷，人民出版社 2001 年版，第 20 页。

② 具体的善，并不意味着是一种相对主义的善，而是体现马克思"不平等权利"政治辩证法的"相对的绝对"之善。这种善不求助于任何外在的本体设定，而来源于对人现实政治生活历史唯物主义认同。所以，这种善是一种批判性、规范的善。

③ 当代西方政治哲学家认为，休谟的正义条件是讨论正义的前提。正是基于此，金里卡认为，马克思的共产主义是超越正义的社会，因为在共产主义社会中物质条件充分涌流，所以使正义的条件不再存在。因此，马克思从共产主义来批判现实资本主义正义就是不合理的。其实，这既是对分配正义存在论意义的误解，也是对马克思批判性正义观的误读。这一问题，我们将在后文中具体处理。

限，形成一种重新认识分配正义存在前提的理论视野。无论是物质相对匮乏，还是物质财富的充分涌流，不可避免的是作为社会存在的个体都是从社会理性获得合理性的需要，这就需要个体充分认识到个体的差异性对于分配的规范性意义、分配对于个体的政治认同。而"不平等权利"表达的是一种摆脱偶然性后，人作为社会存在者对自我和他人的政治认知。作为经济形式的分配，是以利益享有的方式来具体表达这种认知。因此，现代社会分配正义的存在条件就不再局限于休谟对正义条件存在的描述，而是深入到社会存在本体的层面。人与人之间的差异性与独立性不是道德意义上的独立性，而是社会意义上的独立性，是具有历史根据并成为历史动力的独立性。"不平等权利"作为分配制度设计的前提，不再是简单地重述物质的匮乏和善的观念的冲突，而是从社会作为存在本体和存在方式的政治高度提出了分配产生的社会历史条件。

第三，马克思"不平等权利"作为分配的尺度与原则，意味着，分配如果能够辩证地表征人作为差异性与统一性存在的双重特质，作为经济环节的分配就能够体现一种政治的善：确证现实的历史的人之自我统一性。注重分配正义根植于人的抽象的统一性，是目前政治哲学研究分配正义的一般理路。马克思特别提到在分配时必须考虑到在当代政治看来不能成为政治问题的私人问题①："一个劳动者已经结婚，另一个则没有；一个劳动者的子女较多，另一个的子

---

① 公域与私域的区分是现代政治哲学研究中的不自觉的前提。在现代政治哲学看来，无论是政治原则还是伦理原则，只处理所谓的公域的问题，私域的问题则求助于道德、情感等个体性的原则。私域中的价值问题因其生存论语境，一方面受制情境的个体化无法公共化，另一方面个体偏好的个体性而不具有普遍性。

女较少,如此等等。"① 在道德直观上这些个体性、生活的情景不应该被公共领域所考虑,但诸多家庭组合、人口生产这样的事件本身就是社会制度的一部分,虽然可以暂时地将之归结为个体偏好,但却是历史整体不可能缺少的环节。当然,也不能说马克思将所有个体性选择都泛化为整体性行为。只是说,个体的生存境遇作为与统一性相对立的差异性,必须被分配行为所考虑,分配必须在现有生产能力和生产关系的前提下解决个体差异的政治事实。或者说,考虑差异性与统一性的辩证统一,是社会制度在设计时必须要考虑的一种重要的善。

第四,马克思"不平等权利"既超越了对分配共同体利益主义的解读,又超越了对分配共同体情感主义的解读,还超越了对分配共同体形而上学的解读,从历史唯物主义的角度表征了分配的共同体前提。在马克思看来,分配是以经济实践的方式来表达共同体的善。将欲望对象转换为欲望主体,以此结合成利益共同体来谋求政治个体的发展,是当代政治哲学研究分配正义的一个理路。这一社会联合体的理念成为自由主义分配正义的共同体前提。但这一共同体的问题在于,虽然超越了传统"私人社会"拒斥分配这种社会安排的局限性,但却并没有脱离利益合作共同体的逻辑。而且,这种共同体重视利益互补与重叠、构建合作与分享的理性原则的分配正义,不过其基于个人主义的事实却无法否认、排他性的政治原则依然没能消除、分配正义手段与目的分裂的矛盾并没解决。更为重要的是,这样的分配既不要求消灭私有制,又强化了私有制的内在局限。"手段型共同体"是

---

① 《马克思恩格斯全集》第25卷,人民出版社2001年版,第19页。

其基本特征。当然，也有社群主义"情感性共同体"的分配正义，但这种共同体又缺乏应对分配困境的理性稳定性，极易落入相对主义的泥潭。而马克思的"不平等权利"却从社会作为人的存在方式来建构分配正义的共同体前提。其一，"不平等权利"是在共同体内部，以社会存在的整体对个体的存在状态和生活需要的合理化要求。个体的发展不以私利的方式来获得，而以社会整体的方式来满足；社会的协调不以满足利益群体的稳定性为目的，而以个体自由个性的实现为目的。其二，"不平等权利"是以共同享有社会发展与历史进步的方式实现命运的"相互分担"。社会作为人的存在方式，使积极生活成为可能，避免诸多"共享天赋""道德难题"、代际正义的困境，因为"不平等权利"意味着个体的需要是从共同体现实性与可能性中获得满足，共同体以促进个体积极实现可能性、积极开发个体潜能的方式获得整体的繁荣。

第五，"不平等权利"是一种反思的人类性的善，既给予分配现实的原则，又给予分配修正原则的规范。"不平等权利"是兼具解释与规范双重性的政治的善。当代分配正义一直以来都深陷正当与善的争论之中。① 从政治道德的视角看，正当优先于善是政治的道德，分配追求程序的正当性要绝对优先于对分配对象与分配主义的道德把握。因为，"在公平正义中，正当的概念优先于善的概念。和目的论

---

① 正当是现代政治哲学开创性的原则，是理性在政治中充分展露拳脚的最好例证。正当作为政治的第一原则引发道德与政治的分离。虽然我们不可否认，正当的确定使政治具有一致性、操作性、稳定性等重要的特性，但却失去了亚里士多德"人是政治的动物"的道德关怀。当代正义论研究中正当与善孰先孰后的争论无非就是反映了正当与善分离后的道德后果与实践效应。

相比，某种事物只有适合于和眼前的正当原则相一致的生活方式时才是善的"①。分配依循正当性建构一整套程序，既构成分配的程序，也成为分配正义的证明。分配方式与正义原则的一致，在于祛除社会对人与制度的历史性建构。这似乎呼应了现代哲学对形而上学本体的拒绝，但却将现实的人及其活动悬置于正当的抽象原则之中。由此看来，由正当性单一维度主导、由正当性证明的善，表面上看具有排除个体偏好偶然性的普遍性，但实质却是以一种偶然性代替了另一种偶然性。因为正当的单维度不具有解释与批判同行的双重性特质。而"不平均权利"的平等分配既可以在理论的意义上避免正当与善的分离，又可以在实践中实现解释与批判的统一，从而实现正当性原则与共同的善的一致，而非简单地寻求逻辑与初衷的先后。更具体地说，其一，"不平等权利"作为表达需要的政治原则，是对分配主体的现实描述。依据"不平等"的现实，分配主体的要求与分配份额的满足，既是对社会总体性生产的历史唯物主义权衡，又是对个体的人类性关照，是一种基于社会整体生产与个体发展的分配之善。其二，"不平等权利"作为修正分配份额的原则，一方面规范着个体主体欲望与要求，另一方面又引领着社会生产的总体性方向。马克思认为，从来都不存在离开生产的分配，也不存在无分配的生产。一种正义的分配，必须是遵循生产规律，也必须引领生产的发展。其三，"不平等权利"是以历史唯物主义方式表达的分配之善。共同体基于对差异事实的把握和人类整体性逻辑的遵循，形成了分配的差异性原则；个体以历史

---

① ［美］迈克尔·J. 桑德尔：《自由主义与正义的局限》，万俊人等译，译林出版社 2001 年版，第 187 页。

的视野把握了他者之于自我自由的存在论意义，给予他者"不平等权利"的认同，形成了消解不平等事实的操作性原则。在此意义上，"不平等权利"具有从制度和个体双重维度解决不平等问题的能力，而又真实地保有"不平等"的差异性存在。

第二章　马克思分配正义的政治
经济学及政治哲学批判

　　马克思以"不平等权利"的政治哲学观念逻辑蕴含着批判资本主义分配正义、解决共产主义社会第一阶段的分配正义思想。马克思在对资本主义的政治经济学批判中展开了他对资本主义分配正义的深刻批判。马克思在超越资本主义分配正义的前提下，以共产主义的分配正义批判了资本主义描述性的分配正义。马克思认为：（1）资本主义宣扬的基于抽象"应得"的分配正义，只是关注抽象政治权利、忽视基础性经济平等的分配正义，是平等交换的意识形态假象。（2）资本主义立基的"权利"虽然高唱"权利平等"的赞歌，但却带来分配"结果的不平等"，因为资本主义的权利是无法表征"现实困境"与"生存语境"的规范性原则，以此为据的"正义"、"人道"、"平等"、"博爱"、"独立"等都无法真实地还原人存在的历史唯物主义语境，更不可能以正义的分配来满足人现实的需要。（3）资本主义政治市民社会自利原则的分配正义，充分体现了资本主义经济"以利生利"的运行逻辑、政治"平等—不平等"的悖反逻辑，在无批判中直观反映资本主义的经济与政治运行逻辑，使其无法洞见资本主义分配正义内在冲突的历史本质。资本主义的分配充分体现了"人人互为手段"的经济事实与政治现实，虽然以刺激人生理需要与直观利益的方式获得了物质生产方式、社会生产组织、社会政治经济交往方式的极大进步，但却没能真正从历史的根基处去探求解决私与公的冲突、个人与社会的矛盾、公共伦理与个人利益的对立、个人激情与公共价值的对抗等现实的经济与政治问题，只是在所谓的"经济发展"中把上述诸多矛盾与问题推后和积累。因此，在马克思政治哲学视阈中，分配正义必然具有规范与批判的双重维度。而且，马克思对分配正义的批判不是抽象的道德反对，而是政治经济学—哲学批判。这意味着马克思的分配正义将历史的解释原则具体化在对社会规范与制度化设计的规范价值之中了。在马克思看来，分配正义的建构无法离开社会生产的现实，即无法离开生产什么、如何生产的现实，这是分配正义的存在论前提。认为分配正义是对生产关系的直接反映，所以资本主义的分配就是正义的，其实是曲解了马克思分配正义的批判维度。马克思以还原资本主义分配正义存在语境的方式，深入地解剖、批判了资本主义的分配正义。但有西方学者依据对马克思还原资本主义分配正义的直观理解，认为马克思认可资本主义正义性。[①] 因为马克思说，"生产当事人之间进行的交易的正义性在于：这种交易是从生产关系中作为自然结果产生出来的。这种经济交易作为当事人的意志行为，作为他们的共同意志的表示，作为可以由国家强加给立约双方的契约，表现在法律形式上，这些法律形式作为单纯的形式，是不能决定这个内容本身的。这些形式只是表示这个内容。这个内容，只要与生产方式相适应，相一致，就是正义的；只要与生产方式相矛盾，就是非正义

---

① 参见李惠斌、李义天编：《马克思与正义理论》，中国人民大学出版社 2010 年版，第 108—114 页。

的"①。但是，如果我们深入分析，就会发现：（1）马克思是用经济活动的事实给定性来描述资本主义所谓正义的经济原象，这是马克思进一步提出必须从生产的整体性来透视与反思资本主义正义的问题。（2）资本主义的正义是一个循环事实：经济事实的原则被规定为政治原则，政治原则来解释与规范事实。资本主义的生产逻辑是资本主义正义的运动员和裁判员。（3）马克思揭示了资本主义正义论符合论的方法论前提。在对正义的客观化的过程中抽空了正义的政治价值维度。

因此，马克思在《哥达纲领批判》中提出的共产主义社会第一阶段"按劳分配"与第二阶段的"按需分配"的分配正义，不仅理论地设定了共产主义社会分配原则，而且是对资本主义分配正义的政治经济学—哲学批判。这意味着，在马克思的分配正义看来：不存在离开社会生产的分配，不能脱离社会生产去抽象地设定分配正义；资本主义的分配正义是基于资产阶级利益的分配正义，资产阶级在主导社会生产的过程中，将阶段利益置换成普遍利益；历史唯物主义肯定资本主义生产的先进性，但并不等于直观认可资产阶级政治价值的合理性。反思资本主义生产的逻辑前提，是把握资本主义分配正义本质的理论前提；缺乏政治经济学—哲学反思的、直观反映经济事实的分配正义，只是对资产阶级政治经济学的抽象还原，而非对社会生产和社会分配的价值引导。

---

① 《马克思恩格斯全集》第 46 卷，人民出版社 2003 年版，第 379 页。

第一节 分配的本质及其与生产的辩证关系

在《1857—1858 年经济学手稿》中，马克思论证了"生产与分配、交换、消费的一般关系"①，提出了他对分配本质的唯物主义判断，建构了历史唯物主义政治哲学视阈中分配正义的理论前提。

马克思明确提出，分配是作为经济活动的内在环节，是从社会要素出发的、生产与消费之间的中介。虽然分配和交换一样，都是"生产、分配、交换、消费""一个正规的三段论"②的中间环节，"在分配中，社会以一般的、占统治地位的规定的形式，担任生产和消费之间的中介"③。但是，"分配决定于社会的偶然情况"，"或多或少地对生产起促进作用"④。分配与生产的天然统一关系意味着：（1）分配与生产不是并列的独立领域。生产是一定社会发展阶段前提下的生产，分配必然也是一定社会发展阶段前提下的分配。（2）必须把生产与分配放到统一中来考查。生产与分配的统一是现实关系的辩证统一，而非概念的辩证统一。（3）分配和生产一样，在其实践中必须具体表现现实的社会要素。分配和生产一样具体地体现出占统治地位的生产要素、生产关系和生产形式。

分配是人类社会生产必不可少的环节。如果认为"分配是产品的分配，因此它是离开生产很远，似乎对生产是独立的"，那么这是

① 《马克思恩格斯全集》第 30 卷，人民出版社 1995 年版，第 29 页。
② 《马克思恩格斯全集》第 30 卷，人民出版社 1995 年版，第 30 页。
③ 《马克思恩格斯全集》第 30 卷，人民出版社 1995 年版，第 30 页。
④ 《马克思恩格斯全集》第 30 卷，人民出版社 1995 年版，第 30 页。

"浅薄的理解"①。在资本主义的分配中，生产要素总是在两次重复中被规定下来：其一，对于资本："（1）作为生产要素；（2）作为收入源泉，作为决定一定的分配形式的东西"②。这一逻辑决定，作为资本主义分配形式的利益与利润，是作为生产要素的资本之自身增殖分配形式。资本作为生产要素赋予占有者对合法占有利益、利润的经济上的权利。这实际上是一种价值的转换，从劳动者向资本家的转换，但却是资本主义最真实的分配，基于资本这一生产要素的分配。其二，对于表现劳动的工资："在雇佣劳动的场合劳动作为生产要素所具有的规定性，在工资的场合表现为分配的规定。"③ 劳动，特别是雇佣劳动作为资本主义的生产要素，在资本占有者方面是生产得以展开的、资本主义得以增殖的生产要素；在工人方面是分配的规定，既规定分配的质又规定分配的量。而且，资本主义生产中个体劳动的社会化、抽象化，使工资成了分配的形式。其三，从生产主体的个体而言，"分配自然表现为一种社会规律，这种规律决定他在生产中的地位，他在这个地位上生产，因而分配先于生产"④。分配似乎转换了身份，成为生产的前置性支配要素；其实不然，人作为生产要素在资本主义生产逻辑中是由资本、地产等生产要素决定的。古典政治经济学两次重述生产要素的理论逻辑，提出"分配是经济学"的对象，但却"因为他们直觉地把分配形式看成是一定社会中的生产要素借以得到确定的最

---

① 《马克思恩格斯全集》第 30 卷，人民出版社 1995 年版，第 37 页。
② 《马克思恩格斯全集》第 30 卷，人民出版社 1995 年版，第 37 页。
③ 《马克思恩格斯全集》第 30 卷，人民出版社 1995 年版，第 36 页。
④ 《马克思恩格斯全集》第 30 卷，人民出版社 1995 年版，第 37 页。

确切的表现"①，而遗漏了一个根本性的问题：分配是与生产辩证一体的，首先生产生产出分配的内容；其次，生产生产出分配的形式；再次，生产生产出分配的主体；最后，生产表现生产的特征并影响着生产的内容。分配与生产的这种辩证关系意味着：分配的独立性其实是其价值的独立性，而非分配独立于生产的抽象性；分配与生产的辩证统一性是分配内容与形式的现实性，而非分配只是直观地再现生产事实，而表征出生产的价值逻辑。或者说，作为经济环节的分配，是表征生产具体的一种体现生产主体自我确证的规范性实践。

任何一种分配，无论以哪种抽象的形式，借用何种中介物（实物或货币），都包含生产资料的分配与生成产品的分配两个基本内容。而且，生产资料的分配从根本上影响和决定了消费品的分配，从而也就从根本上制约着分配正义的理论逻辑与价值追求。马克思明确提出："在分配是产品的分配之前，它是（1）生产工具的分配，（2）社会成员在各类生产之间的分配（个人从属于一定的生产关系）——这是同一关系的进一步规定。"②分配之重要性，不在于其是决定生产的前提，而在于其真实地反映了分配两个环节中体现出来的社会生产的特质。如果割裂历史的整体性与延续性，那么分配就直接决定了生产资料的占有。但任何一种作为生产开始的自然前提都是生产的历史结果，分配也是如此。"分配包含在生产过程本身中并且决定生产的结构，产品的分配显然只是这种分配的结果。"③分配——无论是生产资料的分配还是生产产品的分配——都是和生产交织在一起的。不在生产的地平

---

① 《马克思恩格斯全集》第 30 卷，人民出版社 1995 年版，第 37 页。
② 《马克思恩格斯全集》第 30 卷，人民出版社 1995 年版，第 37 页。
③ 《马克思恩格斯全集》第 30 卷，人民出版社 1995 年版，第 37 页。

面上来研究分配，或者抛弃分配而抽象地关注生产，既不可能理解生产运行的经济与政治逻辑，也不能理解分配遵守的政治原则与经济规律。或者说，当李嘉图这样的古典政治经济学家把分配作为经济的主题的时候，事实上是不可能真正把握现代国家致富的真正秘诀的。逻辑地看，分配生产资料先于生产，分配构成了生产的前提和条件；历史地看，作为逻辑上自然的东西是历史地形成的，是生产本身不断变化的历史结果。马克思特别举例说："机器的应用既改变了生产工具的分配，也改变了产品的分配。"① 产品分配只是生产工具（生产资料）分配的表现，生产工具的分配是产品分配的前提。因此，分配所体现的社会历史特性也就是生产的社会历史特性。分配不仅具体地体现为人们获得产品的经济方式，更是体现出生产力与生产关系的特质。

分配作为生产力与生产关系本质的表现形式，能够使我们洞见私有制产生的机理及其本质。早在《德意志意识形态》时期，马克思在研究人类分工的时候就曾对分配进行深入阐释。马克思强调，"与分工同时出现的还有分配，面对的是劳动及其产品的不平等的分配（无论在数量上或质量上）；因而就产生了所有制，它的萌芽和原始形态在家庭中已经出现，在那里妻子和孩子是丈夫的奴隶。家庭中的奴隶制（诚然，它还是非常原始和隐蔽的）是最早的所有制，但就是这种形式的所有制也完全适合于现代经济学家所下的定义，即所有制是对他人劳动力的支配。其实，分工和私有制是两个同义语，讲的是同一件事情，一个是就活动而言，另一个是就活动的产品而言"②。其一，

---

① 《马克思恩格斯全集》第 30 卷，人民出版社 1995 年版，第 38 页。
② 《马克思恩格斯全集》第 3 卷，人民出版社 1960 年版，第 37 页。

分工与分配并不是先于生产力发展状态的抽象规定，而是生产力发展的必然结果。分配与生产力的发展直接相关。其二，劳动与劳动产品的不平等分配是产生所有制的直接原因。因为，分配在质与量上的不均，必须产生消费与积累的不均，这为所有制的产生奠定了物质前提。其三，劳动与劳动产品的不平等分配在源起上具有偶然性，而所有制将这种偶然的不平等分配固定下来，形成了必然的不平等。分工作为生产力发展的必然要求，也是生产力发展程度的社会历史标志，分工将具体从事不同的生产个体固定在某一特定的生产位置，既产生了具体的生产关系，也产生了特定的分配方式。个体差异的偶然性与个体从事生产类型、生产能力的差别产生了分配上的直接不平等。其四，不平等的偶然性在所有制的支配下转化成不平等的必然，构成了对他者的劳动力的支配。分配的偶然不平等转化成不平等的支配，使得分配与所有制的特质与属性交织在一起。

因此，分配问题本质上是生产问题，但是分配问题却又不能简单地还原为生产问题。直观地看，生产力的发展与产品的丰饶并不能直接解决分配难题，因为分配作为一种体现生产力发展特性并受所有制钳制的、兼备经济属性与政治价值属性的社会实践行为，既要从经济学的意义上考虑生产与分配的相互关系，又要从政治哲学的角度考虑生产与分配的相互影响。经济与政治是分配的内在规定性，生产则是经济与政治的现实规定。对分配的研究，既不能只专注于其体现的意识形态，又不能局限于将分配直观还原于生产形式，而是要在人的分配实践中把握分配与生产的辩证关系。

第一，分配是人享有社会财富与历史进步的政治方式，既是社会生产的现实产物，是社会生产方式的现实特征；又是人以社会的方式获得自己生产产品的过程，是人自我确证的过程。分配在其直接性上反映出经济理性的计算特性，在其历史现实性上体现出人类生产的社会历史性，是体现人对社会存在与社会活动方式的一种政治活动。生产既是分配的限制性条件，又是分配的历史性前提。分配必然面对分配的对象。分配的对象首先是人类劳动的产物，不是劳动产品的对象谈不上分配，只有占有。因此，分配必须与人类的劳动与生产资料直接相关。其一，就劳动作为分配的前提与依据而言，劳动给予了劳动产品量的规定性，可以作为分配的量的依据与尺度。但是现代社会的劳动却具有与劳动本质相背离的特质：异化劳动。马克思认为，劳动是人类改变世界、与世界打交道的实践过程，是自然向人的生成与人向自然生成的否定性统一；劳动产品是这一实践活动的具体成果。劳动与自然世界是分配对象的双重规定，人以分配的方式获得劳动产品，就是获得主体的对象化与自然主体化的成果，就是获得自我确认。同时，不同的劳动者，主体能力的差异，自然会影响分配的质与量（前文已讨论过此问题）的差别。然而问题是，现代社会特别是资本主义社会，劳动是以雇佣劳动的方式参与社会生产的。因此，劳动作为分配的前提与依据还必须与生产资料的所有制结合起来考虑。其二，就生产资料而言，在生产过程中直接表现为自然物质对象，在分配领域则表现为一定主体所有的物质对象。或者说，生产资料作为分配的另一个限定，其实是代表特定主体，是生产资料所有者的现实代表。我们知道，人在劳动中只能改变物质的形态，而且是改变具有主人的物质的形态。或者说，生产资料所有制，是生产及其组织方式的社会历史规定。劳动者与生产资料的分裂，一方面体现了生产力的发展与进步，另一方面则使生产从而使分配被生产资料占有者支配和控制。

马克思认为，只有不重视生产与分配辩证关系的古典政治经济学，才"根本不谈生产和分配的这种粗暴割裂以及生产和分配的现实关系"。正视生产资料所有制对于分配的根本性影响而言，"总应该从一开始就清楚地看到：无论在不同社会阶段上分配方式如何不同，总是可以像在生产中那样提出一些共同的规定来，可以把一切历史差别混合或融化在一般人类规律之中"①。可以看出，生产资料的占有形式是影响分配的不可忽略的重要因素。因为，生产资料所有制是生产力与生产方式的具体体现，不仅影响着社会产品的丰歉，更从根本上决定了分配的内容和分配的方式。因此，当从事社会生产的个体以分配的方式从社会中获得"自己"的劳动成果时，一方面是对他劳动付出的制度性肯定；另一方面又是对他社会地位、社会占有的价值性确证。

第二，能够表征分配与生产辩证统一的分配，是基于正义的生产方式之上的分配正义。分配必须超越对财富分配的直观描述与抽象规范，而应该内探到生产方式的正义之中。② 古典政治经济学以交换的正义性奠基一种聚集于财富的分配正义。社会分配按照生产要素的贡献原则，维系着现代商业社会的繁荣与稳定，但却无法克服交换正义固有的消极方面。虽然李嘉图的社会正义以劳动价值论的方式论证了资本主义非平等的交换，但其所强调的劳动应得本身并没有深入分配的根基：生产。③ 社会生产，既生产获得特定阶段利益的物质产品，

---

① 《马克思恩格斯全集》第 30 卷，人民出版社 1995 年版，第 28 页。

② 参见袁立国：《生产方式的正义：马克思正义论的存在论视野》，《社会科学辑刊》2015 年第 3 期。

③ 参见〔英〕伯尔基：《马克思主义的起源》，伍庆、王文扬译，华东师范大学出版社 2007 年版，第 122—123 页。

同时也生产社会的意识形态。生产既是社会存在的实践根基，也是理解社会生活的基本范畴，不仅规定生产什么，也规定着如何分配。资本主义逻辑中的工人，依据交换正义的原则以劳动力作为生产要素参与劳动产品的分配，因此以交换价值为生产目的的资本主义，其分配方式与价值原则无一不在强化资本增殖这一隐秘事实。因此，分配正义只能通过实际地扬弃和变革资本主义私有制的生产方式与生产逻辑，才能真正抽掉割裂分配与生产断裂的逻辑前提。或者说，建构正义的生产方式，才是实现分配正义的社会前提。分配正义，不是关于财富占有的价值判断，而是关于生产方式的价值批判。马克思曾设想一种正义的生产方式："联合起来的生产者，将合理地调节他们和自然之间的物质变换，把它置于他们共同的控制之下，而不让它作为一种盲目的力量来统治自己；靠消耗最小的力量，在最无愧于和最适合于他们的人类本性的条件下来进行这种物质变换。"[1] 这样的正义的生产方式，使物质变换的负担由全体成员共同承担，成果也由全体成员共同享有。这就超越了分配只在一个阶级内进行的非正义局面。[2] 由此看来，任何离开对生产方式正义性考查的分配正义，都只能是一种补救性的方案。在"互利"的社会生产中，分配聚集于物、局限于物，使其不能超越利益"交换"的窠臼，也就不可能深入对生产方式的批判层面。以正义的生产方式来发展社会生产力、创造社会物质条件，一方面是为分配创造了丰裕但不是无尽的物质财富，另一方面也奠定一种正义的分配原则：人的自由而全面的发展。或者说，根植于分配

---

[1]　《马克思恩格斯文集》第 7 卷，人民出版社 2009 年版，第 928—929 页。

[2]　参见《马克思恩格斯文集》第 7 卷，人民出版社 2009 年版，第 929 页。

与生产辩证统一的分配正义，必将是"不平等权利"的"平等分配"，即不是满足于确认生产要素占有，而是积极关注人不同需要的平等分配。这是因为正义的生产方式本身就是面向人本身的生产，表征其人类属性的分配正义也将是正义的。这不仅赋予了差异新的内涵，也使人的自由全面发展获得了社会历史条件与物质基础的支持。

总之，分配与生产之间的辩证关系是马克思政治哲学给予我们的，研究分配正义的历史性视野。马克思不仅具体地批判了资本主义生产的非正义性分配的阶级性，而且也为我们思考当代的分配正义难题提供重要的理论启示。

第二节　分配正义的双重视野：生产与阶级

马克思是否阐释了某种分配正义观念，一直是学界争论的焦点。持不同观点的学者基本上都是依据马克思不同时期、不同文本的理论表述来推论自己的理论观点。但是，如果我们从马克思政治哲学的整体视阈来探讨马克思关于分配正义的论断时就会发现，马克思从生产与阶级两个维度深入地论述了分配正义，也从生产与阶级的双重视野深入具体地解剖了资本主义"平等权利"的"不平等分配"的内在本质。在马克思看来，社会生产是理解分配正义的社会存在前提，阶级是分配正义的政治属性。虽然马克思不是从正义的角度对资本主义进行道德批判，但是从生产与阶级的双重视角对资本主义分配正义的政治解构与对共产主义分配正义的唯物主义把握，一方面有利于我们深入透视资本主义分配的文明进步性与历史有限性，另一方面也提供了我们正视分配问题的理论智慧。或者说，马克思分配正义所秉持的生产与阶级的双重视野，构成了我们思考分配正义的历史唯物主义思维进路和政治价值范式。

分配不是孤立于社会生产的经济—政治实践，"消费资料的任何一种分配，都不过是生产条件本身分配的结果；而生产条件的分配，则表现生产方式本身的性质"①。分配正义作为内涵政治价值的经济实践，一方面具体体现了政治组织的价值根据，另一方面表征了生产的社会历史特质。有什么样的生产就会有什么样的分配，有什么样的分配就有什么样的分配正义。因此，马克思在批判庸俗社会主义与资产阶级的同一性时说，"庸俗的社会主义仿效资产阶级经济学家（一部分民主派又仿效庸俗社会主义）把分配看成并解释成一种不依赖于生产方式的东西，从而把社会主义描写为主要是围绕着分配兜圈子"②。脱离生产建构的分配正义，要么是资产阶级意识形态呓语的经济再现，要么是庸俗社会主义对社会历史现实的抽象回答。从马克思政治哲学的视阈来看，生产是分析正义的存在之维，阶级是分配正义的价值之维。

分配正义是人在社会中，以经济的方式表达的价值诉求。是根植生产现实的历史性价值诉求。或者说，不能从既定某种分配正义来推演生产的具体，而应在理解生产现实的基础上回到分配正义的抽象。只有这样，分配正义才是分配这一经济活动的政治具体。在《1857—1858 年经济学手稿》中，马克思特别谈到了把握具体的理论方法。

---

① 《马克思恩格斯全集》第 25 卷，人民出版社 2001 年版，第 20 页。

② 《马克思恩格斯全集》第 25 卷，人民出版社 2001 年版，第 20—21 页。

抽象是抽象的具体，而非具体的抽象，也非抽象推演出来的具体，而是具体在头脑中的抽象再现。或者说，分配正义其实是生产的抽象的具体。分配是依赖于生产方式的经济—政治实践，其正当性取决于在分配正义这一抽象观念中还原的生产及生产方式本身。分配如果能够真实、正确地表征生产方式的特质，就是正义的；如果是以超越于生产特质的价值规范为前提的规制，就是非正义的。分配方式不是判定正义与否的标准，生产才是判断正义与否的根据。当然，现存的生产及生产方式是否正义必须制约着分配的正义，但是按照马克思历史唯物主义的基本理念，生产及生产方式的现存性并不是保证其正义的根据，唯有历史必然性与现实性才能给予其正当性的根据与理由。生产及生产方式的历史必然性与现实性，才是生产从而也是分配正义与否的存在论前提。

第一，生产实践是人类现实的、批判性的社会历史实践，它构成了分配内容和形式的内在规定。分配正义，一方面以确定性的原则表现现存分配的正义性，另一方面又以批判性的原则揭示着奠定分配之生产的正义性。因为，"所谓的分配关系，是同生产过程的历史地规定的特殊社会形式，以及人们在他们的人类生活的再生产过程中所处的关系相适应的，并且是由这些形式和生产关系产生的。这些分配关系的历史性质就是生产关系的历史性质，分配关系不过表现生产关系的一个方面"①。马克思的这一论断明确地告诉我们生产、生产方式是分配方式的决定性因素。分配作为生产反面，既构成人们获得生产之物的社会方式，又构成反观生产的实践镜像。那种认为分配是发展

---

① 《马克思恩格斯文集》第 7 卷，人民出版社 2009 年版，第 999—1000 页。

变化的，而生产及生产关系永恒不变的观念，既是对生产作为分配内在要素与规定性的形而上学反映，又是对资产阶级生产及生产方式正义性的意识形态辩护。① 分配不是从工资、利润、地租等所谓的"事实"出发的，不是对人们获得生产对象方式的直观描述，而是对生产及生产方式特质的实践表征。如此看来，深入到诸如工资、利润、地租等分配形式的生产前提中，既构成马克思批判资本主义生产不正义的致思路径，又是建构分配正义原则的历史唯物主义原则。马克思指出，在资本主义生产中，物质劳动条件与工人对立的社会历史现实，是资本主义分配原则的历史根基。就资本主义生产而言，"如果产品一部分不转化为资本，它的另一部分就不会采取工资、利润和地租的形式"②。即使当代资本主义社会以福利国家的形式进行所谓的二次分配，其实也不过是强化与保持资本主义生产的这一内在特质。而且，资本主义生产在生产出分配内容的同时，更是生产出了分配的形式。资本主义"不仅生产出物质的产品，而且不断地再生产出产品在其中生产出来的那种生产关系，因而也不断地再生产出相应的分配关系"③。

因此，对于分配的研究与分析，就必须要超越对"产品中归个人消费的那部分的各种索取权"的直观指认，而应在"分配关系赋予生产条件本身及其代表以特殊的社会的质"的层面进行经济学—哲学反思。或者说，生产是分配的内在维度。在马克思看来，资本主义的分配是不正义的，其根源在于生产的不正义。具体说来，资本主义生产

---

① 参见《马克思恩格斯文集》第 7 卷，人民出版社 2009 年版，第 994 页。

② 《马克思恩格斯文集》第 7 卷，人民出版社 2009 年版，第 995 页。

③ 《马克思恩格斯文集》第 7 卷，人民出版社 2009 年版，第 995 页。

具有两个重要的特征：其一，资本主义生产是生产商品的生产，而非产品的生产。生产成果成为产品，对资本主义而言，具有重要的政治意义：产品成为具有统治权、决定权的政治存在。工人成为商品、工人的劳动成为雇佣劳动是资本主义生产的前提与必然。这是因为，商品生产是生产的决定与调节原则，一方面使生产者必须以商品的方式成为社会的生产者，另一方面"社会劳动的分配，它的产品的互相补充，它的产品的物质变换，它从属于和被纳入社会的传统机构，这一切却听任资本主义生产者个人偶然的、互相抵消的冲动去摆布"①。其二，剩余价值作为资本主义生产的直接目的与决定动机②，意味着生产只是实现资本主义增殖的手段，而非人以自己的否定性对象活动来满足人自身的活动。资本生产资本，是以生产剩余价值的方式来实现的，因此生产出来的产品必须内含剩余价值，并以分配的方式从中分离出来。而正是剩余价值的生产产生了不正义的政治后果，"资本家作为资本的人格化在直接过程中取得的权威，他作为生产的领导者和统治者而担任的社会职能"③都不是生产，而是资本主义生产的政治后果。从而造就了一种生产极度丰富，而社会极端分化与对立的现象。表面上看，资本获取剩余价值的分配是一种程序合理的分配，但实质却是一种更加残暴、更为酷烈的压制和剥削。对资本而言，只有生产剩余价值的生产才是正义的生产；但是对人而言，生产剩余价值的生产就是对正义的背离。因为，在剩余价值生产的逻辑中，工人以雇佣劳动者的身份只能参与最基本生活资料的分配，产品积累和生产

---

① 《马克思恩格斯文集》第 7 卷，人民出版社 2009 年版，第 996 页。

② 参见《马克思恩格斯文集》第 7 卷，人民出版社 2009 年版，第 997 页。

③ 《马克思恩格斯文集》第 7 卷，人民出版社 2009 年版，第 997 页。

能力提升与工人获得的提升没有任何的关系。即使资本人格化的资本家也没能逃脱这样的命运，"他会在这方面（必须生产剩余价值，而不是人与社会的整体性发展——笔者注）碰到限制，这些限制以保险基金和准备金的形式，以竞争规律等形式出现在他面前，并且在实践中向他证明，利润（剩余价值的光鲜身份——笔者注）并不只是个人消费品的分配范畴"①。经济意义上的利润并不能服从所谓价值中立或国家致富的经济利益的理论判定，因为"利润不是表现为产品分配的主要因素，而是表现为产品生产本身的主要因素，即资本和劳动本身在不同生产部分门之间分配的因素"②。即是说，"分配形式是作为决定的生产要素"③。当然，分配作为决定的生产要素，并不是外在预设了分配方式，而是表达了生产的内在要求。马克思明确提出，资本主义的分配正义是建立在劳动力自由、平等买卖的前提之上的。所以，"一定的分配形式是以生产条件的一定的社会性质和生产当事人之间的一定社会关系为前提的。""一定的分配关系只是历史地规定的生产关系的表现"④。而且，分配作为现代人类社会生产、分配、流通、交换、消费总体中的一个直接影响消费、交换乃至流通的重要环节，显然不是对生产进行直观、具体地还原。否则，分配既在操作上无比困

---

① 《马克思恩格斯文集》第 7 卷，人民出版社 2009 年版，第 999 页。

② 《马克思恩格斯文集》第 7 卷，人民出版社 2009 年版，第 999 页。

③ 马克思在《资本论》第 3 卷中深入地分析了分配关系和生产关系。他从价格与利润的关系进到了分配的深层内涵。分配一方面是对利润的经济分割，使利润表现为资本利息、地租；另一方面则是资本主义生产价值转移的手段，使社会生产的总产品积累成为控制社会的资本。（参见《马克思恩格斯文集》第 7 卷，人民出版社 2009 年版，第 993—999 页。）

④ 《马克思恩格斯文集》第 7 卷，人民出版社 2009 年版，第 998 页。

难，又无法对经济生活和社会状态进行评价与反思。所以，生产是分配的内在维度，是具体化为生产资料拥有与消费资料获得的方式、质量、效应的方式、限度与标准。

第二，虽然现代社会的分配已经将传统社会依赖于情感的财物享有、物品转移制度化为分配正义的内容，但却将阶级这一政治身份内置于分配之中。① 阶级是分配正义不可回避的政治维度。在分析资本主义的三大阶级时，马克思提出关于资本主义如何在分配中内置阶级的问题："单纯劳动力的所有者、资本所有者和土地所有者，——他们各自的收入源泉是工资、利润和地租，——也就是说，雇佣工人、资本家和土地所有者，形成建立在资本主义生产方式基础上的现代社会的三大阶级。"② 工资、利润和地租，是不同阶级的收入形式，更是体现阶级特质的分配内容。首先资本主义分配体制体现出来的阶级属性，是资本主义生产的经济规律、发展趋势，更是资本主义分配的政治原象。恩格斯在《英国工人阶级状况》一书中对资本主义社会的分配差距问题进行了深入地考查，揭示出阶级与分配之间的内在关系。

---

① 前文已经提及当代正义研究的一个重要争论：是再分配还是认同的问题。在当代的正义理论研究中，身份政治取代阶级政治似乎成为理论趋势。但是马克思阶级范式的政治哲学，更能体现当代政治哲学中所谓的身份政治问题。南茜·弗雷泽认为，"后社会主义"正在遭遇从再分配到承认的正义难题。但这一判断却忽视了一个根本性的问题：身份的认同是以承认身份的对立为前提的。马克思的确不将此问题求之于身份的承认，而是要从根本上消灭阶级的对立。在马克思看来，只有消灭了阶级本身，才可能真正实现正义的社会。因为一旦无阶级对立，也就不存在支配分配的外在性力量了，人们在分配上遇到的问题就不再是由生产资料私有制衍生的问题，而是人实现自由的可能与实现自由的条件之间的历史性冲突与矛盾。（参见［美］凯文·奥尔森编：《伤害+侮辱——争论中的再分配、承认和代表权》，高静宇译，上海人民出版社2009年版，第13—35页。）

② 《马克思恩格斯文集》第7卷，人民出版社2009年版，第1001页。

在恩格斯看来，在表象上看是资本主义的工业化拉大了收入的差距。收入差距本质上却是资产阶级与工人阶级的对立的经济反映。因为在分配中，工人阶级被拥有生活资料、生产资料的资产阶级支配，"他们光靠工资生活，没有丝毫财产，甚至连虚假的财产（例如一小块租来的土地）也没有，这样，他们就变成了无产者（working men）"①。生产无产阶级的资本主义生产关系，改变了人与人关系的属性，使之成为物与物之间的关系，分配也就相应地变成了物的置换。阶级身份的确证，使不同的阶级在资本主义分配中处于不平等的地位，工人阶级为了获取更多的工资来满足自己的生活消费，不得不忍受资产阶级的盘剥与压榨。工人阶级顺从这种阶级秩序下的安排，是获得生活资料的唯一方式。更为重要的是，这种基于阶级对立的分配，还在不断地造就和扩大无产阶级本身。因为资产阶级以其特有的阶级优势，控制着社会整体的生产资料、生活空间，制造着生活方式与生存逻辑，以体现阶级特权的分配方式，他们将人生存与发展的一切物质资料与精神产品都货币化成金钱："金钱确立人的价值"② 成为资本主义分配的价值宣言。资产阶级将阶级利益置换成普遍利益的分配方式，使货币分配成为唯一的分配方式。在进一步提升社会生产力发展的同时，造就了社会的普遍穷困与贫富的绝对对立。虽然恩格斯的上述分析只是工业革命初期繁荣时的景象，但却深刻地揭示出阶级作为分配内在要素的事实。

马克思在《哥达纲领批判》中特别强调了分配正义的阶级视野。③

---

① 《马克思恩格斯全集》第 2 卷，人民出版社 1957 年版，第 284 页。

② 《马克思恩格斯全集》第 2 卷，人民出版社 1957 年版，第 566 页。

③ 此一问题是国内学术界自改革开放到 20 世纪末一直讨论的热点问题。问题主要

马克思明确提出，不承认阶级差别的平等分配作为资本主义的分配方式，是资产阶级刻意为之的。一方面，资产阶级模糊阶级差别，是为了使生产与分配构成等价交换的程序正义，充分体现资产阶级法权优于其之前的权力形式。另一方面，资产阶级不承认差别，是为了使普遍的社会不平等无法被追溯到资本主义生产的正义性。上述分析从反面证明了资本主义分配内置阶级的特质。当然，共产主义社会第一阶段的按劳分配，依然内置了资产阶级的权利观念，只是"原则和实践在这里不再相互矛盾"①。当资产阶级在分配中将其阶级意识贯彻到底的时候，一方面引发了现实的经济对抗，另一方面则具体显现了社会生产力的矛盾与冲突。因为，"收入和收入的源泉"是同一的，"正是这三大社会集团，其成员，形成这些集团的个人，分别靠工资、利润和地租来生活，也就是分别靠他们的劳动力、他们的资本和他们的土地所有权来生活"②。构成了对资本主义分配最为真实的描绘，也是对资本主义分配最为深刻的批判。阶级既是他们的身份标识，也是他们的分配尺度。

从上述两方面的分析来看，我们可以得出这样的基本结论：

其一，马克思分配正义生产与阶级的双重视野，是把分配置于对

集中于对"按劳分配中存在着资产阶级权利"的理解与辨析，以及对中国分配正义制度改变的重要意义。（参见孙可庸：《按劳分配与资本阶级权利——当代马克思主义哲学的使命（一）》，《改革与战略》1993 年第 5 期；刘华伯：《正确理解按劳分配正义中的资产阶级中的权利问题》，《社会科学研究》1982 年第 6 期；黄山河：《按劳分配中资产阶级权利的内容没有改变——学习〈哥达纲领批判〉札记》，《中国经济问题》1980 年第 9 期；等等。）

① 《马克思恩格斯全集》第 25 卷，人民出版社 2001 年版，第 19 页。
② 《马克思恩格斯文集》第 7 卷，人民出版社 2009 年版，第 1002 页。

整个资本主义社会生产与生活来分析的分配正义批判。这意味着，以经济整体运行中独立出来分配是不可能建构真正的分配正义，必须还原生产"内嵌"的价值追求与阶级"内置"的政治立场。

其二，马克思分配正义生产与阶级的双重视角直接揭示了社会经济交往的运行规则与逻辑前提。正义标准不能绝对化，但必须现实化。资本主义平等权利的不平等分配，虽然终将被历史所超越，但却不能直接否定资本主义的生产方式与阶级意识"曾经起过非常革命的作用"①。也不能认为，资本主义的分配就是永恒的分配范式即不需要反思生产与阶级地进行理论修正的范式。

其三，分配正义，根本上的决定因素是生产，政治上的决定因素是阶级划分。生产能力决定可分配产品的数量，生产方式决定产品的分有方式。阶级状况揭示生产关系，阶级斗争影响生产发展。分配正义生产与阶级的双重视野，意味着分配并不是抽象地悬设正义的状态，而是在消灭不平等中趋向平等，即人的自由与全面发展。

其四，马克思分配正义生产与阶级的双重视野，给出了实现"不平等权利"平等分配的实践路径，即扬弃造成阶级对立的私有制，解放生产力，以"按劳分配"推动社会分配趋向于"按需分配"。

第三节　分配对象及其确立原则

罗尔斯在《正义论》中将他的差异原则直接指向了"收入和财富

---

① 《马克思恩格斯文集》第 2 卷，人民出版社 2009 年版，第 33 页。

的分配"①。收入与财富是分配对象。分配正义考量的是收入与财富分配原则的正义性。问题在于，对于什么是收入，什么是财富，以及如何确立收入与财富，罗尔斯却语焉不详。事实上，分配对象是关乎人们理解分配的前提性问题，而分配对象的确立原则又是从前提上制约分配正义性的社会历史前提。并且，分配对象与分配对象的确立原则，从前提上决定了分配的正义性。分配对象的确立过程，一方面具体地呈现了分配形式的操作逻辑，另一方面则体现了这种分配的政治本质。马克思依据其对资本主义分配的政治经济学—哲学批判认为，收入与财富作为分配对象是在经济扣除与社会扣除之后确立下来的。因此，把握分配对象及其确立原则才是洞见分配正义的政治经济学考查，这既构成了马克思对资本主义分配正义的政治经济学批判，又奠定了马克思共产主义分配正义的致思理路。

从社会历史的逻辑来看，是人的劳动而非劳动所有权创造了分配的对象：收入和财富。马克思认为是人类劳动与自然界的否定性统一创造了可分配的对象。当收入和财富表现为分配之物时，不过是以收入的方式肯定了人劳动的创造性，它以财富的方式呈现了物与人的统一。如果自然界未被占有，那么劳动创造的一切有形与无形财富都应是分配的对象。此时还必须考虑生产劳动的延续。人的劳动之所以不同于动物的本能活动就在于，它是有目的、有计划的理性规划下的实践活动。劳动得以为继必然会成为确立分配对象的重要参考原则。

---

① 罗尔斯给出了正义的两个原则：自由原则与差异原则。在差异原则中，罗尔斯给出了社会不平等可以接受的正义原则。他提出，"第二个原则大致适用于收入和财富的分配，以及对那些利用权威、责任方面的差距的组织机械的设计"。（参见 [美] 罗尔斯：《正义论》，何怀宏等译，中国社会出版社 2009 年版，第 48 页。）

因此，对社会总产品的分配，抽象地看必须作出经济与政治的必要扣除。①

首先，分配之前对社会总产品进行的经济扣除，充分体现人类劳动创造财富的社会历史属性。任何时代的劳动者创造的劳动产品显然不能都被创造者们全部分配而消耗掉，也不应该以分配的方式被部分个体囤积起来而不参与社会的再生产。马克思具体提出了经济扣除的三个方面："第一，用来补偿消耗掉的生产资料的部分；第二，用来扩大生产追加部分；第三，用来应付不幸事故、自然灾害等的后备基金或保险基金。"②经济上的这三部分扣除：首先，明确了人以劳动创造财富时对生产条件的依赖。人以劳动创造财富必然会消耗先前积累的劳动条件，如果要想劳动创造的财富得以为继，那么必须在新的社会总产品中把必要的扣除加以补充，否则财富的创造就会枯竭。补偿性的经济扣除，其实是对分配对象持续性的前提性保障。其次，表明人创造财富的历史与社会的活动，这为社会总产品的政治扣除提供了社会历史前提。劳动创造财富和所有人类的实践活动一样，都是在历史

---

① 我们在这里谈及经济扣除与政治扣除的区分，不是具体社会形态下的区分。从人类社会历史的整体逻辑来讲，经济扣除是根据社会生产力发展，人们在经济生产中的理性计算达成的一致。当然，这里我们不考虑极端的情况。政治扣除，则是充分体现了人的生产总是在社会组织下的政治生产，不同社会形态时的政治组织有其独特的属性，因此每种社会形态下的政治扣除必然是各不相同的。但从逻辑上看，人作为政治的动物，其生产活动组织的政治特性，使其不可能超越政治形态。因此，我们认为政治扣除也是必要的。经济扣除与政治扣除是必要的扣除，因而也是正义的扣除。因为这种扣除不是为了任何一个个体的利益或某一团体的利益，而是为所有人的利益。这种扣除显然不能用"搭便车"的理论来解释。作为必要的扣除，任何"搭便车"的情况都可能产生无财富可分配的情形。

② 《马克思恩格斯全集》第 25 卷，人民出版社 2001 年版，第 17 页。

的已有前提下展开的。"这种活动，这种连续不断的感性劳动和创造、这种生产，正是整个现存感性世界的基础，它哪怕只中断一年，费尔巴哈就会看到，不仅在自然界将发生巨大的变化，而且整个人类世界以及他自己的直观能力，甚至他本身的存在也会很快就没有了。"① 如果仅仅只扣除补偿性的消耗，最多只能保持社会财富不后退。而历史向前的内在动力本身也在人的生产与生活中被创造出来了。人不仅在劳动中创造了满足目前需要的财富，而且创造出新的要求。因此，扩大生产是不可阻挡的历史潮流。当然，经济扣除可能并不会考虑更多的原因，只是在直接利益的驱动下作出的理性计算。但我们却不能否认这种扣除的人类性指向。第三，经济扣除既要保证生产劳动的物质条件，也要保证生产劳动的社会条件。后备金或基金，是维系经济体系正常运行的必要开支。生产劳动遇到不可控因素、人类认识能力与实践能力的相对有限性，都要求必须对之做出足够预留。当然，这种扣除虽然在结果上保持了生产劳动的延续性，但却是出于经济的理性计算，而非社会历史的人类学考虑。

对于社会总产品的经济扣除，马克思有着精辟的概括："从'不折不扣的劳动所得'中扣除这些部分，在经济上是必须的，至于扣除多少，应当根据现有的物质和力量来确定，部分地应当根据概率来计算确定，但是这些扣除无论如何根据公平原则是无法计算的"②。经济扣除的，既是人类生产劳动不得已的扣除，也是人类生产劳动能力特性的具体体现。这种不得已的扣除与参与分配个体的自然偶然性、社

① 《马克思恩格斯选集》第 1 卷，人民出版社 1995 年版，第 77 页。
② 《马克思恩格斯全集》第 25 卷，人民出版社 2001 年版，第 17 页。

会偶然性和命运偶然性是没有关系的。或者说，无论是社会生产中的支配个体，还是社会生产中的受支配个体，都必须承认这种扣除。这一扣除不会因为个体能力的差异有所不同。在此意义上，社会总产品经过经济扣除之后的对象才是分配必须要考虑的重点。同时更不能以经济扣除的名义来转接社会个体的责任与义务。因为经济扣除，是人类创造财富的必要规定。

当然，经过经济扣除之后的社会总产品，尚不是分配的对象，还要对之进行政治扣除①。在经济扣除后，"剩下的总产品中的另一部分是用来作为消费资料的"，但是却必须进行以下扣除："第一，同生产没有直接关系的一般管理费用。同现代社会比起来，这一部分一开始就极为显著地缩减，并随着新社会的发展而日益减少。第二，用来满足共同需要的部分，如学校、保健设施等。同现代社会比起来，这一部分一开始就显著地增加，并随着新社会的发展而日益增长。第三，为丧失劳动能力的人等等设立的基金，总之，就是现在属于所谓官办济贫带来的部分。"② 政治扣除一般情况下都以税收等方式进行。不同的政治体制有着不同的税收体制，也就形成了不同的扣除原则。首先，这种扣除是为了满足政治组织的运作所必需的费用，同时也是特

---

① 我们在此论及政治扣除这一概念，意在说明，生产劳动是在一定的生产力和生产关系中（此作为前提）展开的。根据马克思历史唯物主义的基本观念，生产力和生产关系是社会历史存在的基础，是政治意识形态的前提。因此，政治扣除，是以政治的方式直接来表达生产力和生产关系的社会历史特征。当然，马克思在批判资本主义的政治扣除时，特别强调了一个核心问题，那就是扣除义务的转嫁问题，即本应属于资本所有者的扣除经过精巧的经济手段而转移到了劳动者身上，以正义之名对生产者应得额进行了剥夺。

② 《马克思恩格斯全集》第 25 卷，人民出版社 2001 年版，第 17 页。

定阶级（或阶层）的利益要求。按马克思政治哲学的理路，国家必将随着阶级的消亡而消亡，政治扣除也将失去其政治本质，而成为社会管理费用。客观地讲，从事管理者，无论其政治立场与阶级立场如何，其付出的劳动是应该得到回报的，但其特定政治位置是否应该得到回报就成了问题。而在阶级对立的社会生产中，统治阶级所提出的管理费用显然是高于劳动付出的费用的。其次，共同需要方面的扣除也不可避免地被打上政治的烙印。社会的公共设施一方面反映的是人发展的程度，另一方面也体现了特定的生产力和生产关系体系对劳动者需求的满足。这一扣除在满足人们普遍需求的同时，更是培养与维持合格的劳动者所必需的。通过公共设施的建设与发展来弥合个体利益与伪装成普遍利益的政治利益之间的冲突。有意识的分工是人类社会创造社会财富的特有方式，但是，"随着分工的发展也产生单个人的利益或单个家庭的利益与所有互相交往作为的个人的共同利益之间的矛盾；而且这种共同利益不是仅仅作为一种'普遍的东西'存在于观念之中，而首先是作为彼此有了分工的个人之间的相互依存关系存在于现实之中"①。因此，借助于公共设施来协调这种冲突，从而形成创造财富的合力，这不仅对于个体不可或缺，而且对于政治组织更是必要的。最后，官办济贫事业更是一种政治的权衡。在当代正义理论的研究中，少数群体已经成为讨论的热点。② 不同的社会生产由于对

---

① 《马克思恩格斯选集》第 1 卷，人民出版社 1995 年版，第 84 页。

② 玛莎·C.纳斯鲍姆明确提出正义存在"平等的遗漏"，她认为，不健全和残障、移民、物种成员是正义研究中三个悬而未决的问题。她提出，如果正义或分配正义不面对这些问题，那么社会的整体设计就会存在政治的合法性问题。但在我们看来，不同的政治立场对于无行为能力、少数群体、跨物种这些正义问题是具有不同的政治倾向的。或者说，政治扣除直接流向哪些领域是由政治组织

基金的类型与涵盖面有着不同的理解，也就会做出不同的扣除。但这一扣除却是基于特定的政治划分来进行的。官办济贫意味着是在政治利益群体的统筹下进行，是对获利群体进行政治甄别的，是来表现政治温情的，是笼络人心的救济。例如在资本主义生产体系中，其政治扣除用于济贫无非是从表象上体现资本主义的"优越性"，从本质上是保持劳动备用军。

对社会总产品的政治扣除不受制于生产劳务的必然性制约，而是被政治意识形态所左右。政治扣除是以经济的方式传达的政治观念与政治价值。这样的扣除，对于特定政治团体中的个体而言具有重要意义[①]，对于政治集团的利益具有根本性意义。政治扣除作为从劳教者个体身上的扣除能否直接或间接地运用于社会成员，就成了衡量社会总产品扣除正义性的重要原则。

社会总产品从经济与政治两个方面进行了扣除，经济扣除是维持生产繁荣、财富增长的必然要求，具有自然的正义性；但是政治扣除作为在人类学维度之外的政治维度却决定了扣除的正义性。或者说，如果政治扣除不存在利益的转移、财富的积累、贫富的拉大、支配的

具体的价值观念主导的。在传统政治中，你与我敌对的区分，使得这种扣除具有施舍与怜悯的倾向，这也是塞缪尔·费莱施哈克尔在《分配正义简史》一书诠释分配正义现代内涵时所具体研究的对于如何将传统的慈善变为现代的分配正义要求时所做的工作。（参见［美］玛莎·C.纳斯鲍姆：《正义的前沿》，朱慧玲等译，中国人民大学出版社 2016 年版，第 10—16 页。）

① 政治边界作为思考分配正义的边界是众多理论家都采用的一般方法。如何将分配正义从特定的政治边界推广到超越政治边界的问题也一直是正义理论研究中的重要问题。罗尔斯就明确地提出他的正义论是从宪政国家体制来考虑的。虽然他后期的理论将之扩展到了政治正义，也提出了"万民法"，但如何建构超越政治边界的政治理论依然是目前正义论研究中的重要问题。

形成，那么扣除当然是正义的。也正在此意义上，马克思在《资本论》"各种收入及其源泉"一节里具体分析了资本主义政治扣除的非正义性，深入揭示了资本主义如何将政治扣除伪装成经济扣除，以经济的必然逻辑来掩饰政治的价值逻辑。

本质上讲，资本主义社会的分配对象是扣除剩余价值之后的"对象化的社会劳动"①。资本主义"三位一体的公式"意在表明，利息、地租和工资就是可以分配的总量。依循资本主义的这一逻辑，财富源于毫不相关、完全不同的领域，可供分配的对象必然只能是积累起来的劳动总量。② 但是，事实并非如此。因为资本不过是一定的社会关系物化的结果，"不是物质的和生产出来的生产资料的总和"③，是对财富创造者相对立的物质条件。土地"这个无机的自然界本身"④也是与工人对立的物质条件。唯有劳动实现了人与自然之间的一般物质变换，创造了财富，形成了可分配对象。而资本所有权、土地所有权却要求从这种总产品中进行扣除。所以，在资本主义的分配中就呈现出这样的分配情形："资本—利息；土地所有权，土地私有权，而且是现代的、与资本主义生产方式相适应的土地所有权—地租；雇佣劳动—工资。这样，各种收入源泉之间的联系尽在这个形式之中。"⑤ 如果我们把这个逻辑倒过来，就可以看到这样的结果：资本主义的可分配对象其实就是利息＋地租＋工资。这个总量完全由资本利率、地

---

① 资本主义社会的生产是以生产资料与劳动力的分离为前提，而且坚持"劳动是一切财富和一切文化的源泉"。收入与财富具体化为抽象的劳动时间。

② 参见《马克思恩格斯文集》第 7 卷，人民出版社 2009 年版，第 922 页。

③ 《马克思恩格斯文集》第 7 卷，人民出版社 2009 年版，第 922 页。

④ 《马克思恩格斯文集》第 7 卷，人民出版社 2009 年版，第 922 页。

⑤ 《马克思恩格斯文集》第 7 卷，人民出版社 2009 年版，第 923 页。

租的租率与劳动的效率共同确定。这种逻辑上的合理性与理论上的自治性似乎没有问题，但却是"庸俗经济学所做的事情"①。因为这样的逻辑"不过是对于局限在资产阶级生产关系中的生产当事人的观念，当作教义来解释、系统化和辩护"②。但是"庸俗经济学丝毫没有想到，被它当作出发点的这个三位一体：土地—地租，资本—利息，劳动—工资或劳动价格，是三个显然不可能组合在一起的部分"③。即资本的利息、土地的地租，是特定的支配者进行经济扣除的政治手段。虽然利息可以完美地理解为对资本所有者美德的回报，地租可以还原为土地所有者维护的报偿，但是利息与地租都是工人强制劳动的产物。对于这样的扣除资本主义的政治经济学有整套的说辞，但却无法掩盖一个事实：这种扣除本质上是剩余价值的扣除，一种有利于资本主义政治的赤裸裸的扣除。

资本主义政治经济学强调，"工资、利润和地租，是一切收入的三个原始源泉，也是一切交换价值的三个原始源泉（亚当·斯密）——'因此，物质生产的原因，同时就是现有各种原始收入的源泉'"④。本质上是为了说明依据资本所做的政治扣除是经济的铁的规律。客观地讲，资本主义对社会总产品进行剩余价值的扣除，有其文明的一面，因为它促进了生产力的发展、人创造财富能力的提升，孕育了新的社会生产形态。但扣除剩余价值本身却是依赖于强制和垄断。而且资本本身就是剩余价值的生产者，是以获取工人的剩余劳动时间为目的的

① 《马克思恩格斯文集》第 7 卷，人民出版社 2009 年版，第 925 页。
② 《马克思恩格斯文集》第 7 卷，人民出版社 2009 年版，第 925 页。
③ 《马克思恩格斯文集》第 7 卷，人民出版社 2009 年版，第 925 页。
④ 《马克思恩格斯文集》第 7 卷，人民出版社 2009 年版，第 936 页。

社会生产。① 虽然社会财富的创造具有必然性，但这种必然性并不源于社会政治的强制与垄断，而是源于自然物质条件和生产力的发展程度。资本主义生产将自然条件与生产力的唯物主义限定替换成创造剩余价值的强制与垄断（反之也成立）。所以，当资本主义把资本与土地说成生产条件之一，而对社会总产品进行扣除时，并不是扣除维系和发展生产的必要物质条件，而是获取资本的剩余价值。

更进一步说，资本主义的分配对象："对象化的社会劳动"，不过是维持工人劳动和生产这个劳动的最低总和而已。"天然"合理的剩余价值扣除，以经济之名与社会之义而获得，"是由职能资本家作为剩余劳动的直接吸取者和一般劳动的使用者来进行分配的"②。资本与土地吸附着剩余价值，工人的劳动则以创造的方式获取必要的生活资料。但创造财富的劳动本质上却不应该与被社会政治属性规定的生产资料发生关系来实现物质变换，而是应该"同作为物质实体、作为劳动材料和劳动资料的生产资料发生关系"③。因此，任何一种依据占有的扣除，必然是为了特定生产关系而进行的政治扣除，是维系特定群体利益的物质利益扣除。所以，在资本主义的分配中呈现出这样的一幅图景："资本—利润（或者，更恰当地说是资本—利息），土地—地租，劳动—工资中，在这个表示价值和财富一般的各个组成部分同其各种源泉的联系的经济三位一体中，资本主义生产方式的神性化，社

---

① "资本直接从工人身上吸取体现为剩余价值和剩余产品的剩余劳动。因此，在这个意义上，资本可以被看作剩余价值生产者。"（《马克思恩格斯文集》第 7 卷，人民出版社 2009 年版，第 929 页）资本就是以这样的方式获得主体性的。

② 《马克思恩格斯文集》第 7 卷，人民出版社 2009 年版，第 930 页。

③ 《马克思恩格斯文集》第 7 卷，人民出版社 2009 年版，第 934 页。

会关系的物化，物质生产关系和它们的历史社会规定性的直接融合已经完成；这是一个着了魔的、颠倒的、倒立着的世界。在这个世界里，资本先生和土地太太，作为社会的人物，同时又直接作为单纯的物，在兴妖作怪。"① 扣除剩余价值之后的分配之物，不过是资本和土地吮吸之后的残渣败絮，不过是剩余价值产生的最低保障。

由此看来，在资本主义生产逻辑中，资本所有权、土地所有权和劳动力所有权是确立分配对象并进而确立分配份额的根据与前提。这也就是资本主义为什么要宣扬"平等权利"的政治根据之所在，也是资本主义不平等分配结果的政治根源。

第四节　资本主义"平等分配"的虚假性与有限性

皮凯蒂的《21世纪资本论》以精巧的理论与庞大的数据作基础，对资本主义社会财富的不平等做出了"新"的解释。资本主义不平等源于资本性收入在国民收入中占据比例的不断提高，加剧了现实的不平等。他用财富转移率大于财富增长率对资本主义的不平等做出相对悲观的判断。应该说，《21世纪资本论》是深入研究资本主义不平等的一个重大"事件"。无疑，资本主义一直认为其分配是立足于平等上的分配。因此，在这一事件的冲击下，我们不得不重新追问以下根本问题：资本主义的"平等分配"到底是一种什么样的平等分配？资

---

① 《马克思恩格斯文集》第7卷，人民出版社2009年版，第940页。

本主义的不平等是外生的还是内生的？资本主义的"平等分配"的理论与实践限度是什么？如何才能真正超越资本主义的不平等？等等。对此，我们认为依循马克思历史唯物主义的政治哲学，从哲学上分析资本主义"平等分配"的本质、在法权上透视资本主义"平等分配"的意识形态、在政治上洞见资本主义"平等分配"的有限性、在经济上正视资本主义"平等分配"的价值，是我们真实把握资本主义"平等分配"内在局限性与虚假性的可行理论路径。

资本主义的"平等分配"是立足于"等价"交换的分配方式。但资本主义的"等价"是基于异化的人的同一性抽象，是货币面前的同一性。其一，就无产者而言，资本主义私有制的排他性与支配性，使生成人本质的劳动异化成维持人肉体生存的手段，使人等同于物的同一性，是抽象平等的社会历史根据。资本主义异化劳动的剥削造就了"大多数人一无所有"①的平等。异化造就了全面贫穷的绝对平等，"工人生产的财富越多，他的产品的力量和数量越大，他就越贫穷"②。异化劳动不仅生产了统治工人的物质产品，而且也生产了资产阶级和自身。虽然在异化劳动状态下，工人获得工资表明工人参与社会的分配，但是"工资和私有财产是同一，因为用劳动产品，劳动对象来偿付劳动本身的工资，不过是劳动异化的必然后果，因为在工资中，劳动并不表现为目的本身，而表现为工资的奴仆"③。工资无非是以异化之物来表达贫穷的平等与平等的贫穷，所以"甚至蒲鲁东所要

---

① "在资产阶级制度中，尽管按照它的原则每个人都应该是所有者，但是大多数人却一无所有。"（《马克思恩格斯全集》第3卷，人民出版社1960年版，第424页。）
② 《马克思恩格斯全集》第3卷，人民出版社1998年版，第267页。
③ 《马克思恩格斯全集》第3卷，人民出版社1998年版，第278页。

求的工资平等，也只能使今天的工人对自己的劳动关系变成一切人对劳动的关系。这时社会就被理解为抽象的资本家"①。其二，就有产者而言，同样是人的异化②。与无产者唯一不同的是，有产者以异化之物"感到自己是被满足的和被巩固的，它把这种异化看做自身强大的证明，并在这种异化中获得人的生存的外观"③。有产阶级虽然有着物的确定性，但却是异化之物的确实性，因此与无产阶级发生的所谓的平等关系其实只是物的同一性，而非人的同一性。④ 有产者与无产者之间虽然具有异化的同一性，但却体现出政治上的对立性，二者在私有制排他性的前提下，通过"等价"交换的方式发生着"平等"的关系。由资产阶级宪法规定的自由、平等和财产权是其前提。依循于交换价值展开的分配关系，是把工人或工人的劳动都只看作交换价值，工人的分配所得不过是这一交换的具体结果。这种形式的规定性赋予资本主义"平等分配"特定的内涵，"作为交换的主体，他们的关系是平等的关系"⑤。或者说，分配由具体之物退化成抽象的关系。这一平等关系中，无产者与有产者看似没有任何差别、没有任何对立，"他们所交换的商品作为交换价值是等价物，或者至少当作等价物"⑥。由

---

① 《马克思恩格斯全集》第 3 卷，人民出版社 1998 年版，第 278 页。

② 参见《马克思恩格斯全集》第 2 卷，人民出版社 1957 年版，第 44 页。

③ 《马克思恩格斯全集》第 2 卷，人民出版社 1957 年版，第 44 页。

④ 前文的论析我们已经说明，马克思"不平等权利"其实是基于人本性对人社会历史的政治还原。"不平等权利"本质上要求对人及其活动的衡量，都必须将人差异的平等性纳入其中，否则就只能将人抽象为"平等"的法权存在或"平等"的异化之物。

⑤ 《马克思恩格斯全集》第 46 卷（上），人民出版社 1979 年版，第 193 页。

⑥ 马克思在此处的判断还有以下的具体解释："在相互估价时只可能发生主观上的错误，如果一个人欺骗了另一个人，那么这种情况不是由于他们互相对立的社

此，现实的政治经济行为被这一逻辑替换成了自然内容。或者说，资本主义是试图以经济的等价交换的有限平等来证成其基于资本主义私有制的"平等分配"。

资本主义"平等分配"是基于资本主义法律的"在富人和穷人不平等的前提下的平等，即限制在目前的主要的不平等范围内的平等，简括地说，就是简直把不平等叫做平等"①。"法律面前人人平等"既是资产阶级的政治宣言，更是资本主义经济不平等的政治面纱。平等是资产阶级表达世俗人权的政治观念。在商品生产与商品交换中，资产阶级以法律的形式将竞争固定下来，使之成为了平等的最大创造者。平等不是由社会生产与生活产生，而是由法律规定，"法律面前的平等便成了资产阶级的决战口号"②。然而由资产阶级宪法规定的平等，一方面被其法律的自反性所消解③，另一方面却被现实的经济不平等所推翻。因为，资产阶级法律的平等，首先是保护特权的不平等。在其看来，平等首先是"不可剥夺的人权"，既是生命的不可剥夺（自然平等），更是财产的不可剥夺（社会历史的不平等）。无论是结社、出版、言论这类的政治自由，还是买卖这类的经济自由，一律

会职能的性质造成的，因为这种社会职能是一样的，他们在社会职能上是平等的，而只是由于有的人生来狡猾。能言善辩等等造成的，总之，只是由于一个人具有另一个人所没有的纯粹个人的超人之处造成的。差别只是同关系自身的性质毫不相干的自然差别。"（这一问题我们将会在讨论资本主义以竞争辩护平等分配的问题时具体研究。）（《马克思恩格斯全集》第46卷（上），人民出版社1979年版，第193页。）

① 《马克思恩格斯全集》第2卷，人民出版社1957年版，第648页。

② 《马克思恩格斯全集》第21卷，人民出版社1965年版，第546页。

③ 参见李纪才：《马克思、恩格斯对资本主义平等的分析》，《科学社会主义》2008年第4期。

都以保护富人的特权为第一要务。正如恩格斯所分析的那样，无论是政治自由还是经济自由的平等实现，都需要钱，需要经费。一旦没有钱，没有经费，所谓由平等所保障的自由都是空话。① 庇护富人，压迫穷人，是资产阶级平等法律最核心的政治职能。更为重要的是，这样的法律平等是维持经济必然性的政治原则。在批判海因岑的时候，马克思说，他"用类似的简单而又冠冕堂皇的办法解决了经济矛盾。他在合乎道德高尚的大丈夫的正义感的合理基础上对财产进行了调整。不消说，'合理调整'财产正是那些在冷酷的必然性面前不得不把一切正义'措施'化为灰烬的'经济规律'，虽然这些措施是印加族和康培的儿童读物所推荐的并且是最极端的爱国志士所竭诚拥护的"②。即是说，这样的平等连原始民族最直接的判断和儿童最直观的判断都未曾达到，而是完全服从以利为鹄的自由经济。这是问题的一方面。还有问题的另一面：资产阶级政治金钱至上的逻辑既外化成前述的等价交换的平等，又规范化成法律的具体内容。"他们不得不把选举原则当做统治的基础，也就是说在原则上承认平等；他们不得不解除君主制度下书报检查对报刊的束缚；他们为了摆脱在国内形成独立王国的特殊的法官阶层的束缚，不得不实行陪审制。"③ 这样的平等一旦落实到现实经济生活的时候，其政治追求就从根本上左右了平等分配的进程。对富人是保护富有，对穷人则是"保护"贫穷。因为，穷人没有进入政治自由与经济自由的金钱和经费，也就不可能真正参与社会总产品的分配。所以，如果说此时有所谓的平等的话，也就只

---

① 参见《马克思恩格斯全集》第 1 卷，人民出版社 1956 年版，第 696—697 页。
② 《马克思恩格斯全集》第 4 卷，人民出版社 1958 年版，第 351 页。
③ 《马克思恩格斯全集》第 2 卷，人民出版社 1957 年版，第 547 页。

是我们通常所说的政治的抽象的平等。

"平等"虽然是资本主义的政治话语，但从来也没有落实为"平等分配"的经济行为，因为资本主义的政治国家是私有财产排他性、支配性的政治保障。大卫·哈维把"私有财产与资本主义国家"列为资本主义的重要矛盾之一。在他看来，资本主义国家不仅保障了资本对他者的掠夺，而且在国家内部"私有财产制度的实行，有赖于国家权力和法律制度（通常搭配货币形式的征税安排）去界定与私有产权和法人权利相关的契约义务，为此制定法律条文并执行法规"①。资本主义政治国家以此一方面为强盛创造条件与开创空间，另一方面则具体贯彻私有财产的异化特质。②国家以所谓"守夜人"的角色，维护着作为资本运作条件的个体化的私有产权制度，虽然不可避免地出现产权人的自由与"国家的强力"、社会纽带之间的矛盾，但资本主义的政治国家从来也没有放弃以暴力和垄断维护市场自由运作与私有财产合法支配的核心职能。虽然资本主义国家以公共服务的方式实行所谓的"平等分配"、提供公共设施与社会服务，但这并不意味着资本主义国家政治取向的改变，它恰恰是维护私有财产的手段。

其一，从资本主义的政治设计来讲，"资产者不允许国家干预他们的私人利益，资产者赋予国家的权力的多少只限于为保证他们自身

---

① ［英］大卫·哈维：《资本主义社会的 17 个矛盾》，许瑞宗译，中信出版集团 2017 年版，第 29 页。

② 对私有财产与异化的关系，马克思在《1844 年经济学哲学手稿》中有过非常深入的论述。虽然私有财产与异化关系所表征的政治后果没有被马克思重点强调，但私有财产加速人异化的事实却是单向度人极速生成的政治过程。（参见《马克思恩格斯全集》第 3 卷，人民出版社 1998 年版，第 266—280 页。）

的安全和维持竞争所必需的范围之内；因为资产者一般以国家公民的姿态出现只限于他的私人利益要他们这样做的范围之内"①。资产者只赋予国家有限权力，国家必然只提供有限"平等"实现有限平等的分配，根本不可能存在为了社会整体利益而考虑平等的必要性与可能性。如果不平等的分配更有利于国家实现资产者自身的利益，那么他们更愿意其成为政治制度设计的原则。

其二，从政治制度的性质来讲，资本主义的政治国家是私有制最高级的政治制度。以此为基础的任何法律与条令，不过是私有财产表达情绪、实现支配的规范与条文。资本主义国家被私有财产规定这一事实，使之从根本上只保护资产者的"平等权利"，而不是资产阶级宣称的"人权平等"。

其三，从政治权利的实质上讲，资本主义的"平等"就是平等地剥削劳动力的权利。私有财产本质上的利己主义与市民社会的利益原则是资本主义政治权利的最高原则。这样的权利是脱离人的本质和人现实生活共同体的权利。他者（无论是有产者还是无产者）的任何要求，只要不是以"等价"交换为前提的物质与财富的转移，都是对私有财产的侵犯，都是对"自由"的戕害。平等、自由、安全和财产作为这一权利的核心内涵，是孤立政治个体的封闭性权利，"没有超出作为市民社会的成员的人，即作为封闭于自身、私人利益、私人任性，同时脱离社会整体的个人的人"②。以此逻辑衍生出来的平等，只能是人与货币量上一致的平等，是买与卖的平等，而非享有社会生产

---

① 《马克思恩格斯全集》第 3 卷，人民出版社 1960 年版，第 412 页。
② 《马克思恩格斯全集》第 1 卷，人民出版社 1956 年版，第 439 页。

总体成果的平等。

其四，从政治操作上来讲，资本主义的民主只是平等的幻象，而非平等的实现。恩格斯这样描述资本主义的政治操作："资产阶级和财产统治着一切；穷人是无权的，他们备受压迫和凌辱，宪法不承认他们，法律压制他们；……单纯的民主不能治愈社会的病疾。民主制的平等是空中楼阁，穷人反对富人的斗争不能在民主制或单是政治的基础上完成。"①政治操作对穷人与富人的区分首先从逻辑上排除了平等实现的可能性，保持私有制的民主则强化了富人对穷人的支配与压榨，从而又加剧了不平等。如此看来，资本主义"平等"的政治话语，本身就是虚假的政治承诺，是资产阶级内部的有限平等。根本不可能具有改变现实经济制度，实现平等分配的可能性。资本主义所谓的平等分配，最多是体现经济必然性，而非表现资本主义政治进步性的不平等分配。

更进一步，资本主义"平等分配"的虚假性与有限性更是以体现资本主义的政治本质的方式贯彻于资本主义经济运行的整体逻辑之中。如果不打破资本主义的所有权制度与生产关系，那么根本不可能实现平等分配。资本主义的平等是劳动者在经济上（生产资料与生活源泉）被支配的平等。平等只在经济的流通过程中发生，根本不可能上升或下探到经济生活的其他环节。其一，占有的不平等不能因为平等的交换而变成平等。马克思认为，资本主义把工人变成交换价值的经济过程，不过是把人变成商品的等价物，是一种处在社会关系中的等价物。所以，交换一旦完成，平等假象就消失了，取而代之的是

---

① 《马克思恩格斯全集》第 1 卷，人民出版社 1956 年版，第 705 页。

出卖之后的支配与压榨。"在这种交换中，工人为了取得物化在他身上的劳动时间的等价物，就要提供他的能够创造价值和增殖价值的活劳动时间。……交换变成了自己的对立面，而私有制的规律，——自由、平等、所有权，即对自己劳动的所有权和自由支配权，——变成了工人没有所有权和把他的劳动让渡出去，而工人对自己劳动的关系，变成对他人财产的关系，反过来也一样。"① 这样的交换既是权利上的不平等，又是物质上的不平等。因为，平等的交换一旦完成，工人失去了基本的支配权，失去对创造之物的所有权。其二，资本主义的经济平等，对工人而言是获得生活资料、维系生存与人口再生产的平等，而非获得财富、丰富人性的社会平等。工人禁欲、节约、紧缩开支、勤奋劳动、创造性改进生产，都不可能使工人和资本家一样具有同等的经济和政治地位，最多可以使其生活水平不维持在最低水平，更谈不上能够掌控社会生产资料，平等享有社会发展的成果。因为，基于平等交换而来的平等分配，就是扣除资本剩余价值之后的平等交换。根本不可能在维持生存之后还有积累剩余的可能性。即使偶有剩余，资本这个怪物又不断地营造出吮吸这部分剩余的生活方式和经营方式。② 资本主义经济以其无所不用其极的方式，将那些依靠平等交换而获得收入和财富的人牢牢固定在生存线的左右。其三，资本主义的基于平等交换的平等分配，还不断生产和扩大了资产阶级与工人之间的不平等。就资本主义的经济生产总体而言，不仅要生产剩余

---

① 《马克思恩格斯全集》第 46 卷（下），人民出版社 1980 年版，第 187 页。

② 这个问题是当代资本主义加剧不平等的重要方式。对当代资本主义的空间激进化、金融激进化、大众文化等问题的深入研究已经为我们敞开了这一问题与不平等之间的内在联系。

价值，同时也要生产创造剩余价值的劳动力。资本主义把劳动力作为消费品生产出来的过程和逻辑，决定给予劳动力的所有条件不过是其交换价值的体现，而非作为人的价值的实现。在此意义上，资本主义生产连平等的假象都懒得要了，只要被资本主义经济规训的生产者。以此，资本主义既实现了经济必然性对工人的支配，又实现了以"平等分配"的假象对工人的政治蒙蔽。这是政治与经济合谋的最佳状态与最好例证。

总体上看来，资本主义宣扬的"平等分配"是资产阶级有限平等的虚假意识，是以经济必然性来取代社会必然性的政治伎俩。只有变革资本主义特有的生产方式与生产关系、扬弃资本主义支配性的私有制，平等分配才有可能性。在此意义上，我们必须深入洞见与分析资本主义生产方式的本质及其限度。唯有如此，我们才有可能正视分配正义中诸多以描述经济交换为基础的原则。

第五节　资本主义"公平分配"与生产方式

资本主义以自由、平等的交换作为经济运行的原则，产生了一种符合经济理性的平等分配；同时又以生产资料占有权和劳动力支配为基础建构了剩余价值生产的剥削过程，形成一种平等分配下的非正义分配。这直接源于资本主义"公平分配"的悖反逻辑，根本性上则是因为资本主义生产方式的二重性。因此，资本主义"公平分配"与生产方式变革之间的关系，就成为我们理解马克思批判资本主义绕不开的问题。在我们看来，这里存在着两个根本问题：其一，"买者"与"卖者"之间的"公平"是否等于真正的平等的问题？因为，"买者"与"卖者"是资本主义经济运行逻辑的基础性前提，这一前提的形成既改变了传统的社会生产关系，释放巨大的生产能力，又创造了极大的不平等。其二，资本主义的自由买卖是发生在"资本"与"劳动力"之间的，这就产生了这样的买卖逻辑是否正义的问题。因为，按照马克思历史唯物主义的观点，资本主义生产不仅生产着现实，也潜在不断生产着最终能取代资本主义生产关系的现实。

对于正义与生产方式之间的内在关系，马克思明确提出这样的论断，"生产当事人之间的交易的正义性在于：这种交易是从生产关系中作为自然结果产生出来的。这种经济交易作为当事人的意志行为，作为他们的共同意志的表示，作为可以由国家强加给立约双方的契约，表现在法律形式上，这些法律形式作为单纯的形式，是不能决定这个内容本身的。这些形式只是表示这个内容。这个内容，只要与生产方式相适应、相一致，就是正义的；只要与生产方式相矛盾，就是非正义的。在资本主义生产方式的基础上，奴隶制是非正义的；在商品质量上弄虚作假也是非正义的"①。这是关于资本主义交换正义的历史唯物主义判断，是马克思"分配正义"理论的唯物主义前提。根据

---

① 《马克思恩格斯文集》第 7 卷，人民出版社 2009 年版，第 379 页。对此论断如何解读一直是马克思正义理论研究中极具争议的问题。一种观点认为，马克思的这一论断肯定资本主义是正义的；另一种观点则认为马克思批判了资本主义的正义性。这两种针锋相对的观点被表达为马克思正义论研究的经典论题"塔克—伍德命题"。在此我们不处理这种争论的异同，只希望明确如下这一重点：即这种争论本身就是在把马克思历史唯物主义的政治哲学片断化的理解下做出的。因此，对于马克思正义、分配正义观念的研究，必须回到马克思政治哲学本身的理论视阈中，这也是本书一直秉持的理论立场。

马克思历史唯物主义的双重特质①，我们可以得出以下基本结论：

其一，资本主义立足于私有制的交换正义，形成了一种自然的、描述性的正义原则。这一正义原则既是资本主义生产方式的规范规则，也是资本主义经济活动的自然原则。在这样的交换中，资本家将私人占有资本以工资的形式支付给工人，工人将创造的产品以产品和利润（利息）加总的方式支付给资本家作为预付资本与剩余价值。这种直观上的以物易物的方式，表示了自然的量的相等，是自然的正义。这样的自然正义，是基于对立的正义（或者说，是从否定面来规定的正义。这种否定，其实质是相关于前资本主义社会的，即对比于前资本主义的所谓交易形式，资本主义的交换，体现出社会形态进步上的正义）。而且，资本主义生产中的交换是以商品的私有制为前提的交易，因为"为了使这种让渡成为相互的让渡，人们只须默默地彼此当做那些可以让渡的物的私有者，从而彼此当做独立的人相对立就行了"②。

其二，资本主义的自由交换是基于"自由意志"的交换，形式的意志自由使基于交换的财富转移具有程序上的正义性③。劳动力的自

---

① 马克思的历史唯物主义承接了黑格尔哲学的历史意识，并扬弃、超越黑格尔唯心史观创造了具有双重向度的历史唯物主义。在我们看来，马克思的历史唯物主义作为无产阶级的世界观，科学地解释了历史的现实，超越地批判了现实的历史，是具有科学解释逻辑与革命超越目的论的新哲学。（参见涂良川、王庆丰：《历史唯物主义与政治哲学》，中国社会科学出版社 2018 年版，第 1—14 页。）

② 《马克思恩格斯文集》第 5 卷，人民出版社 2009 年版，第 107 页。

③ 资本主义的生产方式因为承认了交换的正义性，所以自然地将完全的市场竞争作为平等的竞争。以"卖"的方式获得财富的过程中，资本主义生产方式被认为是一种公平的分配方式，它也是资本主义特别强调的分配方式。当然，资本主义也承认竞争主体的不同，由此产生的不平等却因为竞争是公平的而被看作

由交换是资本主义生产的前提。作为商品的劳动力要与作为商品的货币发生关系，"商品监护人必须作为有自己的意志体现在这些物中的人彼此发生关系，因此，一方只有符合另一方的意志，就是说每一方只有通过双方共同一致的意志行为，才能让渡自己的商品，占有别人的商品"①。但是，无论是劳动力所有者还是货币所有者，都只是经济关系的人格化，这样的自由意志只是生产关系必然性的社会表象。所以，马克思指出，交换主体的自由意志即"经济关系的意志关系"②，是由生产关系决定、表现为经济关系的意志。交换对象的商品，作为"天生的平等派和昔尼克派"③，由交换主体的"自由意志"赋予其感性的具体与有用性参与正义的交换。交换对象的中立似乎表明自由意志是出于主体的意志，但实际上（往往被忽视的地方）正义让渡的前提是相互对立的物的私有者。因此，在资本主义生产方式的限度内，平等交换（以量的一致性、等同性）与公平分配只能表现为有限的、形式的（因而最终会走向自我背反）且包含着内在无法解决、充满结构性缺陷的正义性。

其三，在资本主义的逻辑中不存在生产方式的交换正义与分配正义。但是，不能把描述生产方式实存性的原则反过来评价生产方式的

是正义的。也正是在此意义上，当代西方政治哲学研究分配正义时，总是试图以修正激励原则的方式来为这种所谓的"公平"的分配辩护。事实上，资本主义的公平竞争的前提——私有制，才是资本主义不平等加剧的根本原因。因此，反思资本主义生产方式前提的交换正义，以及以此为据的分配正义的正义性才是应当深入展开和详细论述的。

① 《马克思恩格斯文集》第 5 卷，人民出版社 2009 年版，第 103 页。
② 《马克思恩格斯文集》第 5 卷，人民出版社 2009 年版，第 103 页。
③ 《马克思恩格斯文集》第 5 卷，人民出版社 2009 年版，第 104 页。

正义性。马克思这样批判蒲鲁东，"蒲鲁东先从与商品生产相适应的法的关系中提取他的公平的理想，永恒公平的理想。顺便说一下，这就给一切庸人提供了一个使他们感到宽慰的论据，即商品生产形式像公平一样也是永恒的。然后，他反过来又想按照这种理想来改造现实的商品生产和与之相适应的现实的法"①。或者说，虽然马克思将生产方式与交换正义、分配正义联系起来，但是却明确地区分了描述生产方式的正义与批判生产方式的正义。当正义、法这样的政治原则被固定为反映生产方式的特质时，就是这种生产方式的正义性描述，是其他生产方式的非正义批判。

其四，就如何看待资本主义的正义时，马克思认为资本主义的正义是对身份依附的奴隶制、封建制的批判，却无法从逻辑上证明自身的正义性，只能宣称资本主义是正义的。在商品生产社会中，无论是交换与分配，都必须坚持一个基本前提：工人一定是劳动力的所有者，是劳动力成为商品而非工人成为商品。② 这一方面体现了资本主义生产文明的一面，人具有身份的独立性，可以出卖自己的所有物：劳动力。另一方面则体现了资本非正义的更深层的根源，生命定制的政治哲学。或者说，马克思一方面肯定，资本主义生产方式的变革具有无可取代的历史进步性。出卖劳动力的工人"必须始终让买者只是在一定期限内暂时支配他的劳动力，消费他的劳动力，就是说，他在

---

① 《马克思恩格斯文集》第 5 卷，人民出版社 2009 年版，第 103 页。
② 在笔者看来，资本主义的商品有三重内涵：物质产品、货币和劳动力。使用价值与交换价值的二重化，是使物质产品成为商品，交换价值的物化使货币成为商品，剩余价值的合理化使劳动力成为商品。资本主义最大的秘密就是劳动力以劳动的方式成为商品并在社会中流转。

让渡自己的劳动力时不放弃自己对它的所有权"①。这一放弃对于现代人而言有特别的意义，坚持所有权一方面意味着工人能够扬弃纯粹的主观性②，另一方面则意味着人走出了身份的依附获得了自主的选择权。而作为货币占有者的资本家在市场找到劳动力商品的条件则是，工人可以自由地出卖活劳动——劳动力。资本主义这一自由、平等交换及其关系，由于超越了人格依附，所以具有历史的进步性。但是，这仅仅是在资本主义生产逻辑内部的自洽性。因此，资本主义生产方式中的"劳动所得"，是资产者断言的"公平"分配，是资本主义生产方式基础上唯一"公平的"分配。③

由此看来，马克思以历史唯物主义双重视野，既清楚地解释了资本主义的历史文明性与历史正义性，又真实地把握了资本主义正义虚假的一面。马克思在批判资本主义"劳动所得"的公平分配的意义上，给我们提出了一个重要问题：公平分配下生产方式的关系问题。只有

---

① 《马克思恩格斯文集》第 5 卷，人民出版社 2009 年版，第 195—196 页。

② 黑格尔提出："所有权所以合乎理性不在于满足需要，而在于扬弃人格的纯粹主观性。人唯有在所有权中才是作为理性而存在的。"虽然黑格尔是从法权的意义提出判断，但却说明确立所有权这一经济行为具有无可取代的政治意义与哲学意义。从某种意义上说，所有权与人的自由是一致的。（参见 [德] 黑格尔：《法哲学原理》，范扬、张企泰译，商务印书馆 2013 年版，第 50 页。）

③ 马克思用肯定的反问质疑了资本主义"公平"分配的正义性："难道资产者不是断言今天的分配是'公平'的吗？难道它事实上不是在现今的生产方式基础上惟一'公平的'分配吗？"资本主义生产方式在超越奴隶制、封建制的生产方式上是正义的，在其自身的逻辑内是自洽的，但这并不能从逻辑上证明资本主义的分配就是正义的。因为，资本主义公平分配的"劳动所得"是内在于资本主义生产方式的分配原则，以内在原则来把握资本主义的分配，从逻辑上讲只能是一种外在反思的修正，而非内在反思的变革。（参见《马克思恩格斯全集》第 25 卷，人民出版社 2001 年版，第 16 页。）

从生产方式的基础上才有可能建构公平的分配。

我们来看资本主义如何在特定生产方式的逻辑内建构公平的"劳动所得":

其一,资本主义"劳动所得"的公平分配,"是按照商品交换的各个规律行事的"①。这是资本主义生产方式最为基本的要求。对资产者而言,"死劳动"通过等价交换获得活劳动的使用价值;对于工人而言,活劳动通过等价交换获得生活资料的使用价值。双方由此的"劳动所得"虽然在形式上表现不同,一个表现为资本,一个表现为劳动力,但是都必须服从活劳动的全部产品归资产者所有。这一过程具体表现为,"劳动力的卖者,和任何别的商品的卖者一样,实现劳动力的交换价值而让渡劳动力的使用价值。他不交出后者,就不能取得前者。劳动力的使用价值即劳动本身不归它的卖者所有,正如已经卖出油的使用价值不归油商所有一样。货币占有者支付了劳动力的日价值,因此,劳动力一天的使用即一天的劳动就归他所有。劳动力维持一天只费半个工作日,而劳动力却能发挥作用或劳动一整天,因此,劳动力使用一天所创造的价值比劳动力自身一天的价值大一倍。这种情况对于买者是一种特别的幸运,对卖者也决不是不公平"②。劳动力商品与物质商品通过货币商品在买者与卖者之间流转,工人获得维持劳动力的收入或财富,资产者获得作为剩余价值的财富。这一切都依赖于所有权的设定,资本家具有"死劳动"的所有权,公平交换之后"死劳动"具有

---

① 《马克思恩格斯文集》第 5 卷,人民出版社 2009 年版,第 226 页。
② 《马克思恩格斯文集》第 5 卷,人民出版社 2009 年版,第 226 页。

活劳动的所有权（在购买的劳动时间内）从而具有劳动创造物的所有权。

　　其二，资本主义的"公平分配"是以交换的平等关系为前提的公平分配。或者说，资本主义的生产方式认为，只要交换是平等进行的，那么分配就必然是公平的、正义的。资本主义生产之所以得以顺利展开有两个前提：一个是前述的私人占有权，另一个是使用价值成为交换价值的物质承担者。生产过程中的任何一种使用价值（生产资料、劳动力）都无差别化成平等的使用价值。在经济规定之下，商品之间无差别，个人之间无差别，个体的偏好、特质自然地被排除在生产之外，被交换价值的量所度量。所以，"作为交换的主体，他们的关系是平等的关系"①。分配的公平在于，参与分配的主体通过等价物（货币或其他等价物）彼此作为价值相等的人，"通过彼此借以为对方而存在的那种对象性的交换"②，在证明自己是价值相等的人的同时而获得"劳动所得"。公平的"劳动所得"一方面使被交换商品的自然属性得以显现，另一方面使参与分配个体的特殊需要得以表现。因此，资本主义生产方式以经济的必然逻辑造就了以自然物的齐一化为交换方式的分配模式。然而，"只有他们在需要上和生产上的差别，才会导致交换以及他们在交换中的社会平等化；因此，这种自然差别是他们在交换行为中的社会平等的前提，而且也是他们作为生产者出现的那种关系的前提"③。作为社会关系的承担者，交换主体之间的差别就是平等，"流通本身不会产生不平等，而只会生产平等，把那仅

---

①　《马克思恩格斯全集》第 30 卷，人民出版社 1995 年版，第 194 页。

②　《马克思恩格斯全集》第 30 卷，人民出版社 1995 年版，第 196 页。

③　《马克思恩格斯全集》第 30 卷，人民出版社 1995 年版，第 197 页。

仅是想象的差别扬弃。不平等只是纯粹形式上的不平等"①。在生产方式的意义上，工人与资本家作为交换的双方，并不是作为不平等的双方而对立，而是作为平等的双方而对立。因为，"工人以货币形式，以一般财富形式得到了等价物，他在这个交换中就作为平等者与资本家相对立"②。当然，这样的平等交换与公平分配，具有生产上的全面性、管理上的便捷性、产出上的高效性，但这样的劳动所得却是以工人与资本家的政治对立为前提的平等交换，是一种处于资本主义生产关系中的交换。③

其三，资本主义的"劳动所得"是基于自由的劳动所得。资本主义生产是自由的生产。这是资本主义一直坚信的。劳动力的自由买卖是资本主义生产方式的最直接、最具体的特征。④"劳动所得"作为资本主义分配的正义原则，意味着收入与财富只能以劳动（具有讽刺意味的是：死劳动也必须获得其应得）的方式获得。所以自由进入生产领域参与分配，是个体自由意志的最佳体现。在占有权的保证之

---

① 《马克思恩格斯全集》第 30 卷，人民出版社 1995 年版，第 201 页。

② 《马克思恩格斯全集》第 30 卷，人民出版社 1995 年版，第 243 页。

③ 资本主义的物化逻辑首先是从生产领域开始的。资本主义经济生产物化的天然本性虽然构成了资本主义生产梦寐以求的自然正义，但却无法掩盖物化对类本性的消解。对此问题我们将在下一章"资本主义'平等分配'的物化逻辑"中具体研究。

④ 劳动力的买卖作为资本主义的具体特征，不是说劳动力买卖的具象构成了资本主义生产全部，而是说，劳动力买卖是资本主义生产的政治现象学。劳动力商品是马克思历史唯物主义意义上的抽象的具体。劳动力买卖改变了自由交换的存在论意义，生成了资本的政治意义。劳动力买卖，使资本主义的交换以"卖"而"买"主导。所谓的自由交换不过是资本为了实现自身目的的买与卖，买与卖的对象在资本主义生产方式中也由对象化的物质财富变成了抽象化的观念财富（尽管财富还具有物质的具体性与现实性）。

下，资产者的货币与劳动者的劳动力在市场"自由"地相遇、平等地交换。交换行为从自身出发，在将自身反映排他性的主体的前提下占有与支配其他主体，形成自私利益的交换。所以，"如果说经济形式，交换，以所有方面确立了主体之间的平等，那么内容，即促使人们进行交换的个人和物质材料，则确立了自由。可见，平等和自由不仅以交换价值为基础在交换中受到尊重，而且交换价值的交换是一切平等和自由的生产的、现实的基础"①。使用价值抽象为交换价值，使用价值成为表现交换价值的手段，是资本主义生产最为重要的经济特征，这既赋予了资本主义生产领域的全面性、生产流动的自由性、生产主体的平等性，又赋予了资本主义生产的单一性与抽象性。"劳动所得"作为资本主义的分配原则，就是买者与卖者各取所需的自由交换。

其四，资本主义以其全面化的生产，使"劳动所得"的特殊利益普遍化为社会利益。资本主义生产是将特殊利益普遍化为社会利益的生产。"劳动所得"是实现"经济人"利益最大化的正义方式。资本主义生产将具有不同出发点和利益需求的个体聚合起来，形成了社会化的大生产。资本主义的交换是在充分尊重特殊利益排他性的前提下进行的交换，交换是实现特殊利益的不得已的选择，共同利益不是特殊利益的副产品。②

因此，资本主义"劳动所得"的公平分配本质是资本主义生产方式的产物，既是资本主义生产方式的经济实践，也是资本主义的政治

---

① 《马克思恩格斯全集》第 30 卷，人民出版社 1995 年版，第 199 页。

② 参见《马克思恩格斯全集》第 30 卷，人民出版社 1995 年版，第 199 页。

意识。正如马克思所说："平等和自由不仅在以交换价值为基础的交换中受到尊重，而且交换价值的交换是一切平等和自由的生产的、现实的基础。作为纯粹观念，平等和自由仅仅是交换价值的交换的一种理想化的表现；作为在法律的、政治的、社会的关系上发展了的东西，平等和自由不过是另一次方上的这种基础而已。"①

但是，资本主义基于"买""卖"的公平分配，还有其专属于资本主义生产方式的内在根源。虽然马克思是直接以阶级利益来批判资本主义的，但他是在生产方式的根基上批判了资本主义的分配方式与分配关系。② 资本主义公平分配之公平只限于经济的必然性，而一旦将之还原到社会存在的历史，那么其奠基于"资本"与"劳动"交换的生产方式就是非正义的政治经济学展开了。

首先，资本对劳动力的支配，使得资本主义的公平分配就是剩余价值向资本家的"正义"转移。资本主义生产是不断扩大的再生产过程。生产过程中资本的任何追加，都必须服从扩大生产再生产的目的。而追加本身不过是"征服者的老把戏"，即"用从被征服者那里掠夺来的货币去购买被征服者的商品"③。生产中追加的不断往复，每一次交易都符合经济交换的规律。然而，"资本家总是购买劳动力，工人总是出卖劳动力，甚至可以假定这种交易是按劳动力的实际价值进行的；那么很明显，以商品生产和商品流通为基础的占有规律或私有权规律，通过它本身的、内在的，不可避免的辩证法变为自己的直

---

① 《马克思恩格斯全集》第 30 卷，人民出版社 1995 年版，第 199 页。
② 参见王峰明：《资本主义生产方式的二重性及其正义悖论——从马克思〈资本论〉及其手稿看围绕"塔克—伍德命题"的讨论》，《哲学研究》2018 年第 8 期。
③ 《马克思恩格斯文集》第 5 卷，人民出版社 2009 年版，第 672 页。

接对立物"①。资本通过流通的表面形式，在劳动力的买卖中，用不付等价物的方式而占有工人劳动创造的一部分财富，并不断将这部分对象化的劳动投入到对工人的劳动力的购买、支配之中。虽然价值量的转换最初完全按交换规律进行，但所有权和劳动的分离，使得整个资本主义生产过程的剩余价值不断向资本家转移。或者说，是"商品生产所有权规律"向"资本主义占有规律"的转换，就是价值以剩余价值的方式向资本家"正义"转移的过程，是资本主义"公平分配"向不正义分配转移的过程。

其次，"资本"与"劳动"的交换，只是"最初活动的等价交换"，以此为依据的"劳动所得"不过是表面上的"劳动所得"。在资本主义生产中，资本家占有生产材料，作为商品的劳动力的买卖是只有买方市场的买卖。资本主义生产剩余价值的逻辑告诉我们，资本家总是用工人创造的一部分财富来购买工人的劳动力。所谓的平等交换仅仅停留于工资与劳动的量的一致，而非工人收入与工人劳动力的一致。这样的单方面的交换不过是纯粹的形式，交换的双方再也不具有经济上的对等性，而是政治上的不对等。所谓的劳动所得，不过是扣除剩余价值之后的比例分配，而非劳动创造性价值的物质表征。因为，在资本主义生产方式之中的交换、分配等不再表现为社会活动的人，而是一方面表现为生产的工具，另一方面表现为生产的主人。工人退化成使用价值，而非现实的生产者；资本人格化的资本家神圣化成主人，而非生产资料的管理者。工人的劳动，如同工具磨损一样，获得修复的材料和经费，即"劳动所得"；资本家的资本，如同黑洞一样，

---

① 《马克思恩格斯文集》第 5 卷，人民出版社 2009 年版，第 673 页。

以"死"劳动获得"劳动所得"。因此，资本主义生产方式在"资本"与"劳动"的交换中创造了两种类型的存在：一是作为资本占有者的、高高在上的主人，二是作为劳动工具的、创造剩余价值的"工具"。

再次，在资本主义生产、流通、分配和消费的整体逻辑中来看，工人出卖劳动力的"劳动所得"是丧失自由的被迫劳动所得。工人创造"劳动所得"的生产过程与获得"劳动所得"的交易过程是完全不同的。作为"劳动力"商品的所有者，工人和资本家相对立，其自由仅仅表现在与资本家缔结契约的过程之中。但一旦进入生产过程，工人就不再是自由的，"他自己自由出卖的劳动力的时间，是他被迫出卖劳动力的时间"①。"劳动所得"不过是生产剩余价值的劳动所得。虽然劳动力可以在不同的资本家之间进行自由买卖，但却是生产剩余价值的买卖。不同的资本家只是资本同一性的遮羞布。"劳动所得"既不能证明工人获得独立性，更不能证明工人的自由性。因为，"在一种不是物质财富为工人的发展需要而存在，相反是工人为现有价值的增殖而存在的生产方式下，事情也不可能是别的样子。正像人在宗教中受他自己头脑的产物的支配一样，人在资本主义生产中受他自己双手的产物的支配"②。

最后，资本主义的"劳动所得"保障资本家受惠、资本增殖的分配方式。资本主义互利互惠③的生产方式，虽然生产丰厚的物质财

---

① 《马克思恩格斯文集》第 5 卷，人民出版社 2009 年版，第 349 页。

② 《马克思恩格斯文集》第 5 卷，人民出版社 2009 年版，第 716—717 页。

③ 罗尔斯把社会定义为利益的合作体。他认为，相互的利益是人们组成社会的前提与基础。社会生产是生产利益的根本方式，但如果不考虑社会生产的特质，所谓的利益合作必然是满足特定群体利益的社会合作。

富，但却没有形成普遍的富裕。其一，资本主义互得互惠的生产是劳动产品与劳动本身分离的社会生产，"劳动所得"作为工人获得收入和财富方式的确立就表明劳动产品与劳动分离的生产事实。一方面，资本主义生产以劳动条件与主观劳动分离为起点，另一方面资本主义生产又不断地将这一分离生产出来，并以"劳动所得"的分配方式将之固定下来。其二，工人以"劳动所得"的方式在资本主义生产中"获利"，一方面使工人在观念与事实上证明了"他是财富的人身源泉"①，而且是唯一的源泉，另一方面则使劳动产品不断地转化为资本，成为资本家"价值增殖手段和消费品"②。其三，工人的"劳动所得"只是表现工人是财富生产的主体条件的经济手段。作为财富生产的主体条件与财富生产客观条件的对立，使得在资本家一极是"资本"劳动所得——积累起来的抽象劳动参与分配的过程——的"财富的积累"；在工人一极则"把自己的产品作为资本来生产的阶级方面，是贫困、劳动折磨、受奴役、无知、粗野和首先堕落的积累"③。所以，资本主义的致富只是一部分的致富，而非普遍的致富，社会的发展也只是牺牲一部分人，实质是强制与垄断维持之下的发展。④

因此，资本主义的"劳动所得"作为资本主义生产方式进行分配的方式，实质上已经从根本上超越了经济学意义上的交换逻辑，具体地体现出了资本主义生产方式的政治本性。

第一，资本主义生产方式，既生产了资本主义致富的财富，又生

---

① 《马克思恩格斯文集》第 5 卷，人民出版社 2009 年版，第 658 页。
② 《马克思恩格斯文集》第 5 卷，人民出版社 2009 年版，第 658 页。
③ 《马克思恩格斯文集》第 5 卷，人民出版社 2009 年版，第 744 页。
④ 参见《马克思恩格斯文集》第 7 卷，人民出版社 2009 年版，第 928 页。

产了资本主义的阶级对立。资本主义"劳动所得"的"公平分配"不过是资本主义从经济实践中抽取出来的政治原则。工人对"劳动所得"的绝对依赖，使工人失去在经济交换中与资本家交换位置的可能性，固化了工人的阶级属性。也就是说，资本主义的分配以"劳动所得"的"公平分配"这一市场交换的原则来掩盖资本主义商品生产所决定的分配原则。资本主义生产作为商品生产，生产交换价值是其经济目的，生产剩余价值是其社会目的，生产剥削工人的条件是其政治目的。由此提出了资本主义分配正义中的根本问题：经济中简单交换原则上升为资本主义生产中的分配原则是正义的吗？

第二，"劳动所得"的"公平分配"虽然没有表明个别资本家的道德欺骗，但却无可否认地表现出资本主义生产内在的政治局限。客观地讲，"劳动所得"的"公平分配""支付的是经济上公平的工资，即由经济学上的一般规律决定的工资"。"矛盾应该产生于一般关系本身，而不是产生于个别资本家的欺骗行为。"① 或者说，"劳动所得"、"公平分配"等这样的分配语素，并不能从资本家的道德取向上进行批判，而应该深入到资本主义生产如何赋予这些分配语素以政治内涵的角度来把握。资本主义生产方式是阶级对立的生产方式，资本的阶级属性，使其必然不断地维护其自身的政治利益：不断增殖。因此，客观的经济规律本身只是承载政治取向的手段与方式。在此意义上，资本主义"劳动所得"的"公平分配"只能在资本主义生产整体的意义上才能真正表现其政治面目。或者说，资本主义生产总体的支配性逻辑，改变了"劳动所得"、"公平分配"、"平等权利"等诸多分配语

---

① 《马克思恩格斯全集》第 30 卷，人民出版社 1995 年版，第 410 页。

素的政治内涵。

第三，"劳动所得"的"公平分配"被资本主义奉为分配正义的核心内涵，并不意味着资本主义奉行了一种正义的分配，而是表明资本主义生产具有自身不可避免的二重性对立。资本主义的生产既是生产商品价值的生产，又是生产剩余价值的生产。商品价值在资本主义生产剩余价值的逻辑中被赋予超越于使用价值的政治意义。马克思提出，资本主义生产，使产品成为商品，"是它的产品的占统治地位的、决定的性质"①。因此，奉行"劳动所得"是商品生产过程不得已的选择，坚持"劳动所得"又是生产剩余价值不得不坚持的原则。否则就既不能维系生产的经济逻辑，又不能保持获得财富的主体条件。

---

① 《马克思恩格斯文集》第 7 卷，人民出版社 2009 年版，第 995 页。

第三章　资本主义"平等权利的不平等分配"的物化逻辑

"物以人的方式活动换取人以物的方式存在",是资本主义的存在逻辑,也是资本主义的政治逻辑。资本主义政治始于自由与平等,终于自由的丧失(物的自然代替了人的自由)与不平等的确立(少数的人占据了社会绝大多数的财富)。资本主义的分配正义是始于"平等权利",终于不平等的"正义"分配。

首先,资本主义的平等权利是同一性计量的物性权利。或者说,资本主义的分配正义是基于物性思维的分配正义,在这样的政治哲学思维中,人及其活动的成果都被抽象化成单一的物性尺度。马克思认为,限制在资产阶级框架里的"平等权利",在政治上是抽象的人权,经济上"生产者的权利是同他们提供的劳动成比例的;平等就在于以同一尺度——劳动——来计量"①。

其次,资本主义的"平等权利"作为保障人权的政治前提,在现

---

① 劳动在资本主义生产逻辑与分配正义中有着特别内涵:即社会化的抽象劳动。在资本主义生产中,劳动首先是社会劳动。因为资本主义是以生产交换价值(商品)为生产目的的社会,商品中固化的劳动无论其劳动者的个性如何,都必须以统一的尺度(交换价值)来确认。(《马克思恩格斯全集》第25卷,人民出版社2001年版,第19页。)

实中被不平等的事实所摧毁。但是，作为同一尺度劳动最终被具体为以交换价值体现使用价值的货币。货币作为社会创造出来的物，是无个性的财产，是量的确定性。资本主义以货币的同一性来保障"平等权利"的政治过程，不过是抽象化掉社会历史的具体性与人的个性的物性原则。因为，将劳动通约为货币是资本主义生产的前提，也是资本主义分配的基础。然而，货币这种社会之物，却是以"发财致富为目的"的社会之物。因此，无论是把人的劳动抽象成货币的经济交换，还是把财富抽象成货币的分配，或者说是把权利保障具体化为货币的社会福利，无一不是围绕着货币不断增殖这一核心目的而展开的。

最后，资本主义平等权利作为利己主义的权利，是"自然的必然性，是需要和私人利益"①，是以物的方式来保护利己主义个人的权利范式。更为根本的则是这样的平等权利是奠基于"独立单子"相互排斥的抽象自由之上的平等。以此"平等权利"展开的平等分配，不过是利己主义个体利益的博弈、理性个人的经济计算、对立政治个体的权利确立。或者说，分配不过是物的社会复活、物化个体的利益争夺。这是自然丛林法则在分配领域中的社会化与政治化，不过是强者利益的政治表达。②

由此看来，如果要超越"平等权利"的不平等分配的政治逻辑，

---

① 《马克思恩格斯全集》第 3 卷，人民出版社 1998 年版，第 185 页。

② 当代分配正义的研究中，弱势群体、少数群体、无行为能力者等提升为分配应给予考虑的特定对象。或者说这些特定群体利益的实现程度表现了平等的程度和内容。比如，弱势群体的利益之所以成为分配正义追求平等应必须考虑的问题，那是因为弱势群体自然地具有主张平等优先性的道德合理性。不平等分配有强化弱势群体地位的社会后果与道德劣势。（参见姚大志：《分配正义：从弱势群体的观点看》，《哲学研究》2011 年第 3 期。）

就必须深入地分析资本主义生产与分配的物性原则，洞见表达"平等权利"的应得标准，分析资本主义生产秉持"劳动决定权"的能力本位本质和效率至上的价值追求。资本主义的"平等权利"的不平等后果，既是资本主义生产逻辑的必然结果，也是资本主义政治哲学着力解决的核心问题。或者说，如何建构一种超越资本主义物化逻辑的分配正义，既需要我们从政治层面与哲学层面洞见资本主义的平等权利的虚假性与有限性①，更需要我们从哲学层面具体把握"平等权利"与"不平等分配"的悖反逻辑。唯有如此，我们才有可能真正理解马克思在批判资本主义分配正义后提出的"按劳分配"的真实内涵与"按需分配"的人类性意义。

第一节 "平等权利"与物性计量原则

马克思以经济学解剖社会道出了资本主义"平等权利"的本质：物性计量原则。"平等权利"虽然是资本主义最为核心的政治术语，但资本主义却将其落实为计量原则的平等。"生产者的权利是同他们提供的劳动成比例的；平等就在于以同一尺度——劳动——来计量。"② 同理，我们也可以说，对于生产支配者而言，他们的权利与他们占有的生产资料成比例；平等就在于以同一尺度——货币——来计

———————————

① 这一问题我们虽然在第二章的第四节"资本主义'平等分配'的虚假性与有限性"中从资本主义分配的角度进行了分析与探讨，但却没有具体地呈现资本主义"平等权利"的物化逻辑。

② 《马克思恩格斯全集》第 25 卷，人民出版社 2001 年版，第 19 页。

量。如果我们依循马克思的观点——货币作为资本主义创造的社会之物是死劳动的积累的话，那么我们可以看到在资本主义社会中，权利就是占有劳动（活劳动或死劳动）的比例，平等就是抽象劳动的同一性。由此看来，资本主义的"平等权利"就是以抽象劳动来衡量占有劳动量的平等，就是一种物性原则计量的平等。总体上讲，抽象劳动成为社会权利的物性计量原则，既是资本主义的经济结果，更是资本主义的政治创造。

　　资本主义的生产关系强化了劳动二重性对立，使抽象劳动作为物性计量原则成为可能。劳动的买卖是资本主义最基本的经济事实，也是资本主义权利的原初起点。劳动的社会化是劳动买卖的前提，即个体劳动的社会化，使个体化的劳动成为人类的一般劳动，是商品可以自由交换的社会历史前提。劳动，可以具体化、固化生产使用价值的人类创造性能力，人类劳动的这一基本特征，一方面在改变对象存在方式的意义上赋予其超越对象的使用价值，改变物的存在形式与内容；另一方面也使人的活动能力固化于具体的物之中，成为可以感知的确定性对象。"一切劳动，一方面是人类劳动力在生理学意义上的耗费，就相同的或抽象的人类劳动这个属性来说，它形成商品价值，一切劳动，另一方面是人类劳动力在特殊的有一定目的的形式上的耗费，就具体的有用的劳动这个属性来说，它生产使用价值。"① 劳动通过生产使用价值的方式具体化于具体的对象之中，一方面是劳动物化的必然性，另一方面便构成了劳动抽象化的前提。因为，在资本主义生产逻辑中，具体劳动只有以生产使用价值的方式才能够创造出交换

---

① 《马克思恩格斯文集》第 5 卷，人民出版社 2009 年版，第 60 页。

价值。我们知道使用价值是千差万别的，但交换价值是固定统一的。"作为交换价值，商品能有量的差别，因而不包含任何一个使用价值的原子。"① 劳动产品成为劳动的代言人，在资本主义市场中不断流转。劳动产品作为人劳动对象化的具体对象，因为其包含了人类劳动的单纯凝结，成为一种可以用量的方式进行衡量的社会实体，既作为具体的交换对象，又作为劳动的具体的物性尺度。

劳动的物化奠定了物化计量原则，重新定义了平等的内涵。"一切劳动由于而且只是由于都是一般人类劳动而具有等同性和同等意义，只有人类平等概念已经成为国民的牢固的成见的时候，才能揭示出来。"② 在劳动产品中体现出来的等价关系，是隐藏着平等实质的社会关系。其一，劳动的物化赋予物超自然的属性，成为纯粹的社会之物——交换价值。劳动通过交换的表征，成为量的同一性。劳动的同一性成为平等的内容，具体化等价值形式，"商品体例如上衣这个物本身就表现价值，因而天然就具有价值形式"③。其二，人类劳动的一般属性，虽然在具体的商品中呈现出不同的样态，但在资本主义生产逻辑中却总是被作为抽象之物来平等对等。商品生产社会的运行逻辑以经济的必然性赋予了平等现实化的运行逻辑。而且，资本主义还将所有劳动都化约成简单劳动，化约成社会必要劳动时间。平等意味着商品的等价，并以货币的量的形式具体化出来。于是，在"平等"的保证之下，抽象劳动成为具体劳动的表现形式。这虽然使具体劳动、个性化劳动成为社会劳动，但却是在量的规定下成为社

① 《马克思恩格斯文集》第 5 卷，人民出版社 2009 年版，第 50 页。
② 《马克思恩格斯文集》第 5 卷，人民出版社 2009 年版，第 75 页。
③ 《马克思恩格斯文集》第 5 卷，人民出版社 2009 年版，第 72 页。

会性的劳动。平等不过是个性化的活动化约成量的一致性。即是说，在资本主义生产逻辑中，经济的等价原则成为了平等的内在规定性与外在表达形式。

因此，物性计量原则下的"平等权利"其实就是资本物对劳动力"公平"买卖的权利。虽然资本主义是"平等化的最大创造者"，但资本主义的平等是基于物性计量原则买卖的平等。在政治直接性上讲，资本主义要求自由与平等，并把自由与平等落实为权利的具体内容，但资本主义自由与平等的实现却又依赖于个体占有私有财产的总量（对资本家而言，表现为占有的资本——死劳动；对工人而言，表现为劳动能力对象化成的交换价值）。或者说，资本主义的"平等权利"是以占有私有财产的量取代了封建社会的身份、血缘和出身，但私有财产量在工人与资本之间存在着巨大的差别。工人只占有产出维持生存最低量的劳动力的出卖权，资本家占有社会生产资料的全部。因此，资本主义所谓的公平买卖是以占有物的支配权利的不平等为前提的。正如列宁分析资本主义所说的那样，平等权利只是资本主义的法律权利，但物性计量原则所表达的占有物的严重不平等却从根本上摧毁了平等权利实现的可能性。"一些人掌握土地、工厂、资本、靠工人的无酬劳动生活；——这样的人只占极少数。另一些人，也就是广大居民，没有任何生产资料，只有靠出卖自己的劳动力过活；这些人就是无产者。"[①] 或者说，物性计量原则这一看似中性的原则只是价值交换等量的平等，而实质发生关系的双方由于社会占有的不平等却从根本上制约着平等权利。由此，资本主义生产从根本上剥夺了"平

---

① 《列宁全集》第 24 卷，人民出版社 1990 年版，第 392 页。

等权利"的政治内涵，成为服务于经济必然性的价值原则。

物性计量原则的平等权利以量的平等否定了自然平等，却齐一化了个体差异性。简单地讲，物性计量的物化原则，将平等权利落实化为量的差异而非个性的差异。基于物性计量原则的平等权利在资本主义经济与政治生活中具有双重意义：其一，物的可通约性消解了差异与特殊，能够达到一种抽象的普遍平等，形成社会生活的普遍性规则。"平等权利"以此获得的普遍性支撑了资本主义获取剩余价值的程序合理性。或者说，普遍通约的"平等权利"表面消解了社会阶层（阶级）不平等和差异的事实，使之具有政治合法性的表象。在其看来，"经济角色、社会角色和政治角色的实际差异在社会里不可避免"①，但有物性原则的"平等权利"作为保障，那么不同等级（或阶级）在同一逻辑中都具有自主生活的可能性。其二，物性计量原则的"平等权利"在抽空特殊性与个性的同时，实际上在建构一个隔绝与冷漠的原子化政治生态。虽然黑格尔以伦理国家的理念试图拯救资本主义"平等权利"的物化后果，但资本主义的伦理国家只是资本的政治代言人，必然执行资本的绝对命令。因此，物性计量原则只是以形式或程序的方式来宣扬"平等"的权利观念，而非真正改变物化的"平等权利"，更不能照顾个体差异与个性（因为，物性计量原则究其根本是一种扎根于资本主义商品交换的平等原则）。在其看来，实现平等的物——商品、货币——都是天生的平等派，从以此为内容的流通过程来看，"也就是从它的经济形式的规定来看，则是社会平等的充分实现（因为自由这一关系同交换的经济形式规定没有直接关系，

---

① ［加］查尔斯·泰勒：《黑格尔》，张国清译，译林出版社 2002 年版，第 628 页。

而是既同交换的法律形式有关，又同内容即同使用价值或需要本身有关)"①。也就是在物性原则之下，个人被抽象成平等的个体以利益的形式相互对立起来。无论是工人，还是资本家都是作为差别的交换主体而出现，抽象的社会劳动代替无差别的个人。等价的物性成为个体的全部，个体具体的生活境遇、个性特质、价值理想等都因为等价的物性原则消逝不见。等价交换成为"平等权利"的政治见证，平等不再与天赋权利平等有任何关系，权利的所有内涵均被物的一致性表达出来。交换过程就是商品使用价值消失的过程，就是平等权利物性原则显现的过程。所以，货币成为"平等权利"的政治通货，表现着拥有"权利"个体无差别的同一性；"平等权利"也在此意义上从政治的形上规定下降为经济的形下表达。

更为重要的是物性计量原则的"平等权利"，既是资本主义生产逻辑中个体的政治原象，更是个人被剥削、被物化的政治现象学。从根本上讲，只有个体在生产逻辑中物化成生产要素，才有可能真正支撑着资本主义的生产；也只有个体被物性的"平等权利"表达，才有可能在获得"劳动所得"的意义上证明资本主义剥削的"合理"。正如前文所述，我们不否认物性计量原则确认平等权利的政治行为的文明性与进步性，但"平等权利"以物性原则所表达出来的物化思维、物化逻辑与物化政治的现实后果的非正义性却是我们无法否认的事实。具体而言，当工人被物化成生产要素的时候，是以生产要素的方式参与社会总产品的分配。在作出必要的经济扣除之后，物化的生产要素是作为价值转移到新产品之中的。因此，所谓"劳动所得"的工

① 《马克思恩格斯全集》第31卷，人民出版社1998年版，第358页。

资，不过是以物的方式确认工人作为生产要素的事实。或者说，"等价"交换的工资不过是物化价值的一种流转方式，而非对人劳动创造力的肯定。因为，作为生产要素的物，在生产中只是处于被支配、被安排、被选择的对象，所谓的等价交换不过是使作为生产要素的物恢复到生产状态的物的补偿。事实上，通过物性原则的"平等"，"资本——而资本家只是人格化的资本，他在生产过程中只是作为资本的承担者执行职能——会在与他相适应的社会过程中，从直接生产者即工人身上榨取一定量的剩余劳动，这种剩余劳动是资本未付等价物而得到的，并且按它的本质来说，总是按强制的劳动，尽管它看起来非常像是自由协商议定的结果"①。物性原则以尺度的一致性，掩盖了物化的工人和资本人格化的资本家之间的绝对不平等。或者说，资本作为物，成为了人；工人作为人，成为了物。这一转换使得劳动力买卖与社会产品分配具有物性的"平等"形象，完成了资本的再生产和增殖，完成了资本的物的积累与资本力量的绝对增强。因此，物性计量原则主导下的"平等权利"，实质是资本控制物化的工人，实现自我增殖的权利。对于物化的工人而言，劳动一旦对象化成商品就表现为他人的物和支配工人的物。由工人物化自身所创造的物的世界成为外部的强力，在支配着工人的同时，也造成工人和资本家之间的严重不平等。由此看来，物性原则的"平等权利"本质上只是形上平等掩盖不平等的政治呓语，而这一切都从根本上源于我们前文所讲的生产方式的非正义性。

当然，物性计量原则的"平等权利"作为资本主义的政治话语，

---

① 《马克思恩格斯文集》第 7 卷，人民出版社 2009 年版，第 927 页。

从来也没放弃对现代政治之物——财产权的承诺，只不过物性原则的财产权利只是局限于维持工人生存的财产权。抽象地讲，"平等权利"被资本主义以物性计量原则转换之后，就落实为资本无偿获得他人劳动产品的权利。或者说，财产的多寡与支配他人程度的高低成正比。从其基理上讲，"平等权利"所承认的财产权，"在资本方面就辩证地转化为对他人的产品所拥有的权利，或者说转化为对他人劳动的所有权，转化为不支付等价物便占有他人劳动权利，而劳动能力方面则辩证地转化为必须把本身的劳动或它本身的产品看作他人财产的义务"①。而其根本的原因就是物性计量原则将工人转化成物，或者说，会劳动的物。正如马克思所批判的那样，只是从一个特定的方面，从提供劳动力的物去看待。所以，工人具体的生存状态与生活境遇根本不能成为工人的规定性。因为，作为物的工人，是被资本主义生产和再生产出来的。这即是说，工人作为物，成为商品既是资本增殖的前提又被资本增殖强化，工人这种商品的生产、交换和使用，是资本主义现实地生产的全方位控制的生命政治。其一，在劳动力作为既成商品的层面，资本对劳动力商品的直接占有与支配即是对工人劳动时间、劳动内容、劳动方式和劳动成果的完全占有。"在生命政治的意义上，资本对劳动力的支配权一方面表现为资本家通过纪律对工人的规训与管控；另一方面表现为资本把劳动力本身由'活劳动'变为'死劳动'。"② 规训、惩戒、支配是维系"死劳动"吮吸"活劳动"的控制手段，是资本对待劳动力商品的生命政治。其二，劳动力成为商

---

① 《马克思恩格斯全集》第 30 卷，人民出版社 1995 年版，第 450 页。

② 王庆丰：《〈资本论〉中的生命政治》，《哲学研究》2018 年第 8 期。

品还蕴含着一种生命生产的生命政治。"生命政治（biopolitical）生产的最终核心不是为主体去生产客体，——人们一般就是这样去理解商品生产的，而是主体性自身的生产。"① 资本主义按照资本无限增殖的本质来进行劳动力商品的生产。资本主义不仅要生产满足雇佣条件的劳动者，而且还要生产维持劳动力买卖供求关系和价格规律的相对过剩人口。主体生命的自然属性被资本主义的社会要求剪裁与编辑，主体生命的社会属性被资本的增殖逻辑修正与篡改，主体生命的个体属性被资本主义的政治标准制定与剪辑。工人只是劳动力商品的生命容器，不断地被资本逻辑复制、改造，再复制、再改造。工人不仅成为生产环节与生产工具的附属物，而且成为资本逻辑的直接创造物。

第二节 "平等权利"与应得

"资本主义在商品交换的交易过程中分配它的财富。"② 资本主义的交易从形式上讲，是基于财产私有制（特别是生产资料的私有制）的平等交易。这样的交易一方面使劳动力从工人流向生产，另一方面建构起了劳动力所有者和资本所有者的"应得"。基于"劳动"的应得作为资本主义分配正义的核心原则，既是财产权在分配领域的政治权利，又是资本主义社会限度下的平等权利的经济表达。

---

① ［美］迈克尔·哈特、［意］安东尼奥·奈格里：《大同世界》，王行坤译，中国人民大学出版社 2016 年版，第 3 页。

② 李惠斌、李义天编：《马克思与正义理论》，中国人民大学出版社 2010 年版，第 108 页。

　　资本主义通过交换的自然结果来定义分配的应得。在资本主义社会的逻辑中，作为自然结果的"应得"充分体现了资本主义分配对于平等权利的经济认可与政治尊重。资本主义分配作为其经济运行逻辑的衍生性结论，只涉及在生产与交换中如何分配财富，而不反思生产与交换的合理性及其对分配的决定性作用。虽然资本主义的应得原则一直宣称与坚信是实现了"给每个人以其应得"的古老格言，但其每个人的应得本身从来都是以买—卖的方式来加以定义的。即是说，资本主义的应得首先是赤裸裸的同一尺度支配下的等价交换。所以，在资本主义的分配中，工资是劳动力买卖中工人的应得，利息是资本家之间资本买卖中资本所有者的应得，地租是土地买卖中土地所有者的应得。而这些都基于这样一个事实：获得应得工资的劳动者没有生产资料，获得利息和地租的资产者占有生产资料。这一看似自然结果的应得，是资本主义生产关系的必然结果。①

　　在政治原则上，由交换所规定的应得是对经济要素人格化——资本家、工人——权利的肯定；在分配逻辑中，这样的应得是"给予每个人——创造他自己——他所应得的东西以及不以与他们的应得不相容的方式对待他们的一种安排"②。直观上看，应得的分配确认了个体在社会生产中的自由与平等，因为交换是自由的、交换的原则是平等的。但是，"人们扮演的经济角色不过是经济关系的人格化，人们作为这种关系的承担者而彼此对立着的"③。应得最为具体地刻画了资本

① 参见李惠斌、李义天编：《马克思与正义理论》，中国人民大学出版社 2010 年版，第 109—110 页。

② 参见 MacIntyre, A., *Whose justice? Which rationality?* Lodon: Duckworth, 1998, p.39。

③ 《马克思恩格斯文集》第 5 卷，人民出版社 2009 年版，第 104 页。

主义生产逻辑中经济人的存在状态与政治境遇：其一，应得不过是商品拥有者和交换者的经济权利。从工人角度看，工人有要求资本支付其应得工资的权利；从资本家的角度看，资本家有支付工人应得工资的义务。然而，"剩余价值资本家的财产，它从来不属于别人。资本家把剩余价值预付在生产上，完全像他最初进入市场的那一天一样，是从他自己的基金中预付的。至于这一次他的基金是由他的工人的无酬劳动产生的这一事实，和问题绝对无关。如果工人 B 是用工人 A 所生产剩余价值来雇用的，那么，第一，A 提供这种剩余价值时，资本家对他的商品支付了全部合理价格，分文也没有少给；第二，这一交易同工人 B 毫无关系。B 所要求的而且有权要求的，是资本家把他的劳动力的价值付给他"①。应得作为经济权利，既不具有反思支付的前提，又不关注提出应得权利的主体。应得是以预付、生产、占有的经济逻辑获得质与量的规定性。或者说，应得仅仅是"要求彼此出让的商品的交换价值相等"② 的权利。应得即保证工人劳动力生产与再生产、资本运行的应得 ③。这样的应得具有两重效应：一重是，工人

① 《马克思恩格斯文集》第 5 卷，人民出版社 2009 年版，第 676 页。

② 应得具体化了平等权利的物性原则。在资本主义的生产逻辑中，剩余价值的积累是生产的绝对命令，以预付的形式支付给工人的应得，以转移的方式支付给资本（家）的利息，不过是保证剩余价值生产运行的最低标准而已。（参见《马克思恩格斯文集》第 5 卷，人民出版社 2009 年版，第 675 页。）

③ 劳动力的生成与再生产是一个历史的现实，不存在绝对同一的一致性标准。因此，不能说社会历史进步之后，工人在生产与再生产劳动力的过程中提出的合理性要求能够及时满足，生产生活条件也获得了一定改善，就抽象地认为工人获得了作为社会存在的个体的应得。因为，这里对工人的支配逻辑并没有发生改变。即是说，由资本主义生产与交换规定的应得，就是为了创造剩余价值的、保证社会基本稳定的经济与政治权利而已。

以应得的方式重申与坚持了他作为卖者的平等权利；另一重则是，资本则以应得的方式规范着工人履行着卖者的义务与资本家作为买者的平等权利。所以，应得既体现了工人的平等权利，又体现了资本家的平等权利，是具有双重面孔的分配原则，是以"商品交换规律"① 作为指挥棒的分配原则。其二，基于经济交换的应得原则，充分体现了资本主义分配从特定的角度——劳动力买卖——来对待生产主体的权利逻辑。表面上看，一方面，应得是对工人主观努力的肯定，因为通过工人的主观努力，其劳动力具有更高的使用价值，资本家必然支付更高工资，所以工人主观努力使要求更高的应得具有合理性。这样的理论逻辑既肯定了工人之间的平等竞争，又否定了工人主观努力能够获得相应回报的可能性。正如马克思在刻画资本主义生产中工人生产能力与资本主义财富总量之间关系时所认为的那样：工人的生产能力提高与工人创造的价值（交换价值）并不成正比。② 另一方面，应得是社会主体权利的保障。"我们只知道人们的收入是不平等的，但是没有办法区别哪些人的收入是基于客观条件，哪些人的收入是基于主观努力，更没有办法区别一个人的收入中哪些部分是源于客观条件，

---

① "商品交换规律"是资本家主张获得剩余价值"平等权利"的经济与政治术语。马克思说，作为买者的资本主义之"平等权利"，就是"他和任何别的买者一样，力图从他的商品的使用价值中取得尽量多的利益。"所以，资本家是不可能同意工人主张自己的使用价值高于交换价值的平等权利的。在资本主义社会中实际上出现了一个特定的二律背反，"权利权与权利相对抗，而这两种权利都同样是商品交换规律所承认的"。马克思一语道破了其中的秘密："在平等的权利之间，力量就起决定作用。"这既解释了资本主义经济逻辑支撑政治逻辑的事实，也让我们洞见了工人与资本家之间斗争发生的必然性及其本质。（参见《马克思恩格斯文集》第 5 卷，人民出版社 2009 年版，第 269—272 页。）
② 参见《马克思恩格斯文集》第 5 卷，人民出版社 2009 年版，第 61—87 页。

哪些部分源于主观努力。因此，如果通过国家权力强行降低更高者的收入或者剥夺他们的财富，那么就违反了应得原则，就侵犯了他们的权利"①。在商品生产社会的商品交换中，不追溯用来支付生产剩余价值资本的道德合理性，虽然是经济运行的不得已的合理性选择，但这并不意味着无法区分主观与客观的道德的责任就可以认可资本及资本人格化的应得就是保障了其平等权利（而非侵犯生产剩余价值者的平等权利）。② 本质上讲，不反思客观条件合理性③的应得对"平等权利"的承诺实质上是承诺资本家支配工人的权利。因为，交换的应得既无法避免信息的不对称，又无法解决双方的经济对等问题。所以，根据交换规则进行的交换，虽然直接给予应得合理性，但是交换本身的非平等性根本无法保障应得是平等的。④

　　资本主义"平等权利"的应得，是实质上的不平等、不应得。从资本主义应得内涵获得的根据上讲，其强调的权利、平等实质上是在脱离社会政治经济结构的前提下肯定人的资质、禀赋、努力、抱负、

①　姚大志：《分配正义：从弱势群体的观点看》，《哲学研究》2011 年第 3 期。

②　应得的直观认可，是资本主义"平等权利"的经济选择和政治选择，而非道德选择。人们之所以认为这样的研究和结论具有合法性，从根本上来说还是物化的政治哲学思维限制了这种应得研究的内在反思能力。

③　我们提出反思客观条件的合理性，并非尽往回追溯非道德的历史性根源。如若那样，肯定无法避免黑格尔所说的"恶的无限"。而是通过反思其道德合理性来正视客观性条件的非道德性的不平等后果。或者说，通过反思力图在分配中合理考虑改善客观性（非选择性条件）的可能性及价值原则，至少要严格限制不利条件的再积累和放大。

④　这一结论对工人有效，对资本家依然有效。因为在交换中真正起决定性作用的是表达社会关系的物——资本，而非资本家或工人。正如马克思一直强调的那样，商品生产社会中的工人、资本家和地主都不过是生产要素的人格化而已。即根本上就是物的代言人，而非人本身。

贡献等个体特质，以此来具体化自由、平等这种抽象人权在分配中的支配性地位。各安其位、各施其力、各得其所、各尽其责的社会层级状态就是平等权利和应得充分实现的组织结构。这是一种表达政治解放的分配正义逻辑，但实现政治解放的商品生产社会并没有真正排除应得原则中的压迫性、支配性因素。因为，资本主义社会的政治解放虽然突破了人的依附性所具有的直接压迫与支配，却堂而皇之地以植入物——资本，来表达、衡量和实现平等权利与分配应得。或者说，资本主义以物化逻辑从逻辑前提下植入了不平等、不应得的事实前提。① 资本主义的经济逻辑与政治意识形态无一不强化应得的劳动所有权性质。在其看来，应得是由劳动所有权所支撑的、由私有财产权（生产资料的私有制）所维系的一种权利形式。因其充分肯定了获得政治解放的个体拥有平等财产权（而无平等产权）的权利，因而建构起了资本主义的平等权利。可以这样说，私有财产是资本主义"平等权利"规定的应得原则之理论内核，"自私自利"的权利成为应得的内在规定性，自利的排他成为应得的实践原则。② 私有财产作为应得之物，一方面衍生出了资本主义实现自由与平等的政治路径——财产成为个体本质与社会关系的根本规定，另一方面则内置了"平等权利"

① 政治解放是人类解放的前提。马克思虽然强调政治解放的人类性意义，但他从来也没有忽视对政治解放后物化问题的深刻批判。可以这样说，马克思的整部《资本论》就是对资本主义物化的哲学批判和人类学批判。正是在这样的批判中，马克思具体地表达了他历史唯物主义的政治哲学。

② "自由这一人权的实际应用就是私有财产这一人权。""平等，在这里就其非政治意义来说，无非是上述自由的平等，就是说，每个人都同样被看成那种独立自在的单子。"（《马克思恩格斯全集》第3卷，人民出版社1998年版，第183—184页。）

不平等的社会后果。事实上，私有财产的应得并非是平等权利展开的结果，也不是自由的实现，而是劳动与资本社会关系的历史生成。"国民经济学从私有财产的事实出发。它没有给我们说明这个事实。它把私有财产在现实中所经历的物质过程，放进一般的、抽象的公式，然后把这些公式当作规律。它不理解这些规律，就是说，它没有指明这些规律是怎样从私有财产的本质中产生出来的。国民经济学没有向我们说明劳动和资本分离以及资本和土地分离的原因。"① 私有财产统摄之下的个体特质显然不再具有"给予每个应有的部分这种坚定而恒久的愿望"② 的性质，至多不过是外在确认个体政治独立的标志。

资本主义"平等权利"的应得是强调资本具有主体性的应得，是展开为具体的权力的支配过程。资本主义以经济的必然与意识形态的偏见最多只能在理论上掩盖应得的不平等，更为重要的是资本作为权力的介入，才真正使"平等权利"的应得成为资本获得剩余价值的分配原则。③ 应得，不再是人表征人格美德与人性创造的分配原则，而是表达物人格属性的分配原则。"在资产阶级社会里，资本具有独立性和个性，而活动着的个人却没有独立性和个性。"④ 物以其绝对的支配性权力构成了应得的根据，而人的资质、禀赋、努力、抱负、贡献

---

① 《马克思恩格斯全集》第 3 卷，人民出版社 1998 年版，第 266 页。

② 转引自段忠桥：《也谈分配正义、平等和应得——答姚大志教授》，《吉林大学社会科学学报》2013 年第 7 期。

③ 可以不夸张地说，工人基于平等交换的工资应得只是资本获取剩余价值应得的副产品。马克思明确提出资本是死劳动的重要判断。而资本家作为资本的人格化主体，更是从根本上宣扬资本是劳动、是资本家美德的产物。由此，资本主义就完成了使资本的应得从物的应得转化成人的美德（劳动、节约、禁欲）的应得的逻辑论证。

④ 《马克思恩格斯文集》第 2 卷，人民出版社 2009 年版，第 46 页。

等都只是应得的点缀。资本这种物的力量，以经济的必然逻辑解构了平等的价值逻辑，使应得与不平等构成形式的反对关系与事实上的构成关系。从资本产生的逻辑来看，商品的流转与货币的流通并不必然产生资本，但是工人在市场上出卖自己的劳动力获取自己的工资应得的时候，就必然产生资本。① 或者说，工人的应得事实上是资本获得剩余价值的应得，是资本这种表达其"道德"要求的应得。在马克思看来，"劳动者占有要把劳动力当做商品出卖，他就必须能够支配它，从而必须是自己的劳动力。自己人身的自由所有者，消费他的劳动力，就是说，他在让渡自己的劳动力时不放弃自己对它的所有权"②。工人以工资的应得来表达自身劳动力所有权的时候，的确完成了对自己政治解放的确认；在交换中以应得工资来转移劳动力的使用权的时候，真实地表达了政治的平等；在消费中享用工资所代表的社会产品的时候，现实地实现了自己的自由。但是，这显然只是从应得表达的环节看才成立，"不管是对于资本家还是对于工人，权利都可归结为应得的和平等的权利，因为他们彼此是作为法律上平等的人，遵从所有权规律和等价规律而在商品市场上发生关系"③。如果我们深入分析就会发现，资本这种物具有和工人这种主体一样表达着应得的平等权利。所以，一旦确认工人工资应得的发生，工人劳动力的使用权就与所有权绝对分离，表现为对劳动产品的不应得和资本家对劳动力产出的应得。而所有的这一切都因为平等权利作为资本主义的法律规定与政治原则，它保证了资本家与工人之间买卖关系的顺利展开，形成资

① 参见《马克思恩格斯文集》第 5 卷，人民出版社 2009 年版，第 198 页。
② 《马克思恩格斯文集》第 5 卷，人民出版社 2009 年版，第 195—196 页。
③ 李佃来：《马克思权利平等思想辨析》，《山东社会科学》2016 年第 11 期。

本统治人的经济与政治事实。

因此，资本主义"平等权利"的应得，虽然以政治权利的方式将其扩展到社会的所有阶层，表面上弥合资产阶级与无产阶级的现实差别，但其止步于私有制的事实却限制了以应得来实现平等的可能性。然而这事实在资本主义社会中是隐而不显的，唯有深入到对资本主义的政治经济批判才有可能揭示出来。因为，资本这神奇之物"作为异化统治力量的异化的形式"①，对直接劳动权利的肯定，既是对工人政治平等的肯定，又是以持有为前提交换正义的认可，还是对资本应得权利的政治确认。资本主义的分配坚持"任何分配都是在交换的基础上进行的"②，分配只是一道简单的算术题。在经济逻辑上，资本家并没有直接控制劳动力的价格。所以，平等的应得必然是直接劳动权所有的等量价值。但是，资本主义如此将市民社会交换模型扩展为政治权利获得方式和经济权利实现方式的分配正义却一方面无尽地放大了自私的合法性，另一方面却肯定了资本获得的自然性。作为建立在私有制基础上的市场社会，是二元对立的物化社会。其通约的基本原则是自利的相互需要（背后则是资本主义物化逻辑的社会实现）。这样的"伪社会"所秉持的平等权利原则，无非是将生产能力和生产产品物化之后来实现无差别劳动（活劳动与死劳动）的应得。或者说，应得只是表现私有制基础上无差别计量原则的经济原则，并非如资本主义所宣称的那样是表达直接劳动所有权的政治原则。应得作为工人的"合法权利"也并非是肯定工人创造性劳动的社会历史意义与个性化

---

① 王新生：《马克思正义理论的四重辩护》，《中国社会科学》2014 年第 4 期。
② 《马克思恩格斯全集》第 30 卷，人民出版社 1995 年版，第 558 页。

特质，而是刻画生产逻辑中不同主体经济地位的经济概念。显然，无论是工人应得的实现，还是资本剩余价值的实现，都有一个前提：劳动与资本之间是以货币为中介的交换。货币在充当天然的平等派的同时，从根本上背离"工人从社会中获得的正是他所付出"①的真正分配正义。因为，如果工资不实现私有制前提下的资本的剩余价值，资本既无与工人交换的经济激情，更无为没有生产资料的生产者提供生产条件并获得应得工资的政治义务。我们且不论工人的应得是预先支付还是事后支付②，就工人所谓应得的本身而言，工人的应得与资本家的应得主张的其实是物的关系所表达的阶级关系。③也就是说，以工资的方式实现的应得，对于工人与资本家之间的交易本身而言是阶级对立的利益博弈，是一种不正义的交易。正如马克思所说，"买者消费了这种商品（劳动力——笔者注）"④，实现了他在交换中获得的平等权利与应得，所以程序的正义使获取剩余价值本身"不具有"剥削的非道德性质，只是资本家（资本的人格化——物）的应得。于是，平等作为政治价值不再从社会整体性上去关照个体，而只是专注平等

---

① 因为本章的核心问题是讨论资本主义分配的物化逻辑，对于马克思具体设定的社会主义（共产主义社会的第一阶段）的分配问题，我们将在第四章专门讨论。

② 对于工资是预先支付还是事后支付一直是当代西方政治哲学家在讨论马克思的分配正义时特别区分的一个问题。在他们看来，马克思在《资本论》中不区分工资支付发生在生产前、生产后为论证带来无法克服的困难。在我们看来，其实这一争论已经逻辑地肯定了马克思极力反对的一个前提：资本的利息是资本的道德应得。因此，货币生产的时间成本，只是受制于理性计算的问题，而非资本借以再次掠夺财富的手段。

③ 参见李惠斌、李义天编：《马克思与正义理论》，中国人民大学出版社2010年版，第124页。

④ 《马克思恩格斯文集》第5卷，人民出版社2009年版，第675页。

交换这一单一的经济事实。

从上述分析，我们可以就资本主义的"平等权利"与应得得出以下基本判断：

其一，资本主义的"平等权利"与应得是基于资本这种具有主体性的物而被社会历史地规定的。资本主义的生产关系是其政治本质的根基。

其二，资本主义的"平等权利"是以平等交换的经济活动为理论模型的，工人的应得表现为在交换中获得的工资，资本的应得表现为利息。

其三，资本主义肯定私有财产的政治前提既限定了平等的内涵，也规定了工人应得的比例。

其四，资本主义的平等权利本质上是资本的平等，而非资本家与工人的平等；工人的应得只是资本应得的确认，而非工人劳动能力创造本性的肯定。

其五，资本主义的"平等权利"与"应得"的上述四个方面的特质，使之具体化为资本主义中分配的能力本位和效率原则。这具体的政治后果与社会效应，既规定了资本主义分配正义物化逻辑的实现路径，也引发了资本主义社会分配的现实问题。

第三节 "劳动决定权"的能力本位与效率原则

物化逻辑的建构，使资本主义将分配的后果直接归结于人的能力及其生成的效率，并从原则上否定社会整体对"平等权利的不平等分配"负有不可推卸的政治义务与道德责任。资本主义通过"劳动决定权"规避了私有制所决定的条件的不平等问题，通过能力本位的论证将以物化原则为分配准则的不平等后果推诿给个人的努力与运气，通过效率原则来论证不平等对于改善整体境况的必要性。因此，资本主义的"劳动决定权"不是肯定劳动之于人的意义，恰恰在将劳动物化的前提下维持资本主义劳动异化的现实，从而实现资本的宰制。资本主义倡导能力本位的激励原则，也并非是为了全面激发人的创造力，而是在"劳动和所有权分离"前提下"按劳分配"的实现原则。资本主义的效率原则，也不是尽可能地发挥生产能力来满足现实社会需要的有效生产，而是生产满足剩余价值积累的交换价值的无序生产原则。当资本主义承诺遵循"劳动决定权"决定所有权、"按能分配"实现"按劳分配"、效率保障应得最大化的时候，就是资本主义物化的政治哲学在分配中的现实体现。

劳动和生产，是保障资本主义自由经济发展的重要前提，资本主义政治哲学将这一前提具体化为保障财产私有制的"劳动决定权"。"劳动决定权"作为资本主义政治标语，表面上肯定了"劳动是财富的源泉"，给予人们劳动致富的幻象；在实质上却是资本主义巩固私有制的政治发明①，造成生产普遍贫穷的现实。我们知道，劳动决定

---

① 洛克明确提出了这一观点。马克思说，"在洛克看来，如果劳动条件的数量大于一个人用自己的劳动所能利用的数量，那末，对这些劳动条件的所有权，就是一种同私有制的自然法基础相矛盾的政治发明。"（《马克思恩格斯全集》第26卷（I），人民出版社1972年版，第390页。）马克思特别强调这是一种政治发明。这意味着，劳动决定权所维护的私有制有其特别的政治前提。我们知道资本主义的政治是从属于资本的物的逻辑。因此，劳动决定权作为一种政治发明，从根本上说是以政治的方式言说着物的逻辑。

权的思想是由洛克奠基，古典政治经济学具体化的资本主义政治意识形态。

在洛克看来，劳动渗入无主之物，一方面改变了物的存在状态，另一方面改变了无主之物的归属情况。洛克在"人身排他性的所有权"、"私人劳动所有权"、"劳动所有权归属于劳动者"之间建立了逻辑联系，从而论证了渗入劳动产品的对象归属于提供劳动的劳动者。私人所有劳动在把自然物区分开来的过程中，使无主的自然物成为私人的所有物，也就是成为人的私有财产。客观地讲，洛克的劳动渗入理论对所有权的论证，虽然没有完成对劳动交换价值的抽象，却从具体劳动的角度刻画了劳动的使用价值。但是，洛克想解决的问题并不是资本主义生产条件的私有化问题，而是证明在自然作为公有物的前提下"怎样才能通过个人劳动创造个人所有权"[1] 的问题。所以，在洛克看来，劳动（具体劳动，由劳动的使用价值表现出来的具体劳动）构成了所有权的界限。马克思认为，洛克的劳动决定权理论"成了以后整个英国政治经济学的一切观念的基础，所以他的观点就更加重要"[2]。也正因为如此，如何看待劳动所有权向劳动决定权过渡的逻辑环节与政治本质就成为理解劳动决定权的重要前提，更是理解资本主义为何能以"按能分配"替换"按劳分配"的政治伎俩的理论关键。对此，马克思特别清楚地揭示了资本主义劳动决定权的逻辑环节。劳动决定权只是问题的表象。因为，劳动决定权大行其道的前提是劳动（劳动力）所有权，即私人劳动所有权[3] 的确立。而且，流通实现

①　《马克思恩格斯全集》第 26 卷（I），人民出版社 1972 年版，第 391 页。

②　《马克思恩格斯全集》第 26 卷（I），人民出版社 1972 年版，第 393 页。

③　"私人劳动所有权"，这是我们以马克思哲学的基本精神提出来，用以刻画资本

了私人劳动所有权向社会劳动所有权的转换。① 更为重要的是，一旦私人劳动所有权转换成社会劳动所有权，劳动就完全物化成商品（交换价值）。这一方面是对劳动本质的背离，另一方面是劳动所有权的政治转换。正如马克思所说，私人劳动所有权并非是为占有自己的劳动，而是为了占有他人的劳动，因为"对他人劳动的所有权是通过对自己劳动的所有权取得的"②。更为重要的是，资本主义的劳动决定权是劳动转变成雇佣劳动之后的劳动决定权。或者说，资本主义的生产关系成为劳动决定权的政治规定，它不仅具体地显示了我们上述的劳动物化社会关系的形成，而且还从根本上改变了劳动所有权的内涵。因为资本主义劳动力与生产资料分离的事实，使得劳动决定权的前提从劳动所有转向了劳动力所有。即是说，在雇佣劳动的条件下，不仅劳动（劳动力）属于资本家，而且劳动产品也属于资本家。因此，所谓的劳动决定权作为分配的原则，显然只是资本家以生产要素的方式对工人进行物的衡量，而非以创造的方式对工人劳动的肯定。这显然是彻底的物化逻辑。

　　古典政治经济学以劳动价值论深入地阐释了劳动所有权的理论内

　　主义生产关系事实前提与逻辑前提的概念。在这里我们必须区分一个问题：现代社会以劳动为主要形式的实践是人本质确证、本性生成的社会历史根源。笔者认为，马克思哲学实现存在论的重大变革，使人最形下的活动——劳动——成为了人形上的本质。因此，劳动是对于人在社会历史现实中展开自我本质、实现自我自由的实践活动而言，一定是属于人的。但资本主义则强调的是以劳动的方式创造的产品是属于人，从而将劳动物化，并使物化的存在成为宰制人的绝对存在。因此，概念中"私人"意在凸显资本逻辑中劳动的政治属性，而非劳动的人类本性。

① 　参见《马克思恩格斯全集》第 46 卷（下），人民出版社 1980 年版，第 464 页。
② 　《马克思恩格斯全集》第 46 卷（下），人民出版社 1980 年版，第 464 页。

涵，凸显了其政治意义。斯密提出："一国国民每年的劳动，本来就是供给出他们每年消费的一切生活必需品和便利品的源泉。"① 劳动是财富源泉观念的确立，更为洛克所奠基的劳动所有权注入了新的政治内涵。劳动是生财之道，劳动成为分配的核心根据。然而，这并没有建立起公平的社会财富分配模式，恰恰是为资本主义的劳动力买卖给出了现实化的政治理由。表面上看，在劳动力买卖中，资本家用货币赎买了工人的劳动，工人实现了劳动决定权；实质上工人是为了货币而向资本家出卖劳动力。劳动决定权成为与人生命相疏离的手段，而非获得确证自我的权利保障。或者说，在资本主义生产逻辑中，劳动决定权是劳动资本化②的前提。其一，劳动决定权意味着，劳动必须具体化成劳动成果才能被社会和个体所承认；其二，劳动决定权意味着由劳动生产的产品可以自由地交换，并且可以把产品的具体交换追溯为尚未现实化成产品的劳动力的交换③，即雇佣劳动的合理性与普遍性；其三，劳动决定权在资本主义法权概念体系中即"劳动和所有权的同一性"④，这是用法权的观念来消解工人不占有生产资料的事

---

① ［英］亚当·斯密：《国民财富的性质和原因的研究》（上），郭大力、王亚南译，商务印书馆 1972 年版，第 1 页。

② 劳动资本化是资本主义物化事实最根本的环节。因为，劳动资本化，意味着人从此不再依赖于任何其他东西，而必须依赖资本才能对象化他的本质。也正是在此意义上，资本主义的按劳分配必然转换成为按能分配。能，即人的劳动能力，只是具体体现形式为知识的把控力、观念的创造力、生产的持续性等方面。激发人能力的过程，就是充分挖掘人生产交换价值的可能的过程。

③ 人力资本，是资本主义生产的创造性发明。将人的劳动能力与资本增殖的等同，实现了资本与人的同一化。因此，在劳动力买卖中不必须考虑任何道德问题与伦理问题，只需要考虑经济效果即可。

④ 马克思以此特别强调一个问题，剩余价值是占有，而不是创造。——参见《马克思恩格斯全集》第 30 卷，人民出版社 1995 年版，第 463 页。

实，从而对工人异化和物化起决定性作用。

从以上对劳动决定权的内在本质的分析我们可以看出，资本主义之所以强调基于平等交换模式的分配逻辑是正义的，一方面是资本主义生产剩余价值的目的决定的，另一方面则是因为资本主义找到一种物化逻辑的分配正义来掩盖不正义的分配事实。因此，资本主义在分配中宣称其"按劳分配"是真正实现劳动决定权的分配正义，"按能分配"是实现效益最大化、把"蛋糕"做大的分配正义。事实真的如此吗？为了回答这一问题，我们先来看看资本主义的"按劳分配"如何转换成"按能分配"，再来分析"按能分配"如何掩盖了不正义的分配。

资本主义坚持黑格尔对所有权的形而上学分析，将基于劳动所有权的普遍私有制作为"按劳分配"的社会历史前提。黑格尔认为，人有将一切物据为己有的绝对权利[1]。一方面是因为物自身不具有意志，不可能将自身作为实体性的目的；另一方面则是因为人有以劳动方式将自己的目的、意志凝结于物之中的意志能力，因此所有物归劳动所有。黑格尔对劳动决定权的存在论判断从根本上完成了资本主义财产权的合法性论证。同时，这一论断也清晰地刻画了劳动决定权的排他性物质的个体性，以及自由的封闭性。因为，"在所有权中，我的意志是人的意志；但人是一个单元，所以所有权就成为这个单元意志的人格的东西。由于我借助于所有权而给我的意志以定在，所以所有权也必然具有成为这个单元的东西或我的东西的这种规定"[2]。而

---

[1]　参见［德］黑格尔：《法哲学原理》，范扬、张企泰译，商务印书馆 2013 年版，第 52 页。

[2]　［德］黑格尔：《法哲学原理》，范扬、张企泰译，商务印书馆 2013 年版，第 55 页。

且黑格尔还直言不讳地说，"这就是关于私人所有权的必然性的重要学说"①。因此，侵犯所有权就是侵犯以劳动决定权表征出来的人的自由，交换劳动决定权固定下的私有财产就是自由意志最好的社会历史证明。资本主义坚持黑格尔这一逻辑，并将之具体化成分配中的"按劳分配"。

显然，资本主义②的"按劳分配"是基于普遍私有制的分配模式。即任何人如若想获得社会产品，必须付出与社会产品等量的劳动。因为，劳动决定权已固定下来了社会产品的归属权。一方面，在直接性上，劳动决定权固定下来的私有财产神圣不可侵犯，如果侵犯就是剥夺他者的自由意志。按照古典经济学对此的说法，私有财产的根本特质就是承认每个人有权处置由劳动决定权固定下来的财物，因为制度本身已经确定了生产者对物品的权益。这不过是对劳动决定权的政治经济学重述，即劳动决定权与政治权利是紧密结合在一起的。③因此，

---

① [德]黑格尔：《法哲学原理》，范扬、张企泰译，商务印书馆 2013 年版，第 55 页。

② 参见 [英]穆勒：《政治经济学原理及其在社会哲学上若干问题》（上卷），赵荣潜、桑炳彦译，商务印书馆 2007 年版，第 244 页。

③ 应该说，古典政治经济学的这一观念具有不可否认的积极意义。因为，这是资本主义以经济学的直接性使人从依附的封建中独立出来的存在论宣言。这也是黑格尔肯定私有制的重要意义之所在。张盾教授在一系列研究中特别肯定财产权发现对于现代自由的意义。（参见张盾：《财产权问题与黑格尔法哲学的当代意义》，《人文杂志》2011 年第 9 期；张盾：《财产权批判的政治观念与历史方法》，《哲学研究》2018 年第 8 期。）但是，我们必须注意财产权的私有制属性使财产权在资本主义生产逻辑中充分展开时呈现了其内在的局限性与历史性。所以，马克思对资本主义私有财产权的批判以及重建个人所有制（这个问题我们将在下一章中专门处理）的设想就显得非常重要。或者说，马克思并不否认财产权所预示的人占有本质、生成本性的社会历史现实，但对将财产权固定化或单一化成私有财产权的理路却是绝不赞同。

作为保护政治权利的国家就必须维护这一权利的不可侵犯性，即使由此带来严重的不平等，那都是因为劳动决定权所致，所以不能为了社会整体理由或其他个人的情感而打破这种不平等。然而我们的直觉告诉我们这显然存在问题：一方面，是劳动决定权之劳动的社会属性没有被充分考虑；另一方面，这样的社会制度本身是一种可疑的社会制度。

而且，现代社会生产对于劳动决定权的实现，严格依赖于劳动、劳动力之间的相互交换。这种交换公平的虚假性、交换尺度的物化本质是不争的事实，而且这种交换本身还是对自启蒙以来的自由、平等的现代性原则的充分展开，是对基于私有制的自由社会理想的绝对坚持。在其看来，古典政治经济学无须关注资本主义私有制条件下，人的异化、人性堕落、社会的分裂等问题，而是要关注"基于私有制和个人竞争原则的社会存在和发展条件问题；在人类进步目前阶段所具有的主要目标不是取消私有制，而是加以改良，使社会每个成员都得到好处"①。或者说，对实现劳动决定权的交换条件的研究是古典政治经济学的根本追求，制定"按劳分配"的可行方案以实现社会的富裕。但是，这样"按劳分配"的社会却从根本上抽空了劳动的存在论意义，致使劳动决定权从其文明性转向成为了资本主义剥削与压迫的帮凶。因为，以私有制构建起来的相互交换本身是非对称的交换，是在经济上不可能实现价值的平等交换。虽然单个的资本家不可能以欺诈的方式来达成交换，但是生产资料所有权的决定性地位却造就了非

---

① ［英］穆勒：《政治经济学原理及其在社会哲学上若干问题》（上卷），赵荣潜、桑炳彦译，商务印书馆2007年版，第243页。

对称地位的根本。而且，"按劳分配"对于真正的劳动者而言，由于培育、保持和再生产劳动能力（"能"）的花费与付出，使其根本不可能转换其被支配的地位。以"能"实现的"劳"最多只能保持其具备基本尊严的劳动者的条件，既不可能成为真正平等的交换个体，也不可能成为交换的主导者。因为，他们以"劳"所得完全消耗于日常生活中，至多保持生存能力而已。

所以，当资本主义的"按劳分配"被置换成"按能分配"以后，资本主义的分配就换了一副新正义面孔。当代的古典自由主义者诺契克以其"持有正义"具体地表述了这一观念。首先诺契克具体地分析了洛克的劳动决定权理论，并将之发展成"获取的正义原则"，以此来贯彻劳动与所有权的一致性原则。所有权与劳动不可分离，即意味着劳动者以"能"获得了对社会产品（财富）的获取，而且只有这种获取才能保证持有起点的正义性。体现"能"的获取原则，是不依赖于任何集体的分配，不是由集体控制的可选择性的条件，个人凭借劳动、劳动力的交换可以实现所有权之间的正义转让，从而形成财产持有的正义状态。① 由此看来，"按能分配"置换"按劳分配"，在充分体现由所有权保证的政治自由时从根本上拒绝了对平等的承诺。"按能分配"充分照顾了财产的来源与财产持有之间的关系，而没有深入考虑财产怎样获得、如何转换与社会生产深层次的内在关联的问题。② 其实质正如马克思那个著名的讽喻："劳动力的

---

① 参见［美］罗伯特·诺契克：《无政府、国家和乌托邦》，姚大志译，中国社会科学出版社 2008 年版，第 179—184 页。

② 参见［加］凯·尼尔森：《平等与自由——捍卫激进平等主义》，傅强译，中国人民大学出版社 2015 年版，第 220 页。

买卖是在流通领域或商品交换领域的界限内进行的，这个领域确实是天赋人权的真正伊甸园。那里占统治地位的只是自由、平等所有权和边沁。自由！因为商品例如劳动力的买者和卖者，只取决于他们的自由意志。他们是作为自由的、在法律上平等的人缔结契约的。契约是他们的意志借以得到共同的法律表现的最后结果。平等！因为他们彼此只是作为商品所有者而发生关系，用等价物交换等价物。所有权！因为每一个人都只支配自己的东西。边沁！因为双方都只顾自己。使他们连在一起并发生关系的唯一力量，是他们的利己心，是他们的特殊利益，是他们的私人利益。正因为人人只顾自己，谁也不管别人，所以大家都是在事物的前定和谐下，或者说，在全能的神的保佑下，完成着互惠互利、共同有益、全体有利的事业。"①所以，任何承诺并坚持私有财产为前提的"按劳分配"必然产生贫富分化、两极对立的严重不平等。

那么资本主义"按劳分配"的效率原则为何在造就社会生产力总体发展的基础上却又出现了严重的贫穷呢？抽象地说，"按劳分配"原则以"能"为指标在引发社会竞争的过程中，一方面降低了劳动的价值，另一方面维护了社会公平的幻象；以"能"竞争的效率原则并非是要把分配的总体对象做大，而是要把资本的剩余价值做大。马克思明确指出，"按劳分配"是社会产出的占有过程，但是"工人并不占有他自己的劳动产品，这个产品对他来说表现为他人的财产，反过来说，他人的劳动表现为资本的财产"②。资本居然和工人

---

① 《马克思恩格斯文集》第 5 卷，人民出版社 2009 年版，第 204—205 页。
② 《马克思恩格斯全集》第 30 卷，人民出版社 1995 年版，第 463 页。

一样"按劳分配"！以"能"测度工人获得的价值，表面上看是使工人结合在一起共同生产，然后按能取额。但是，"工人们是被结合在一起的，而不是他们彼此互相结合"①。"能"的"贡献"原则使工人在具体生产逻辑中是一个整体，而在确认劳动决定权的时候又是排他的个体，于是效率自然成为工人彼此排他的区分性原则。"能"表面凸显了某个或某些工人在生产与分配中的重要意义，实质上却是以分裂生产整体的方式将排他性原则深深注入其中。如果说这是激发工人生产积极性的有效策略，倒不如说这是资本这种主体之物分裂与解构工人阶级的经济伎俩。所以，资本主义的"按劳分配"之劳动，"就其物质统一来说，则从属于机器的，固定资本的物的统一。这种固定资本像一个有灵性的怪物把科学思想客体化了，它实际上是实行联合者，它决不是作为工具同单个工人发生关系，相反，工人却作为有灵性的单个点，作为活的孤立的附属品附属于它"②。换句话说，在此种情况下，也就是劳动决定权在资本主义生产中呈现为与其本意相反的意义："工人劳动而不能所有，资本家不劳动却可以所有。"③ 在这里我们显然不必复述马克思对资本主义剥削的非正义批判就可以明显地看到，在资本主义的"按劳分配"中，只是资本家的富有与工人的贫穷，工人与资本家之间严重的不平等是资本主义"按劳分配"的必然结果。

---

① 《马克思恩格斯全集》第 30 卷，人民出版社 1995 年版，第 463 页。
② 《马克思恩格斯全集》第 30 卷，人民出版社 1995 年版，第 464 页。
③ 韩立新：《劳动所有权与正义——以马克思的"领有规律的转变"理论为核心》，《马克思主义与现实》2015 年第 2 期。

第四节 "平等权利"与"不平等分配"的背反逻辑

"形式的平等"与"实质的不平等"是资本主义最真实的政治写照。资本主义在其制度设计上，以政治的形式平等来论证经济不平等的合法性，以福利平等的方式来缓冲不平等的破坏性后果，以机会平等或运气平等来转移制度不平等后果的政治责任。资本主义的"平等权利"是工人被不正当利用的障眼法，因为资本主义平等法权观念给人一种表象：工人与资本家是自由买卖劳动力，工人是自愿被剥削；不平等财富分配作为激励原则有利于社会整体财富的增长和工人整体利益的提升，工人没有理由反对平等法权前提下的不平等分配。资本主义将"不平等分配"的政治后果与社会影响诉诸上述"科学"的逻辑、"感性"的直观，无非就是力图以物化的逻辑来取消"平等权利"作为政治权利应该具有的规范性内涵。① 因此，资本主义的"平等权利"和

---

① 重建或阐发马克思主义政治哲学、道德哲学的规范性理论，是当代马克思主义哲学研究中的重要问题之一。这一方面是因为在传统教科书的马克思主义哲学观念中，马克思主义哲学是科学的理论的刻板印象所致；另一方面则是因为马克思在分析与研究资本主义政治经济学的时候，具体地以科学的逻辑重建了资本主义剥削人的事实过程。因此，当代西方分析马克思主义一方面努力重新阐发马克思主义哲学的经典命题，另一方面则努力重建马克思主义哲学的规范性理论。比如：林育川教授从历史唯物主义的超越性出发，从理论上探讨了重建马克思主义正义理论的可能性。（林育川：《历史唯物主义视域中的规范正义——一种可能的马克思主义正义理论》，《哲学研究》2018 年第 1 期）王新生教授则把马克思主义的政治哲学直接判断为一种规范理论。（王新生：《作为规范理论的马克思主义政治哲学》，《求是学刊》2006 年第 5 期）李义天等学者则从马克思主义伦理学何以可能的追问中研究了马克思主义哲学的规范性理论。（李义天、张霄：

"不平等分配"具有逻辑上的同构性。因为,"平等权利"以"劳动量"这种物性尺度支撑了资本主义侵犯自由、剥削工人的合理性;同时也是"劳动"同一尺度的平等权利一方面产生初始的分配不公,另一方面又强化了二次分配的不公。即,资本主义的"平等权利"必然产生"不平等分配"的背反逻辑。

"平等权利"证成了资本主义工人自愿被强迫劳动的政治事实。马克思对资本主义的剥削虽然不乏"抢劫"、"奴役"、"盗窃"、"掠夺"等道德批判,但马克思却更关注资本主义的"平等权利"如何构成了生产中的政治强迫。

其一,"平等权利"作为资本主义劳动力买卖的政治前提,使资本家对工人的强迫从暴力的胁迫转向了政治的规范。这是资本主义政治哲学的巨大成就。或者说,"平等权利"作为资本主义的法权观念,在逻辑上保证了结构性强迫的自由选择表象。[1] 从资本主义法权的实质上看,"平等权利"既具体反映在资本主义保障资产阶级利益的法

《马克思主义伦理学何以可能——访英国肯特大学戴维·麦克莱伦教授》,《江海学刊》2018 年第 9 期;李义天:《认真对待"塔克—伍德命题"——论马克思正义概念的双重结构》,《中国人民大学学报》2018 年第 1 期。)上述无论是对马克思哲学规范性理论的阐释还是追问,在问题来源的直接性上是受西方分析马克思主义的影响;但在问题本质上则是对当代存在境遇下应该如何理解马克思历史唯物主义的超越性与解释力的问题。因此,如何洞见资本主义,如何以科学化、实证化的物化逻辑来叙述其政治理念,既有利于理解马克思批判资本主义的逻辑起点,又有利于我们今天如何面对被事实化、实证化的不平等事实。

[1] Reiman 提出在资本主义生产逻辑中,"结构性强迫通过自由选择起作用"。但是他却没有深入研究自由选择的法权前提。资本主义剥削作为一种精巧的政治设计,首先是源于其对于法权的设定。(参见 Jeffrey Reiman, "Exploitation, Force, and the Moral Assessment of Capitalism: Thoughts on Roemer and Cohen", *Philosophy and Public Affairs*, vol.16, no.1,(1987),p.15。)

律之中，又体现在实现资产阶级利益的传统与习俗之中。对于以商品生产为旨归的资本主义社会，"交换，在所有方面确立了主体之间的平等，那么内容，即使促使人们进行交换的个人和物质材料，则确立了自由"①。这一由经济事实规定的"应然"权利，以"平等权利"的方式上升为资本主义法权的规定，体现资产阶级对于利益的基本判断。所以，"社会上占统治地位的那部分人的利益，总是要把现状作为法律加以神圣化，并且要把现状的习惯和传统造成的各种限制，用法律固定下来"②。这也就是所谓实现法权的法律化。同时，产生于生产领域中的"平等"、"自由"作为结构化的权利，形成了资本主义的政治意志。因为，获取剩余价值是资本主义的政治原则，而"政治的原则就是意志"③，即法权现实化为现实的政治结构和习俗规定。问题的关键还在于"平等权利"作为资本主义的法权，将直接对抗的冲突转换成政治规范的结构。首先，"平等权利"规定了"由社会上一部分人积极地按自己的意志规定下来并由另一部分消极地接受下来的秩序的不可侵犯性，是他的社会地位的可靠的支柱"④。资本家和工人一样是具有平等权利的个人，保证自由的财产（财物、劳动能力）平等不受侵犯。其次，"平等权利"保障无业游民和流浪汉成为创造剩余价值的工人。因为，他们具有保障自由的基本"财产"——劳动力，作为平等的个人，只能以平等的交换去获取生产条件从而获得生活资料。最后，"平等权利"作为普遍的政治价值，促成了剥削对社会的

① 《马克思恩格斯全集》第 30 卷，人民出版社 1995 年版，第 199 页。
② 《马克思恩格斯文集》第 7 卷，人民出版社 2009 年版，第 896 页。
③ 《马克思恩格斯全集》第 3 卷，人民出版社 1998 年版，第 387 页。
④ 《马克思恩格斯全集》第 2 卷，人民出版社 1957 年版，第 515 页。

普遍控制。资本家和工人一样，是平等的，因此以交换的表象获取的剩余价值转移就是"正义"的。由此看来，"平等权利"的介入，"自由买卖"的确立，无非是生产关系采取了特殊的法律和政治的形式，不仅从外部的角度保证了生产逻辑的顺利展开，而且也构成了生产关系的内在内容和政治规范的现实规定。①

其二，"平等权利"是资本主义的意识形态幻象，是经济活动中商品交换的平等，虽然废除了封建社会身份依附奴隶的不平等，却以保证资产阶级利益的方式重建了"不平等"。资本主义的"平等权利"是直接宣布权利的平等，而不是实现权利的平等，即资本主义的"平等权利"从来没有从根本上考虑过实现平等的社会历史条件与政治制度设计。恩格斯对资本主义"平等权利"曾作出过最为精当的概括，"权利的公平和平等，是十八、十九世纪的资产者打算在封建制的不公平、不平等和特权的废墟上建立他们的社会大厦的基石。劳动决定商品价值，劳动产品按照这个尺度在权利平等的商品所有者之间自由交换，这些——正如马克思已经证明的——就是现代资产阶级全部的政治的、法律的和哲学的意识形态建立于其上的现实基础"②。即是说"平等权利"与资产阶级的现实利益具有如下关联：第一，"平等权利"是实现资产阶级政治社会的基石。封建的不公平、不平等事实构成了资产阶级重建其政治社会的直接合理性证明。即"平等权利"宣称了贵族特殊的不合理与市民政治权利的合理性，以市民社会利益的普遍一致性取代了封建贵族的特殊性。第二，"平等权利"是资产阶级保

① 参见［加］艾伦·梅克森斯·伍德主编：《民主反对资本主义——重建历史唯物主义》，吕薇洲等译，重庆出版社 2007 年版，第 27 页。
② 《马克思恩格斯全集》第 21 卷，人民出版社 1965 年版，第 210 页。

证现实利益的经济原则。政治解放的宣言，并没有实现普遍的社会解放，一方面是现实的利己主义的普遍化，另一方面是资产阶级利益的普遍化，并以商品生产与交换的整体逻辑固化乃至强化了"劳动决定商品价值"的政治观念。其三，"平等权利"是建构资产阶级意识形态之现实基础的理论抽象。"平等权利"本质上是商品生产社会（资本主义社会）的交换原则的形式抽象，是"形式的平等"，既不能保证平等，更不能实现自由。也就是说，"平等权利"设定的是外在目的性，而非平等的内在目的，即社会的个体真正地享有社会发展的成果与分担社会发展的责任。或者说，资产阶级的"平等权利"将交换平等这种工具性的平等作为平等本身的政治权利，从根本上剥夺了实现平等的主体能力与客观条件。如果我们从与之对象的自由对比来看，就会更加清楚这一本质。和权利平等是形式平等一样，资本主义的自由也是形式的自由。在马克思的哲学视阈中，自由即实现创造性发挥个体的才能，然而资本主义排他性的形式自由则将创造性发挥自由的选择权和实现能力限定在商品交换的自由买卖中。① 即说，形式

————————

① 在马克思看来，在人实现自由的劳动（超越了外在目的性的劳动）中，虽然劳动尺度是由外部提供的，但是自由的劳动具有超越这种目的的现实可能性与必然性。因此，"克服这种障碍本身，就是自由的实现，而且进一步说，外在目的失掉了单纯外在必然性的外观，被看作个人自己自我提出的目的，因而被看作自我实现，主体的物化，也就是实在的自由，——而这种自由见之于活动恰恰就是劳动，——这些也是亚当·斯密料想不到的。"因此，真正自由的劳动，严肃但不严苛、紧张但不紧迫、辛劳但不辛苦、自治但不强迫。因而自由的劳动，必须超越形式自由及其政治后果，是"（1）劳动具有社会性；（2）劳动具有科学性，同时又是一般劳动，是这样的人的紧张活动，这种人不是用一定方式刻板训练出来的自然力，而一个主体，这种主体不是以纯粹自然的，自然形成的形式出现在生产过程中，而是作为支配一切自然力的那种活动出现在生产过程中"。（参见《马克思恩格斯全集》第 46 卷（下），人民出版社 1980 年版，第 112、113 页。）

自由和平等权利一样，都是将平等、自由这种政治价值作为一种工具性的中介来实现商品生产与商品交换的根本目的。因此，形式的自由不可能提供自决的条件与机会，平等权利也不可能提供实现平等的社会物质基础与制度性保障；形式的自由与平等权利都意在强调排他性的政治逻辑，而非积极参与平等与自由实现的现实条件建构①，即不可能获得平等地参与所有影响个体生活的决策过程的权利，不可能平等获得自我实现的手段的权利，从可能性与现实性上双重否定了平等。而所有这些无非就是一个目的，实现资产阶级的特殊利益。

其三，"平等权利"是以商品的同一性来规治了主体的齐一性，消弭主体差异性的"平等权利"蕴含着不平等的自反逻辑。就物对人生存的意义而言，在交换这种人类性活动中，商品的使用价值与交换价值的辩证统一，使人与人之间"自然差别成为他们的社会平等的基础"②。主体在需要和生产上的差异③是平等的存在论根基，交换是对

① 具有讽刺意味的是，不平等倒成为了社会主体参与实现平等的必要条件。罗尔斯差异原则的第二条就十分清楚地证明了这一点。在逻辑上讲，不平等是把蛋糕做大的必要条件，也是实现平等的必要条件。在我们看来，这是对平等的一种误解。平等自身是目的，而不需要任何外在的目的来支撑平等的合理性。正如在前面论证的那样，目前对平等的探讨主要集中在什么是平等的问题上的研究有隔靴搔痒的嫌疑。加拿大女王大学哲学系教授 Christine Spynowich 提出了一种新平等理念，Flourishing equality 目前看来是一种直接平等作为目的本身的理论尝试与努力。（参见 Christine Spynowich, *Equality renewed, Justice, Flourishing and the Equalitarian Ideal*, Routledge，2017。）

② 《马克思恩格斯全集》第 30 卷，人民出版社 1995 年版，第 197 页。

③ 在《马克思恩格斯全集》的翻译中，是差别而非差异。在我们看来差异也许更为准确。因为，差异凸显了主体在质方面的不同，而差别更多的强调量上不等。在对于平等的研究中，一般对"差别"和"差异"很少作系统的区分。而我们认为，质上不同虽然可以表现为量上的区别，但是以量的齐一来寻求平等的解决路径存在很大的困难。这也是诺契克提到的著名的"张伯伦难题"所反映出来的问题。

差异性的平等存在论意义的实践性确认。但是，资本主义的交换却与我们上述的交换相距甚远。表面上看，资本主义社会的商品交换是非暴力地获得财产所有权和支配权的方式，是人自由的体现。但是，这里的自由与平等只是资产者法权的天堂。因为，资本主义的平等交换在其直接性上最终落实为交换价值的积累和流通，而非体现差异性存在的使用价值的流转。所以，在资本主义社会形成一个特别奇特的经济景观：社会财富最终表现为货币的大量积累和同一性异质个体[①]的大量产出。或者说，表现社会繁荣与发展的同一性具体化为量的积累。马克思说，"除了量上的变动，除了自身的增大外，不可能有其他的运动"[②]。平等权利不过是实现发财致富这一目的的手段，"资本的合乎目的的活动只能是发财致富，就是使自身变大或增大"[③]。由此，具体地规定了资本主义在生产与交换中实现"平等权利"的具体方式，即劳动力成为商品。劳动力成为商品在资本主义逻辑中，是"平等权利"这一政治理念的真正实现。然而，在资本主义所有权的框架下，个性化的劳动一旦"平等"地流入市场，那么所有权就由平

正如我们在前文中提到的那样，人们总是在寻找平等为何的问题，总是期望以某一固定标准来实现平等。但困难在于人的偏好对于选择的决定性影响从根本上影响着同一对象对于不同人的平等价值。因此，保有差异的平等或许才是实现真正平等的有效途径之一。（参见《马克思恩格斯全集》第30卷，人民出版社1995年版，第197页。）

① 在资本主义社会中，主体与主体之间的差异不再以具体的个性表现出来，而是人为创制的"个性"（比如商品生产的限定款，如果我们深入分析就会发现这种个性最后表现为同一性货币量的不同）来标识。因此，不再是差异的个性主体，而是异质的创制主体。

② 《马克思恩格斯全集》第30卷，人民出版社1995年版，第227页。

③ 《马克思恩格斯全集》第30卷，人民出版社1995年版，第228页。

等变为不平等，即前文所述的劳动决定权的平等转换成劳动产品占有的不平等。劳动决定权是平等权利的政治理念，劳动产品的占有是不平等的政治现实。所以，"资本在法权形态上把自己规定为人人享有的所有权，似乎是为了故意混淆两种完全不同甚至截然相反的所有权规律；而在法权形态上把自己从所有权升华为平等与自由，似乎只是为了掩盖这种平等与自由是真正平等和自由的反面"①。当资本主义把一切都归结为所有权的同一性的时候，"平等权利"在政治上得到落实：平等地所有自己的劳动及其劳动决定权；在经济上得到实现：所有权的自由买卖。或者说，交换价值在作为充分平等的唯一物化尺度的时候，"一窝蜜蜂实质上只是一只蜜蜂，它们都生产同一种东西"②——交换价值。因此，摆脱了依附的法权平等个体，满足了资本主义生产与政治对自由与平等个体而非主体的需要，组成了一个实质上不自由的社会，进行着不平等的分配。

综合上述论证，我们可以看出"平等权利"的政治强迫必然会落实为"不平等的分配"。剩余价值是资本主义发财致富的科学，剩余价值的积累在资本主义的初次分配中就自然地完成了。也就是说，当工人生产出产品的那一刻开始，生产资料的私有权就开始行使其政治特权，实现了价值的转换，形成不平等的分配。

其一，占有剩余价值只是"不平等分配"的现象直观，生产资料的私有制才是"不平等分配"的根本原因。或者说，财产权的"平等权利"产生了"不平等分配"的生产资料所有制前提。分析马克思主

---

① 武海宝：《马克思政治经济学批判中的法权观探析》，《马克思主义研究》2018 年第 10 期。

② 《马克思恩格斯全集》第 30 卷，人民出版社 1995 年版，第 197 页。

义者罗默尔认为，生产资料的所有权事实上的不平等是马克思把握资本主义不平等分配的重要前提，马克思的重点不是剥削的不正义，而是基于生产资料私人占有的初次分配的不正义。① 虽然罗默尔的判断有些言过其实，但私有制的确是"不平等分配"的真正根源。剩余价值的转移是资本主义剥削的结果，这是不争的事实，但是剩余价值转换的分配根据显然在于资本主义"平等权利"所保障范畴内的所有权。因为，无论是自然经济中的劳动决定权，还是商品经济中的交换拥有权，都在资本主义生产逻辑中具体化为相互承认所有权的私有制。这里蕴含着这样的逻辑递进，首先是由劳动决定权实现对劳动产品的占有，其次是以交换的方式实现对他人劳动产品的占有，因为交换赋予生产资料私有者占有的平等权。或者说，生产资料的私有制从根基处改变了所有权平等权利的本质内涵②，成为掠夺他人劳动决定权的政治理由。直言之，生产资料的私有制使控制性逻辑直接参与社会产品的初次分配。

其二，"不平等分配"以后果的方式强化了剥削的非正义本质。马克思批判资本主义的剥削，解剖了资本"平等权利"的意识形态幻

---

① 罗默尔直接判断说："马克思主义的杰出之处不是关注劳动交换制度本身，而是关注作为其基础的财产关系：生产资料的不平等的私有权。劳动市场只是使生产资料私有权能够转化为不平等的最终收入和福利的一种手段，如果初始分配被断定为不公正，那人们就会断定这种手段也不公正。"（[美] 约翰·罗默：《在自由中丧失：马克思主义经济哲学导论》，段忠桥、刘磊译，经济科学出版社 2003年版，第 111 页。）

② 马克思特别肯定所有权与自由的内在关联，也从根本上反对基于享有的所有权对于主体的支配与奴役。所有权在马克思这里是与自由实现内在一致的。这一思想具体体现在马克思所设想的共产主义重建个人所有制的理论理想中。重建个人所有制是我们在后文中将要细致论证的重要问题之一。

象，解构了资本主义政治经济学科中立的假象，揭示了资本主义"不平等分配"的真相。一方面，"不平等分配"具体表现了剥削性分配的事实性后果。资本主义的生产逻辑决定了剥削性分配是其核心的分配模式。在这样的分配中，劳动力价值转化为劳动的价格，劳动力的消耗产生剩余价值，预付的完成与收获的合理完成了剥削性的分配，并累积成为工人的普遍贫困与资本家的绝对富裕。另一方面，"不平等分配"是资本主义剥削不公的事实印证。工人的禀赋、境遇、努力这些个体性的因素被剥削统统削平，只留下以劳动时间计酬的"公平"分配。然而，个体性差异对于生产的直接贡献虽然不同，但是对于人类社会生产总体而言不可或缺。因此，同一待遇就是不公正的待遇，也必然产生不平等分配的事实。因此，"不平等分配"既是资本主义平等权利的分配原则，更是资本主义平等权利的政治后果与社会现实。

其三，"不平等分配"虽然不能构成对资本主义政治与经济的根本性批判，却证明消灭了生产资料私有制的必要性。今天，资本主义"不平等分配"呈现一些新特点与性状：剥削的隐秘性与不平等的事实性同行，生产的高度发达与分配的严重不平等共在，社会福利的提高与弱势群体行为能力的下降同构。因此，当代西方政治哲学越来越关注少数群体、弱势群体、能力受限者的分配境遇。但是，观点纷呈的雄辩理论都没有从根本上追问不平等分配源于何处，而只是描述了不平等分配的痛苦事实。或者说，"不平等分配"的事实被当代分配正义的关注在印证一个事实：如果社会分配不能使人真正享有社会进步的成果与历史发展的成就，那么不平等的事实就有摧毁社会制度的现实要求。而所有这一切都源于一个前提：资本家独占生产资料控制了分配的基本结构，资本主义的"平等权利"美化了"不平等"的政治逻辑。因此，马克思对资本主义物化逻辑的揭示，凸显了资本主义"不平等分配"的事实，指向了对生产资料私有制的根本否定。

　　总之，"平等权利"与"不平等分配"的背后逻辑是资本主义分配正义的内在矛盾。对此的根本超越，一方面是超越其政治哲学的物化逻辑，另一方面是要从根本上否定资本主义"平等权利"的"不平等"实质，再一方面则是要建构一种实现人自由个性的平等分配。

第四章　马克思分配正义的自由
与解放旨趣

　　马克思既批判了资本主义分配的不正义，又建构了共产主义不同阶段的分配正义。对资本主义分配的批判，马克思一方面还原了政治经济学的形而上学本质，展开了对其分配正义的政治哲学批判；另一方面科学地呈现了资本主义剩余价值生产、占有和转移的物化逻辑与形而上学本质，具体地批判了资本主义分配正义的生产关系与政治逻辑：即马克思是以历史唯物主义的世界观，批判了资产阶级、小资产阶级，以及政治改良主义的分配正义①主张，揭示了资产阶级分配正义的政治属性与意识形态本质。对共产主义不同阶段分配正义的建构，一般体现在《哥达纲领批判》中，马克思提出的"按劳分配"与

---

① 段忠桥教授依据对马克思文本的解读与思想内涵的精准把握提出，马克思恩格斯"有关正义的论述大多与分配方式相关，因而，我们对马克思正义观的探讨，应集中在他的分配正义观上"。当然，这也是当代英美学者在研究马克思正义观时通行的理论模式。在我们看来，讨论马克思的正义观集中于分配正义还有更为深刻的理由，因为，在共产主义社会（无论是初级阶段还是高级阶段）已解决了生产社会化与生产资料私人所有制之间的矛盾，但人与人之间个性的差异如何在分享社会产品时得到满足依然是个问题。所以，以分配正义批判的方式探究马克思对资本主义的批判，以分配正义建构的方式把握马克思关于人自由个性实现的理论理想就显得非常必要。（参见段忠桥：《马克思的分配正义观念》，中国人民大学出版社 2018 年版，第 93 页。）

"按需分配"。马克思这一层面的分配正义理论既是深入谴责与批判资本主义的分配正义，又是对社会主义"按劳分配"的批评与校正①，还是对分配正义原则的全新建构。显然，"按劳分配"是马克思在批判资本主义劳动决定权的前提下提出的社会主义的分配正义原则，必然与资本主义生产所开启的劳动的存在论意义具有直接关系，而且马克思自觉到应该在超越劳动异化与劳动物化②的前提下进行分配，只有这样才有可能在现实中"把人的关系和人的世界还给人自己"③。"按需分配"作为马克思所说的共产主义高级社会的分配原则，虽然有"物质财富充分涌流"④ 这一限定，但抽象的社会存在物对"需要"的人性理解，显然可以使其超越欲望的直观与利益的偏狭。即是说，"按

---

① 参见段忠桥：《马克思的分配正义观念》，中国人民大学出版社 2018 年版，第137 页。

② 我们认为，劳动异化是马克思在尚未深入解剖资本主义的生产关系本质的前提下，对资本主义生产现实最为真实的哲学把握，劳动物化是马克思在深入解剖资本主义生产之后，对资本主义生产本质与人存在状态的哲学把握。这两者并不存在前期与后期的思想深度的差别，而是马克思历史唯物主义世界观具体展开的程度的不同。同时，我们坚持马克思的历史唯物主义是无产阶级世界观这一重要判断。在我们看来，历史唯物主义是以历史作为原则的唯物主义，而只有真正与历史发生本真关系的人，才有可能将历史作为解释原则。无疑，现代历史意义上的无产阶级就是这样的人。

③ 马克思的原话是"任何解放都是使人的世界和人的关系回归于人自身。"（参见《马克思恩格斯全集》第 3 卷，人民出版社 1998 年版，第 189 页。）

④ "物质财富充分涌流"这一限定使得现代英美研究者认为，马克思的共产主义社会是超越正义的社会。因为，在这样的社会中已超越了休谟提出的正义存在的条件。但我们认为，"充分涌流"这一限定语并非是"按需分配"的必要性条件。如果解决了生产资料的私人所有制问题，就不存在以财富来支配他者的问题，只有以财富来实现自我的问题。而支配他者与实现自我的区别，既是人性观念的根本改变，更是政治哲学思维方式的全面革新。也正是在这个意义上，马克思一直强调个人所有制，而非私人所有制。

需分配"其实是将人自我审视与社会规范的双重向度纳入社会财富分配之中的分配原则，是超越物化尺度的政治价值原则。

　　我们注意到，马克思论述共产主义社会第一阶段的分配时，提出"权利就不应当是平等的，而应当是不平等的"① 这一重要判断，明确地表明了马克思分配正义的理论旨趣不再简单是维护某种特定阶级的经济与政治利益，而是实现人的实质自由与实质平等，使人真正获得社会发展的现实成果，享受能实现自由个性的基本物质保障。或者说，在马克思看来，分配正义既需要具体还原社会个体自然的差异、社会的处境、自我的努力，又需要现实地关照社会总体发展与个性实现之间的冲突与协调。对马克思而言，分配一方面要以社会整体的力量来实现自然必然性的平等化。或者说，个体非选择的不利条件应该通过权利观念的革命，而真正纳入政治哲学的视野与分配实践的过程之中，使社会真正为实现积极自由与积极平等奠定必要的物质条件与政治基础。分配另一方面则要以社会规范的价值理想真正激活个体的创造本性，充分而有利地利用社会财富实现自由个性。即是说，分配正义并不是消极地满足个体的物欲，而是要在分配实践中灌注社会历史的整体价值，既以物质的方式突显对自由个性发展的尊重，又以价值的方式激发个体对自由个性的珍视。分配的财富仅限于实现自由个性，而非支配他者或左右价值。

　　总体而言，马克思的分配正义 ② 批判了资本主义"平等权利"的

---

① 《马克思恩格斯全集》第 25 卷，人民出版社 2001 年版，第 19 页。

② 我们不陷入马克思是否存在正义的争论。在我们看来，"塔克尔—伍德命题"关于马克思是否有正义的理论效应已充分说明，今天如果我们不具体地阐释马克思分配正义（正义）的理论逻辑，那么我们一方面无法回答马克思为什么执着

"不平等分配"，以"不平等权利"的政治哲学观念真正地还原了分配正义的理论语境与社会历史现实，探析了"平等分配"的人性根据与社会依据。马克思"按劳分配"与"按需分配"既是逻辑递进的分配正义，又是实践并行的分配正义，在"按劳分配"中充分考虑人实现自由的"需要"，在"按需分配"中真正实现"劳动是人生活的第一需要"而非"劳动是生存第一需要"，既贯彻了马克思分配正义的一贯原则：历史唯物主义的科学解释原则与超越的革命目的论①，又给出现实分配实践的双重原则。也是在此意义上，马克思的分配正义重新深入了所有权的政治意义与人性内涵，重建个人所有制的社会制度设想，既具体化了实现自由个性的历史唯物主义根基，又现实化了分配正义原则的价值内涵。

第一节 "不平等权利"与自由个性

马克思在《哥达纲领批判》中提出了"不平等权利"的权利观念，表达了一种不同于资产阶级原子个人的人性观念。马克思这一权

于对资本主义剩余价值的政治经济学—哲学批判，另一方面我们也难以面对当代分配中的诸多难题。因为，正如阿伦特所说，马克思留给我们的最大遗产之一就是马克思的政治哲学。马克思政治哲学对人性的预设与自由实现的政治关注从根本上而言都落实到具体的经济生活之中。因此，逻辑地阐释与还原马克思分配正义既是我们深入理解资本主义分配本质的理论探讨，也是我们建构社会主义分配正义的理论探索。

① 参见涂良川、王庆丰：《历史唯物主义与政治哲学》，中国社会科学出版社 2008 年版，第 1—11 页。

利观念一方面超越了资本"平等权利"的形式平等，使实质平等成为平等的基本内涵；另一方面超越了资产阶级的原子个人，使社会关系中的自由个性的个人成为思考政治问题的出发点。"不平等权利"不是对政治权利平等的否定，而是对分配不平等的政治要求，即是说，马克思"不平等权利"是具体化改造现实不平等的政治理念。从自然的角度看，人存在不平等的自然必然，如人身体机能的差别、天赋差异等；从社会的角度看，人存在着不平等的历史必然，如出生与成长的环境影响等；从命运的角度看，人存在不平等的偶然性必然，如有些人的运气好，有些人的运气差。因此，在分配中关照这些不平等的因素，既不是原子排斥的意义上直观判定上述必须不具有道德的合理性或不合理性，而是在社会整体的意义上共同应对诸多不受个体因素控制的必然性对自由与平等的戕害。或者说，马克思"不平等权利"①的提出旨在为个体提供实现自由个性的物质基础与社会条件，而非剥夺他人自由与平等。马克思"不平等权利"是旨在实现"平等分配"的自由个性的政治哲学观念。

---

① 在《哥达纲领批判》中，马克思具体列举了资产阶级物化逻辑的"平等权利"所忽略的以下问题：其一，劳动的婚姻状况；其二，劳动者的家庭情况；其三，劳动者的身体状况。虽然马克思在此列举内容并不完全，但这一列举却说明如果不从社会整体的角度考虑个体存在状态，那么平等权利就只能是把人当作同一性的劳动者。这显然与人的自由与平等相背。如何避免因不考虑人主体选择的个性差异而产生的不平等的政治与人类性后果，既是政治纲领要解决的问题，更是社会制度设计应考虑的问题。虽然当代政治哲学的巨擘罗尔斯以最不利群体的利益来思考社会的不平等，却没有思考如何从制度设计的根基处来反思这一问题。（参见《马克思恩格斯全集》第25卷，人民出版社2001年版，第19页；[美] 约翰·罗尔斯：《正义论》，何怀宏等译，中国社会科学出版社2009年版，第42—50页。）

马克思的"不平等权利"意味着权利的理论思维与实践原则从原子式的个体迈向社会关系中的自由个体。马克思将对现实生存状况的关注纳入权利内涵的政治哲学思维中，意味着马克思的政治哲学跳出了原子个人设定的权利藩篱，进入了社会个体的历史唯物主义场域。也就是说，"不平等权利"的思考单位是社会个体，而非原子个人。

原子个人作为近代政治价值的奠基性原则，虽然有其无可取代的人类性意义，却无法克服其实体思维具有的内在局限。

其一，原子个人是"个人主体性"的形而上学前提，是资本主义权利理论的人性假设。原子个人把个人主体性作为权利的最高原则，认为人先天赋有独立于社会环境而存在的能力，是自足的个体。原子式的个人有利于运用加诸身上的理性，实现启蒙的理想，有利于人从自然的必然性下解放出来。但是，原子式个人是实体思维的产物，是一种封闭的、非矛盾、独断的排他性存在。自足性和孤立性是其根本特性，自律、自主和独立是其政治要求，自我救赎与自然是其理想信念，自由平等是其政治欲求。托克维尔如此刻画原子个人，"无数的相同而平等的人，整天为追逐他们心中所想的小小的庸俗享乐而奔波。他们每个人都离群索居，对他人的命运漠不关心。""每个人都独自生存，并且只是为了自己而生存"①。由原子个人奠定的权利，必定是保证个人排他的权利；由之而规定的政治逻辑，一定是相互利用的利益逻辑。人与人、人与社会之间的分离是其政治组织的基本格局，理性与契约是社会组织的基本方式，社会是凌驾于个体之上的规

---

① ［法］托克维尔：《论美国的民主》（全二卷），董果良译，商务印书馆 2009 年版，第 946 页。

范性实体。人人为己的紧张关系是资本主义政治要时刻关注的核心问题①，因为原子式个人不允许有任何跨越边界的行为。

其二，资本主义的平等权利是基于原子式个人的形式平等，锁闭了个体内在超越的唯物主义前提与可能性。原子式个人的平等是抽象单一的平等观念，在打破地域限制、扩展陌生人关系的前提下，建构了一种冷漠、互不干涉的现代利益关系。即使是罗尔斯这样思想深刻的政治哲学家，也没法破解当代资本主义的不平等的难题。因为，支撑原子式个人的利益冲突、平等个体的权利对抗、个人自由的平等边界都构成了自由个性实现的现实性限制。

其三，原子式个人的抽象普遍性构成是平等权利的根据和利益共同体组建的根基。原子式个人是超越外在制约的同一性主体，可以具体化为法权或利益。法权或利益是组建和维持共同体的根据与原则，任何破坏原子式个人独立性、排他性和自足性的行为都不被共同体所允许。原子式个人作为先于共同体（或社会）的实体，具有绝对的自由（不受任何侵犯）和普遍的平等，虽然为了共同体可以让渡部分权利，却绝不允许侵犯自由。因此，以原子式个人普遍结成的共同体不过是个体实现消极自由的手段，而非实现积极自由的存在方式。

其四，原子式的个人是对现实的历史的个人的拒斥，对抽象同一

---

① 对此，滕尼斯有过非常详细的描述，他说，原子式的个人"尽管有种种结合，仍然保持着分离。……在这里，人人为己，人人都处于同一切其他人的紧张状况之中。他们的活动和权利领域相互之间有严格的界限，任何人都抗拒着他人的触动和进入，触动和进入立即引起敌意。"（参见 ［德］斐迪南·滕尼斯：《共同体与社会——纯粹社会学的基本概念》，林荣远译，商务印书馆 1999 年版，第95 页。）

性的固守。本质上讲，原子式个人是资产阶级法权思想主导下的一种理论想象。然而，社会生活中的个体却是由社会历史形塑的，因为任何个人都是"从事活动的，进行物质生产的，因而是在一定的物质的、不受他们任意支配的界限、前提和条件下活动着的"[①]。但原子式的个人却把在市民社会中体现出来的利益同一性作为物质生产和社会活动本身。正如马克思所说，原子式的个人"只是在观念中、在自己的想象的天堂中才是原子，而实际上他们是和原子截然不同的存在物，就是说，他们不是超凡入圣的利己主义者，而是利己主义的人"[②]。或者说，抽象的利益成为原子式个人标识自我，言说个性的社会通货。

其五，原子式个人作为资产阶级的意识形态，是历史性的政治观念，必将随着历史的发展而被超越。[③] 我们知道，原子式个人是现代市场社会的产物，是以利益的普遍性与抽象为标识的经济人。这样的个体在社会生活中只服从于理性的经济计算原则。因此，是资本主义的自由市场、商业和城市塑造了原子式的个人。[④] 根据马克思的历史唯物主义，资本主义的生产关系存在其自身无法消解的矛盾，必然发

[①]　《马克思恩格斯文集》第 1 卷，人民出版社 2009 年版，第 524 页。

[②]　《马克思恩格斯文集》第 1 卷，人民出版社 2009 年版，第 322 页。

[③]　马拥军教授结合对改革开放以来中国个体观念的变化，深入地探讨了马克思对原子式个体的批判，提出"原子式的个人的客观假象是特定历史时代的产物，也必将随着相应的历史条件的消失而消失"。这一判断显然切合了马克思历史唯物主义的精神实质。因此，深入探讨扬弃原子式个人理论观念的政治哲学理路，就不是简单地重述马克思对历史发展逻辑的理论判断，而是研究不同的政治理论与人性观念的内在关系。本节就是从这个意义上来展开对马克思弥合社会个人的"不平等权利"的政治哲学理念的研究的。（参见马拥军：《马克思恩格斯论原子式个人——兼论改革开放 40 年来个人与集体关系的变化》，《中国浦东干部学院学报》2018 年第 3 期。）

[④]　参见赵汀阳：《制造个人》，《社会科学论坛（学术评论卷）》2009 年第 1 期。

展出摧毁其自身的主体性力量与历史性条件。由此，我们可以知道，原子式的个人必将在社会历史中重新思考自由、平等与个性的真实内涵，也必然改变其规定其自我的哲学观念和政治思维。

由上述论证，我们可以明确地知道原子式的个人，虽然有着自由与平等的观念，也有着个性的意识，却因为其从根本上使个体与社会、主体与主体、人与自然绝对对立起来，所以无法实现以人的本性为基础的自由个性。所以，马克思"不平等权利"作为扬弃表达原子式个人"平等权利"政治理念的全新观念就必然使人的社会生活、他人和自然回归到人建构自由个性的生存与生活之中。也正是在此意义上，马克思以"不平等权利"所探析的"平等分配"就是一种使人真正获得自由个性的物质前提与社会条件的分配正义。

在我们看来，马克思"不平等权利"是一种立基于把社会作为存在方式的权利观念。人是社会性的存在，应当从社会存在、社会环境、社会关系和社会现实中理解人、规定人和生成人。"人的本质不是单个人所固有的抽象物，在其现实性上，它是一切社会关系的总和。"① 因此，以社会存在论为根基的权利观念是首先确立人与人关系的权利关系，其次是激发人与人之间内在合作的权利观念，再次是在社会中实现人自由与个性的权利观念，最后是一种积极而非消极的权利观念。

---

① 《马克思恩格斯选集》第 1 卷，人民出版社 2012 年版，第 135 页。马克思在《关于费尔巴哈的提纲》中的这一判断，是对人本质的全新界定。马克思关于人性的这一观念，使对人的理解从自然主义、神本主义中超越出来，真正在人的存在和人的生活中来理解，"是马克思哲学对人自我理解的重大变革"。（贺来、何宇白：《人自我理解的变革与马克思哲学的正义观——对马克思哲学正义观研究的一个前提性探讨》，《求是学刊》2018 年第 4 期。）

首先，"不平等权利"是政治观念对个体社会属性的价值确认。"不平等"的政治判断意味着人思考权利角度的根本转变：从以自我原子的封闭性转向社会关系的开放性。"不平等"既是从自我出发对他者状态的科学判断，也是从他者出发对自我的政治判断，这一判断的核心并不是简单地对自我和他者差别的描述，而是对社会中共在他者的差异的认同。马克思认为，人作为社会性的存在，任何人的生存与生活都离不开他者，这是人存在的必然性规定；但是人作为社会性的存在，绝非只是将他者作为达成自我幸福与利益的手段，而是"每个人的自由发展是一切人自由发展的条件"①。"不平等权利"即是对他者主体性的确立，而非对他者工具化、手段化的认同。这样的权利观念既不是人怜悯情感的政治观念化，又不是理性计算的政治价值化，而是对人性特质的历史唯物主义判断，即"不平等权利"不是对他者存在状态的政治直观，而是对他者存在的感性状态的政治的还原。以关

---

① 马克思在《共产党宣言》中提出这一判断，具有特别重要的理论与实践意义。首先，这一判断明确地说明了个体自由与他者自由的真实关系。在现实历史境遇下，人的自我确认、自我实现与自由生成已落实到个体的活动之中，而人类活动的特性决定人必然与他人合作。但如何超越直观的利益结合与手段需求，需要一种全新的哲学自由理念。其次，这一判断是对现代自由问题的病理学诊断，即现代人在自由实现中的双重标准与对自由与放任的任性转换带来了对自由的最大戕害。马克思不是把他者作为自我自由实现的限制，而是条件，这就意味着自由既不是消极地把人与人隔绝起来维护狭隘的放任，而是积极地将人联合起来实现人类的自由。最后，马克思的这一理念是对德国古典哲学，特别是黑格尔政治哲学自由理念的扬弃。在黑格尔那里，自由是在伦理国家中实现的，然而那是抽象的国家观念；马克思将他者的自由作为实现自由的他者条件，既落实了自由辩证法，又批判了黑格尔的抽象国家。（参见《马克思恩格斯选集》第1卷，人民出版社2012年版，第422页；[德] 阿克塞尔·霍耐特：《不确定性之痛——黑格尔法哲学的再现实化》，王晓升译，华东师范大学出版社2016年版，第48—69页。）

系性的政治思维，使个人作为社会性在政治观念上得到具体的体现，并构成政治活动的内在原则。可以这样说，马克思的这一观念，直接反对了政治中的，"利己主义领域的，一切人反对一切人的战争精神"①。并且，"不平等权利"反对利己主义将物化的利益作为凝结共同体前提的政治思维。在马克思看来，利益的抽象平等，不过是"人同自己的共同体、同自身并同他人分离的表现"②。或者说，"平等权利"至多是政治解放的完成，公域与私域的对立的开始。③"不平等权利"作为正视人自然不平等的权利观念，不是基于公与私二元对立的政治思维而对人的存在状态作出的抽象判断，而是基于在对人与自然不平等的人性反思之上提出来的，以人的社会属性为政治原则的权利观念。从人的社会属性来看，不平等是差异性存在，是自由与个性的基础与前提。这是因为，人的自由与个性不是意识内在的思辨，而是社会历史的确认，因此，任何不以人的社会属性为前提的平等只能是这样："一当它们不再是抽象的人的意志而转为现实的个人的意志，

---

① 《马克思恩格斯全集》第 3 卷，人民出版社 1998 年版，第 174 页。

② 《马克思恩格斯全集》第 3 卷，人民出版社 1998 年版，第 174 页。

③ 西方政治哲学一直醉心于公与私的区分。虽然公与私的区分的确有利于现代人自主性的确立，但是以公私二元对立的思维来面对人非自主选择的差异就成问题了。在我们看来，一种面对人自由个性的政治哲学必须是正视人自然差异，不推卸政治制度责任，不放大私域的政治哲学。所以，"不平等权利"首先就是要在社会存在的意义上来正视人自然的不平等，并坚持平等就是消灭不平等的过程的辩证思维。有学者指出："权利不平等原理是马克思平等正义观的基本原则，只有实行人的权利不平等，才能实现真正的社会平等。"这样的判断切中了马克思"不平等权利平等分配"分配正义的核心问题。马克思的"不平等权利"作为人权利存在根基的政治哲学还原，给我们展开了正视社会不平等现实，追求平等的辩证之路。（参见凌新、高园：《论权利的不平等——马克思主义平等正义观的基本原则》，《江汉论坛》2004 年第 9 期。）

转为两个现实的人的意志的时候，平等就完结。"① 平等一旦回复到社会存在的人本身，就不再需要意志与意识的设定，而只需要以"不平等权利"倡导与规范的社会和政治实践来消解自然不平等对自由个性实现的限定。

其次，"不平等权利"的政治观念，是社会主体独立个性的政治尊重与社会奠基。一方面，"不平等权利"体现了不平等优势的一方对相对劣势一方的尊重，在实现自己的自由个性的社会实践中平等地重视劣势一方的社会处理、政治权利、经济要求和人性需要；另一方面，"不平等权利"是劣势一方真正体验自己是独立个人的政治权利与政治实践的方式，是以积极参与社会实践的方式对优势者提出的社会历史要求，既是其自尊的确定方式，又是其对他者政治认可的方式。"不平等权利"对"利者"与"不利者"② 双方都具有积极的政治意义，是保障其实现自由个性的积极的政治观念。我们知道，人的自由个性是人现实的生活具体表现出来的，而如何保证主体活动的独立性与可能性却是自现代以来的最大问题。或者说，如何打破人以

---

① 《马克思恩格斯选集》第 3 卷，人民出版社 2012 年版，第 480 页。

② 在此，我们用优势与劣势刻画的自由个性的个人在实践中实现自由个性的基础性条件之间的差别。我们认为，社会主体无论居于何种生活处境，在人格上都是完整的，在权利上都是等同的。只是由于自我实现的初始条件、过程影响和社会环境的不同，而呈现出来的优与劣的相对区分。我们对优劣的区分不求救于个人的道德或抽象的伦理原则，而是关注社会作为人的存在方式如何区分与消除这些不平等的现实。从本质上讲，马克思的"不平等权利"作为对政治存在的历史唯物主义的把握，不是否认诸如生命、自由这样的平等权利，而是强调如何改变不利者实现自由个性的条件的政治合理性。"不平等权利"的如上特性从政治上说明，私有财产，特别是支配性的私有财产的不平等本身就不具有正当性。（参见司晓静：《从权利的平等到财产的不平等——对洛克私有财产不平等正当性证明的反思》，《学术研究》2017 年第 10 期。）

实践的方式生成自由个性的限制性条件，既是主体苦苦思虑的问题，又是社会必须正视的难题。人的生活方式与人的自由个性具有同一性，"个人怎样表现自己的生命，他们自己就是怎样。因此，他们是什么样的，这同他们的生产是一致的——既和他们生产什么一致，又和他们怎样生产一致。因而，个人是什么样的，这取决于他们进行生产的物质条件"①。因此，对于自己创造自己本质、自己规定自己的人而言，主体的独立性就具体体现于生产与生活中的独立性上。然而，现代以来的财产权观念已明确地界定了财富的所属。于是，如何使个体获得用于保障主体独立性、生成自由个性的物质条件与社会条件就显得极为迫切。当马克思提出"权利不应当是平等，而应该是不平等"的时候，其实就从根本上追问了保有主体独立性的政治观念。在马克思看来，唯有我们差别化地对待个人不同的物质条件与社会条件的要求的时候，才有可能保有主体的独立性。他认为，"建立在个人全面发展和他们共同的社会生产能力成为他们的社会财富这一基础上的自由个性"② 使人的独立性真正实现。共同的财产，即是说，社会财富不同的人可以有不同的要求，不同的要求恰恰是个体的平等权利。财富的共同所有，为差异化需求的满足提供了政治上的可能性，既是对独立个性的政治尊重，更是对实现自由个性的物质满足。

再次，"不平等权利"是纳入他者意识的权利观念，阐明了自由个性与社会关系的内在一体性。"不平等权利"是个人与他人之

---

① 《马克思恩格斯选集》第 1 卷，人民出版社 2012 年版，第 147 页。

② 《马克思恩格斯全集》第 30 卷，人民出版社 1995 年版，第 108 页。

间的政治通道，是个人与他人能够共享社会发展成果的分配前提。"不平等权利"强调只有在社会中，主体才有可能获得保有差异性的前提，也是在社会中主体通过自己的活动为他者提供保有差异的条件。"不平等权利"不是强调自己对他人的特殊性，而是强调他者对自我的必要性。因为，如果忽视他者的主体特质与合理需求，那么一方面主体强迫于他者的需求不可能有必要的物质前提，另一方面他者作为主体可以根据自我的立场合理拒绝主体的要求。因此，"不平等权利"是以政治的方式将自我的存在意义与他者的存在结合起来的现实政治观念。第一，"不平等权利"构成了自我主体与他者主体之间的动态平衡的政治前提。因为，当个体以"不平等权利"结合成社会整体的时候，社会就不再是超越于个体存在意义与活动方式之外的绝对实体，而是激发个体创造力和能动性的实践组合。在这里，利益的获得只是达成消解不平等必然的中介和手段，而非如同罗尔斯所讲的社会是利益的合体。即是说，当"不平等权利"作为现实的人的政治原则的时候，人与人之间的交往与活动是互补性的共在，而非利益性的利用。因此，"不平等权利"可以在满足个体差异性需求的前提下实现社会的整体性发展。第二，在满足他者"不平等权利"的政治实践中，主体不受到他者的侵犯或剥夺，而是实现了自我。直观地说，满足他者"不平等权利"，是自我成就感的直观体现，即是"不平等权利"蕴含着自我发展前提的利他与利他前提下的自我发展的辩证统一。因为，从主体角度认同他者的"不平等权利"首先就是对自我内在必然性的克服，与对自我生成的全新理解。或者说，自我生成不仅需要克服外在的必然性，而且还需要克服内在的必然性。"克服障碍本身，就是自由的实现"①，克服利己主义的狭隘，开放地满足他者，既是他者自由实现的条件，更是自我自由实现的方式。第三，"不平等权利"是对抽象同一性平等的超越，是差异性平等的真正实现。当"不平等权利"作为个体的政治原则和社会的分配根据时，个体和社会都从根本上承认这件事情：一是，每个人的自由与平等都是每个个体主体性的充分发挥，是其差异性的真正保有；二是，个体和社会都把自由个性的实现作为平等的真正内涵。在此意义上，平等的实现不再是对自由的僭越，自由个性的实现也就是平等的真正达成。在此意义上说，"不平等权利"的政治观念从根本上解决了自现代以来政治哲学关于自由与平等的争论。实现"不平等权利"的自由就是平等，实现"不平等权利"的平等就是自由。②

最后，"不平等权利"肯定差异需求的政治合理性，解决以财产私有制为基础的对立与支配。"不平等权利"赋予借助社会力量来实

---

① 在《1857—1858 年经济学手稿》中，马克思阐明了实现自由的本质，就是克服障碍。虽然此时马克思将实现自由的活动定位于劳动这种实践活动，但是马克思的这一判断却极具有启发意义，即是说，自由是对障碍的克服，而非主观的放任。人要实现自由一方面需要克服外界的障碍，以劳动的方式将自由的本质对象化于世界之中；另一方面则需要以认同他者主体差异需求的方式，将自我的自由对象化于他者主体之上。我们正是在这个意义上来强调满足他者权利的重要意义。或者说，满足他者的"不平等权利"并不是对自我主体的禁欲或束缚，恰恰是自我主体向他者开放的政治方式。因此，自由的实现必然蕴含对自然必须与社会必然的真正支配。（参见《马克思恩格斯全集》第 30 卷，人民出版社 1995 年版，第 615 页。）

② 我们知道，罗尔斯正义原则提出的时候，是用字典式序列的方式将自由置于平等之前。这其实充分反映了西方政治一直以来对于平等与自由之间张力的焦虑与无奈。在哲学层面，是自由优先还是平等优先成为不同理论流派分野的标准；在政治层面，是保障自由，还是追求平等成为不同制度设计的区别；在社会层面，是自由还是平等成为人们理解社会公平与否的分歧。

现自由个性的政治要求以及人性的合理性与政治的合法性。"不平等权利"立足"社会关系中的自由个性"来思考人与人、人与社会之间的政治关系，意味着马克思既还原了人存在的自然必然性，又升华了人自我生成的社会实践之政治意义与存在意蕴。分析政治问题的存在根基与理论框架的转变，使得马克思"不平等权利"是对社会组织的真正重视，是对共同体意义的重新思考。具体而言，第一，社会认可"不平等权利"、实现"不平等权利"的政治要求，是对人独立性与自由性的社会肯定。"人是最名副其实的政治动物，不仅是一种合群的动物，而且是只有在社会中才能独立的动物。"① 人在社会中生成，这既是自然的必然，又是人自由的必然。而一当人从事社会性的生产，就是以社会实践的方式生成自我的自由个性。因此，社会一方面作为满足个人实现自由个性的实践场域，另一方面又是人自由个性的存在方式。"不平等权利"就意味着社会实践中的个体既充分关注自我的独特性，又充分关照他人的差异性②。当自由个性的差异以"不平等"的要求具体化的时候，既是个体提供平等要求的时候，又是社会实现平等的时候。第二，"不平等权利"是对财产私有制的否定，使自由从消极的不受侵犯扩展到积极参与，超越了政治解放的狭隘，真正实现了普遍利益。③ 私有财产遵循的是洛克的权利平等与财产不平等，

① 《马克思恩格斯全集》第 30 卷，人民出版社 1995 年版，第 25 页。
② "不平等权利"的满足，并不需要目前西方政治哲学界流行的身份政治理论。在身份政治看来，承认是正义的核心。因为从承认可以推出物质要求的合理性。但我们认为，身份政治的理论范式其实误读了马克思对现代社会的阶级分析。承认政治如果不落实到人现实的权利内容和权利实现上，其实是一张空头支票。
③ 我们赞同黑格尔对自由实现的他者条件的寻求，但不赞成将人的自由寄希望于伦理国家的保守。当黑格尔以伦理国家来调和普遍理性与个体理性的时候，虽

而"不平等权利"解决的就是自洛克以来的平等观念所导致的，把他者看作自己自由限制的政治逻辑。① 这是资本主义分配理论最深层次的根源，也是其非正义的最根本的原因。而"不平等权利"首先就要求废除私有制的排他性与支配性。共同的财产自然可以合理获取与享用。只有"共同的、社会的生产能力成为从属于"社会主义的"社会财富的基础上"，才有可能真正实现自由个性。② 或者说，"不平等权利"作为现实地实现自由个性的政治观念，它从根本上改变了人对自由和平等的观念的理解。第三，"不平等权利"是人类共同体在具体历史条件下的政治实践观念。社会在"不平等权利"的逻辑中，不再需要任何外在的利益，而是人的交互性关系。"不平等权利"表达了主体在政治实践中对自由个性的相互尊重，社会是"一种既实现共同规划又支持每个人各有差异的规划"的相互合作，每个个体既承认又

然完成了对资本主义政治逻辑与经济逻辑的哲学证成，但是封闭了人自由个性生成的现实性条件。因此，当资本主义以交换的同一性来具体化政治平等的时候，必然滑向现实物质的不平等与自由的失落。或者说，黑格尔提出了问题，但是却没有真正回答这个问题并且实际上封闭了这个问题。马克思以其共产主义的理想，真正回答了自由实现的他者条件，他的"不平等权利"具体化了这种他者条件和实践逻辑。在此意义上，我们提出马克思的政治哲学中蕴含着"不平等权利的平等分配"的分配正义。

① 马克思批判财产私有权是自私自利的权利，是原子式个人保证平等和安全的权利。马克思提出，私有财产本质上是"任意地、同他人无关地、不受社会影响地享用和处理自己财产的权利"，这样的权利观念，形成了理解自由的排他性思维逻辑，自由"不是把他人看作自己的实现，而是看作自己自由的限制"。平等无非就是排他性自由的平等，是独立自在单子个体的平等。所以，资本主义追求财富的积累，并不是为了人类社会的繁荣与发展，而是人的自由可能被侵犯、平等被戕害的危机意识的自发反应。在此意义上说，资本主义掠夺性生产与不平等分配的致富逻辑无非就是自欺欺人的虚假富裕。

② 参见《马克思恩格斯全集》第 30 卷，人民出版社 1995 年版，第 107—108 页。

支持其他个体的自由与平等，还主动地为提高他者的自由而活动。①
这样的行动逻辑规避了所谓的绝对充裕的理论假设，还原了实现自
由个性的现实可能性。一方面，"自我"与"他者"以"不平等权利"
的相互满足结合成一个整体；另一方面，在"不平等权利"的相互满
足中成就"自我"与"他我"。这既消解了相对匮乏，又解决了善的
观念的冲突，是休谟正义条件的现实解决。

　　总之，"不平等权利"作为马克思思考分配正义的逻辑起点与政
治观念，凸显了社会财富分配对于人性完善的重要意义，使互构与交
互成为分配正义的内在规定。由此而展开的"按劳分配"与"按需分
配"的分配正义，既构成了马克思思考共产主义社会不同阶级分配正
义的具体内涵，又构成了马克思探讨实现"自由个性"的正义实践。

第二节　"按劳分配"与分配正义

　　"按劳分配"是马克思共产主义社会第一阶段的分配正义原则。
马克思"按劳分配"一方面刻画了脱胎于资本主义的社会主义的内在
局限，另一方面呈现了废除私有制后社会主义分配所面临的新问题。
在马克思看来，"按劳分配"虽然还带有资产阶级法权的政治遗迹，
却使劳动真正成为分配的内在尺度。"按劳分配"作为马克思对未来
共产主义社会分配的规划，与他的积极自由观念相关②，在超越资本

---

①　参见［美］古尔德：《马克思的社会本体论：马克思社会实在理论中的个性和共
　　同体》，王虎学译，北京师范大学出版社 2009 年版，第 143 页。
②　古尔德认为，马克思正义理论的重建源自于马克思"对资本主义异化和剥削非

主义剥削分配的异化劳动的基础上具体地阐释了人类生产的形而上学意义与劳动在社会分配中的基础性和决定性地位。总体上看，马克思的"按劳分配"是否定资本主义生产资料私有制、否定资产阶级不劳而获的阶级特权，而依据劳动获得生活资料和消费资料的分配形式。虽然这种分配形式有其无法避免的问题，但因为其消灭了资本主义的经济控制与政治支配，因而预示着一种超越"资本正义"的"劳动正义"①，是以劳动解放来实现人类解放的现实道路与正义理念。

"按劳分配"作为共产主义社会第一阶段的分配原则，既是对资本主义分配方式的延续与依赖，又是对资本主义"按资分配"的超越。

马克思认为，共产主义社会第一阶段的"按劳分配"有如下的基本特点：

第一，按劳分配是按劳动量的分配。劳动者不依据除劳动之外的任何东西而获得分配的份额，而且劳动者对社会付出的劳动量还必须进行扣除②后才能用于分配。在此意义上，人与社会之间是一种非等

正义性的批判"、"对未来共产主义社会的规划与积极自由的观念"。他特别指出，马克思批判资本主义支配（支配劳动力、支配劳动产品）对工人自由的剥夺从根本上否定了资本主义生产的合法性与合道德性。古尔德立足于积极自由重建马克思正义观的理论努力具有重要的意义。马克思自由与解放的理论旨趣一直贯穿其理论逻辑始终，分配正义就是使人在现实的历史条件下获得自我实现的物质基础与社会条件。（参见［美］古尔德：《马克思的社会本体论：马克思社会实在理论中的个性和共同体》，王虎学译，北京师范大学出版社 2009 年版，第 150 页。）

① 白刚教授在《从"资本正义"到"劳动正义"——〈资本论〉的"正义转向"》一文中，通过对《资本论》正义理论的逻辑建构提出，马克思实现了从"资本正义"到"劳动正义"的"正义转向"。（参见白刚：《从"资本正义"到"劳动正义"——〈资本论〉的"正义转向"》，《贵州师范大学学报》2018 年第 5 期。）

② 我们认为，共产主义社会第一阶段的社会扣除实质是经济扣除、政治扣除与人类扣除的综合。经济扣除即从经济的必然逻辑角度，以积累的方式来保证经济

价的交换，但却不是非平等交换。因为，马克思认可的扣除，并不是为了满足某一特定群体利益，而是为了人类整体利益的扣除。因此，在扣除上绝不允许"搭便车"。"按劳分配"虽然在直观上说劳动创造财富，但因为其承认扣除的必要性和道德合法性因此从来也不曾忽视劳动创造财富的物质前提与社会前提。马克思批判拉萨尔时提出，"劳动不是一切财富的源泉"①，意在强调劳动是"人的劳动力"的表现，是在与自然否定统一的过程中创造出用以分配的财富。由于人类社会财富的这一特质要求，分配实践既要体现劳动的创造本性，还要考虑人在自然的对象世界中创造财富。因此，按劳动量分配并不是否认财富物质基础的分配方式，而是必须充分考虑扣除对于维护财富物质基础的分配方式。②

第二，"按劳分配"是人们获得用于维持生存与生活、生成自由个性的消费资料的分配，不允许将财产转化成支配他者的物质条件。按劳动量分配意味着在分配的操作逻辑上还是等价交换。但是，每个主体除了劳动不能再给社会提供任何其他东西，因此劳动才是分配的

的必要的增长与社会经济的整体健康，这个扣除是保证劳动者劳动的经济条件；政治扣除则是满足社会政治运行必要条件的扣除，比如用于政治稳定的扣除；人类扣除则是满足人类整体健康发展，体现人社会性存在的类物性的扣除，比如满足行为能力受限者的扣除。

① 《马克思恩格斯全集》第 25 卷，人民出版社 2001 年版，第 8 页。

② "按劳分配"是废除生产资料私有制社会的分配方式。因此，不存在以生产资料的所有获得分配份额的情况。在社会总体财富扣除不再用于支付特定群体（生产资料所有者）的分配要求，而保持生产财富物质条件的可持续的必要扣除。前面的研究中，我们在讨论分配对象的确立原则时曾涉及这个问题，但那时并没有严格区分生产资料所有制前提。在社会主义社会，生产资料所有制问题的解决，意味着扣除是为了生产整体而做的扣除。其道德合法性既在于人是理性的存在物，是社会的和历史的存在物。

根据。这一方面从社会生产的角度确认了劳动是分配的唯一尺度，另一方面则不允许财富转换成控制性因素。① 等价交换只是因其具有经济上的便利而被采用，并且具有不允许转化成"个人的财产"的政治限定。因此，这样的分配虽然遵循等价交换的原则，却追求超越物化尺度的分配平等，"在活动上，劳动上的差别不会引起在占有和消费方面的任何不平等，任何特权"②。

第三，"按劳分配"在分配的总体逻辑中依然遵循资产阶级法权的平等，但又注重分配的差异性。马克思批判了资本主义将劳动齐一化的物化分配逻辑，提出应该将劳动者具体的情况纳入到分配的道德考虑之中。因此，资产阶级法权的平等只是直接应用生产之后直接分配的环节，而在社会分配的整体过程中，必须有调节方式来解决劳动者之间自然的不平等。当然这不是经济拉平，而是对劳动者的充分尊重，对劳动意义的政治肯定与社会确认。或者说，资产阶级法权平等在"按劳分配"中只是有限性原则，而非绝对性的尺度。由此看来，"按劳分配"作为历史唯物主义的分配原则，既充分尊重共产主义社会刚刚脱胎于资本主义社会的事实，又追求超越资产阶级法权的阶级局限性，使劳动量或劳动时间的平等成为在政治限定下的分配原则。

第四，"按劳分配"以劳动量作为尺度，逻辑地承认了劳动者的天赋、命运和历史的差别。这是"按劳分配"最大的问题。因为，"按劳分配"在直观上就等于"按能分配"。③ 在操作逻辑上，按劳分配

---

① 参见《马克思恩格斯全集》第 25 卷，人民出版社 2001 年版，第 18 页。

② 《马克思恩格斯全集》第 3 卷，人民出版社 1960 年版，第 638 页。

③ 段忠桥教授对此进行了深入的探讨，他认为体现自然必然性的天然差异是道德上的不应得。劳动者也可能因为社会处境的不同，而导致贫富差别的出现。因

必须要以劳动（劳动时间），作为分配的尺度与根据，虽然作为尺度的劳动不承认个体差异，但更为重要的是不再承认阶级差别。但是，作为尺度的劳动必然肯定，"劳动者的不同等的个人天赋，从而不同等的工作能力，是天然特权"①。这是平等的基本要求，但并非意味着平等只是局限于此。虽然这样的分配必然会产生生活资料占有量上的不平等，但因为有前述的限定，占有的不平等不产生不正义的支配与控制；或者说，虽然"按劳分配"意在使生产者获得与其劳动量匹配的份额，但并不意味着这一原则本身不存在"缺点、欠缺或不足"②。因为，"按劳分配"这一原则敏于劳动量的多寡，钝于天然权利的差异。但是，按照马克思的逻辑，"按劳分配"是生产者以另外一种形式领回来的给予社会的劳动量，所以劳动者获得的分配份额本身不再是抽象的财富，而是生成自由个性的物质对象。这一特点使之具有如下的效应：其一，财富的意义与价值不再体现为人抽象的本质，而表现为人具体的个性；其二，因为财富是劳动的确认，因此不存在"按劳分配"的节余向"按资分配"转换的道德可能性。也正是在此意义

此，马克思设想中的社会主义的按劳分配也存在不正义。应该说，段教授这一分析的确是击中了按劳分配的直观缺陷。但如果我们深入思考马克思"按劳分配"的自由与解放旨趣，也许可能是另外的结论。概括地说，"按劳分配"作为社会主义的分配原则，一方面是要调动劳动者的生产积极性，有利于社会财富的总体增长，为"按需分配"奠定物质前提；另一方面是要从根本上肯定劳动才是现代人生成本质的实践活动，财富的多寡只是劳动人性意义的物质确认。因此，如果正视不同劳动不同劳动能力导致的财富（自由个性实现的物质保障与实现程度），那么贫富之间的差异就不再体现为支配能力的大小，而是自由与解放的程度。在此意义上，我们可以说这样的按劳分配可以造就一种积极的竞争状态和良好的社会秩序。

① 《马克思恩格斯全集》第 25 卷，人民出版社 2001 年版，第 19 页。

② 段忠桥：《马克思的分配正义观念》，中国人民大学出版社 2018 年版，第 103 页。

上，列宁将"按劳分配"上述两个特征直观化为社会主义"按劳分配"的两条原则："不劳动者不得食"、"对等量的劳动给予等量的产品"①。或者说，"按劳分配"虽然不得以采取了资产阶级的权利原则，但马克思却清醒认识到"按劳分配"不是"按资分配"的积累方式，这一原则承认自然权利的差异，只是客观地说明了人在自由个性实现过程中存在一定的差别，但却不具有政治支配他者的权利。

第五，"按劳分配"必须重视生产者的社会差别。"按劳分配"似乎没有直接涉及当代分配正义研究中的主体选择问题②。但是，马克思在谈及按劳分配时特别提出了"一个劳动者已经结婚，另一个则没有；一个劳动者的子女较多，另一个的子女较少"③的问题。我们不认为这一问题是马克思随意给出的例证，而是旨在说明主体个体行为是否予以关注，予以何种程度和何种方式的关注的问题。④因此，在

---

① 列宁提出，在社会主义社会，资产阶级并没有全部取消，只是部分取消，所以，资产阶级权利不存在了，但是，"它在它的另一部分却依然存在，依然是社会各个成员间分配产品和分配劳动的调节者（决定者），'不劳动者不得食'这个社会主义原则已经实现了；'对等量劳动给予等量产品'这个社会主义原则已经实现了。但是，这还不是共产主义，还没有消除对比不同等的人不等量（事实是不等量的）劳动给予等量产品的'资产阶级权利'"。（参见《列宁专题文集：论社会主义》，人民出版社 2009 年版，第 34 页。）

② 按照当代政治哲学的基本观念，主体选择必须由主体负责。目前特别流行的运气正义就是这一观念的重要代表。当然这一正义理论范式在现代历史的境遇是有其一定合理性的，但如果我们不研究正义主体选择的社会历史背景，或者说如果在主体选择研究中历史唯物主义视角缺席，那么可能会使主体成为抽象的主体，主体为主体选择负责就会成为制度推卸责任的理论伎俩。

③ 《马克思恩格斯全集》第 25 卷，人民出版社 2001 年版，第 19 页。

④ 对此段忠桥教授在分析这个问题时谈道："劳动者不同的家庭负担是由各种偶然因素造成的，即不是他们有意选择的，因而从道德上讲是都不应得的，因此，由其导致的劳动者实际不平等是不应当的。"应该说，这一判断给出了正确的结

社会历史整体逻辑的意义上，"按劳分配"的"劳"还应该有另外一层重要含义：劳动者。即是说，作为"劳动者"应该获取其分配的份额。如果不是按劳动者，那么就没有分配的道德合理性与政治合法性。"按劳分配"在考虑社会历史对主体的现实性影响的时候，获得了"平等对待平等者"的政治内涵。"按劳分配"对平等的这一理解，意味着平等应该从政治领域自然地延伸到社会领域和经济领域。或者说，"按劳分配"赋予了自由与解放的现实性条件：一方面，"按劳分配"对劳动者的政治承认，意味着劳动者可以平等运用生产资料和生产条件，在创造社会物质产品的同时，对象化自己的自由个性；另一方面，因为作为劳动所有者应该平等地享有自己参与创造的社会物质产品，又以物质的方式确认自由个性实现的程度。所以，"按劳分配"重视生产者的社会差别意在克服资产阶级法权的支配性遗留。

　　第六，"按劳分配"基于劳动者的肯定，否定因财富积累而产生支配的政治后，提出了"权利不应该平等，而应该是不平等"的权利主张。"按劳分配"凸显了劳动在分配中的核心地位，在逻辑上消解了作为物质的财富之分配主张[①]。在前文中，我们由已具体研究的资本主义分配将平等权利落实为自由交换而占有剩余价值的过程可知，

　　论，但是在理由的分析上却需要更进一步分析。即是说，家庭本身是社会的单元，家庭与社会制度之间的互动关系，影响甚至决定了主体的选择，因此社会整体在分配上给予家庭状况的考虑是合理的道德要求。（参见段忠桥：《马克思的分配正义观念》，中国人民大学出版社 2018 年版，第 104 页。）

[①]　马克思明确提出，资产是积累起来的死劳动，在资本主义社会呈现出"死劳动"支配"活劳动"的反人类现实。因此，我们必须注意财富的本质，虽然财富物化、固化和具体化了劳动，但对于追求自由与解放的人类社会而言，更重要的是在实践中体现出来的生产能力，而非物化的财富本身。马克思在"三形态"理论中关于自由个性的论述就是和财富观念的变革内在联系一起的。

资本主义社会把生产资料作为积累的财富并对其提出了分配要求，形成了"按劳分配"与"按资分配"并行的分配方式。如果我们深入分析就可以看到，资本主义一再强调"资"的道德合法性其实就是在强调积累性劳动对劳动的支配。而马克思是极力批判异化劳动与物化劳动所带来的反人性的后果。因为，异化劳动和物化劳动都没有把人作为人来看待，都是把人作为实现某种外在目的的手段和中介，但马克思却认为劳动是本质力量对象化的实践活动和人的类特性生成的社会历史活动。无论是劳动过程还是劳动成果，都是人自由与解放的中介和环节。因此，基于"按劳分配"提出来的"权利应该是不平等"的权利观念，一方面不是否定近代以来平等这一政治观念的重要意义，而是提出了一种实现真正平等的权利逻辑与政治思维；另一方面也是对资本主义基于平等权利不平等分配政治后果的权利批判。

马克思在《哥达纲领批判》中对"按劳分配"的如上规定说明，"按劳分配"是以劳动与主体利益来规范分配的正义。这一正义范式，一方面使作为人类基本生存方式活动的劳动成为分配的内在规定，另一方面又使主体以利益的方式来满足人实现自由的物质条件。由此看来，以"按劳分配"为分配原则的社会主义在分配中一方面是以自由与解放的视角对劳动方式和劳动关系的哲学反思，另一方面则是使物质生产的劳动和主体的利益成为分配的人性根据与政治规范。① 因此，共产主义社会第一阶段的"按劳分配"既是效率与产出关系的价值评价，又是对劳动的存在论意义的正名，还是社会和谐安宁的保证。

---

① 参见毛勒堂：《劳动正义：马克思正义的思想内核和价值旨趣》，《毛泽东邓小平理论研究》2017 年第 3 期。

　　第一，"按劳分配"的分配正义是直面人民大众利益的分配正义。"按劳分配"是主体以利益的方式来肯定劳动对于劳动者的存在论意义的。或者说，现代社会劳动的形而上学基础，而非劳动决定论是"按劳分配"的道德基础。社会主义与资本主义在对待劳动的态度和观念上有着本质不同。在资本主义社会，"按劳分配"不过是"按资分配"的幌子，因为其按"劳"只是按"劳动力"买卖，其决定性源于资本。社会主义的"按劳分配"有三个基本前提："一是取消了商品货币；二是按劳动时间；三是定性为资产阶级权利。"① 所以，虽然按劳分配还是注重劳动付出与劳动收益之间的平衡，却超越了货币这世俗圣物的支配，使分配真正立足于生产劳动的物质基础之上，而非建立在抽象平等的交换关系之上。参与生产劳动、贡献劳动时间成为财富分配的决定性标准，超越了食利阶级对于社会生产和分配的主导，是主导人民获得物质财富的分配方式。这样的分配不仅能够提供社会财富分配的稳定标准，而且还改变了劳动的社会属性，由人们避之而不及的难以忍受的活动成为获得自由物质前提、表现自由的大众活动。此时的劳动时间虽然还没有真正超越社会生产总体抽象劳动时间的规定，却形成生产者（人民大众）之间人格、机会、权利、责任、义务的公平，使阶级特权和阶层特权没有存在的可能性。"按劳分配"以"劳动时间"作为尺度取消了阶级存在的可能性，也解决了物质财富成为支配力量的可能性，使社会主体成为必须以劳动来获得生存与生活的物质条件，是直面所有人的分配正义。

---

① 余金成：《按劳分配及其在马克思主义发展史上的四次解读》，《理论学刊》2016年第5期。

第二,"按劳分配"的分配正义,虽然还存在产生财富占有不平等的可能性,却是超越异化劳动的分配方式,这从根本上解决了"按资分配"的可能性。异化劳动对生产主体财富的剥夺所形成的支配逻辑,成为资本主义分配最大的不正义。无论是劳动成果支配工人的劳动成果的异化、还是劳动成为生存手段的劳动异化、抑或社会成为统治人的异化关系和人与人之间的异化①,都使工人以劳动方式得到的任何东西都只是物质——不确证生命创造本性,而是体现支配现实的物质。"按劳分配"则不同。因为,"按劳分配"的社会前提是生产资料公有制,劳动不再作为创造财富的手段而与人像在资本主义社会中那样对立起来了。社会生产突破阶级利益与局限利益而生产整体利益。社会主体参与社会劳动不是以买卖的方式进行,不存在为谁生产剩余价值的问题,只存在创造用于分配的社会总产品的问题。在分配的直接性上讲,工人以劳动时间、劳动效率、劳动质量的差异获得不同的分配份额,仅仅体现为劳动能力发展的差异,而不存在支配与被支配的关系,由此带来的消费品占有的多寡也只限于个体的消费领域,而不可能流入社会成为支配性条件。即使分配以货币的方式进行,但那也只是领取消费品的凭证,而非资本主义生产中被奉为世俗

---

① 马克思针对资本主义异化劳动的事实,提出了异化的四种形式:一、物的异化,工人的劳动成果成为统治工人的具有主体性的物;二、活动的异化,劳动成为工人痛苦的根源与逃避的活动;三、人同自我类本质的异化,社会不是满足人、实现人的关系,而是统治人、宰制人的政治组织;四、人与自我的异化,人的生命活动与人自身是相互对立的异在,活动着的人与人的活动的对立撕裂了生命与人性。因此,异化劳动条件下以劳动获得的财富份额不是创造的惊喜,而是生命的买卖。(参见《马克思恩格斯全集》第3卷,人民出版社1998年版,第268—275页。)

之神的资本。因此，共产主义社会第一阶级的"按劳分配"虽然尚未完全超越劳动的必然性，但其劳动方式与劳动关系发生了根本变化，已经敞开了劳动平等、劳动解放与劳动自由的可能性。①

第三，"按劳分配"是以分配原则的方式对"劳动与资本之间颠倒关系的再颠倒"②，是把劳动关系、劳动时间和劳动产品还给劳动者的分配正义。社会主义对雇佣劳动的废除，使得从分配本身来解决分配问题的理论范式转向从生产本身来解决分配问题。马克思明确提出，"在所谓分配问题上大做文章并把重点放在它上面，那也是根本错误的"③。有理由相信，马克思提出"按劳分配"，并不旨在分配领域解决社会财富分配中的根本难题。同时，马克思的"按劳分配"也并没有解决休谟提出的正义存在的条件问题。即是说，马克思认为，

---

① 需要指出的是，劳动平等、劳动解放、劳动自由其实是现实历史条件下，人自由与解放的具体表达。因为，马克思的自由是人实现的自由，而劳动是实现自由的实践方式：如果劳动获得了上述特性，或在上述情形下展开劳动实践的全过程，就是自由的充分完全的实现。所以，从"按劳分配"建构的分配正义是从人自由与解放的维度获得道德的合理性与政治的合法性，而非简单的利益的公平性与社会稳定性。这也是马克思"按劳分配"思想重要的理论意义。我们知道，罗尔斯一直强调他的正义论解决的是良序社会秩序的稳定性问题，或者说在罗尔斯看来一种分配原则只要维持良序社会秩序的稳定，就能获得道德和政治上的支持。相比较而言，我们认为马克思立足于人的自由与解放来设想"按劳分配"的正义原则，显然从理论的深度与广度上要比罗尔斯走得更远。正是在此意义上，有学者明确提出马克思的正义是劳动正义论。(参见毛勒堂：《劳动正义：马克思正义的思想内核和价值旨趣》，《毛泽东邓小平理论研究》2017 年第 3 期；白刚：《从"资本正义"到"劳动正义"——〈资本论〉的"正义转向"》，《贵州师范大学学报》2018 年第 5 期等。)

② 白刚：《从"资本正义"到"劳动正义"——〈资本论〉的"正义转向"》，《贵州师范大学学报》2018 年第 5 期。

③ 《马克思恩格斯全集》第 25 卷，人民出版社 2001 年版，第 20 页。

要真正实现"按劳分配"必须在劳动领域中来寻求解决的办法：一是，实现劳动之于自由与解放的实践意义，使人从被迫劳动中解脱出来，主动参与社会劳动；二是，使劳动在成为分配尺度的同时，真正恢复固化劳动之财富的人性意义与历史本质，而非成为统治人的异在。显然，"按劳分配"既使生产者认识到了"产品是劳动能力自己的产品，并断定劳动同自己的实现条件的分离是不公平的、强制的"①，给予生产主体判断分配正义与否的能力；又使生产者体验到劳动占有产品的回报与欣喜，以及把劳动时间与劳动产品还给人自己的自由与解放。因此，"按劳分配"对分配正义与否的社会历史追溯，既使生产主体获得了支配劳动产品的自由——超越了异化与物化，更使劳动成为自由自觉的类活动，还维护了社会生产与秩序的稳定与和谐。

当然，正如我们一再强调的那样，"按劳分配"还有着这一原则自身无法解放的内在局限，而这正是马克思"按需分配"的分配正义要解决的根本问题。

第三节 "按需分配"与分配正义

"各尽所能，按需分配"② 是马克思提出的共产主义高级阶段的分

---

① 《马克思恩格斯全集》第 30 卷，人民出版社 1995 年版，第 455 页。

② 于光远先生从翻译学的角度认为，"各尽所能，按需分配"应译为"各尽所能，各取所需"。于先生具体考证翻译的过程，并结合我国社会发展的历史认为"各尽所能，按需分配"易造成人们在理解这一观念和使用这一观念上的混乱，而"各取所需"可以避免上述混乱。应该说于先生翻译学的研究是合理的，但我们认为从马克思思想的实质来看，"按需分配"更能体现马克思的原意。因为，"按

配原则。在《德意志意识形态》和《哥达纲领批判》中马克思从两个不同角度对之作出界定。

在《德意志意识形态》中，依据空想社会主义的思想逻辑提出，"共产主义的最重要的不同于一切反动的社会主义的原则之一就是下面这个以研究人的本性为基础的实际信念，即人们的头脑和智力的差别，根本不应引起胃和肉体需要的差别；由此可见，'按能力计报酬'这个以我们目前的制度为基础的不正确的原则理应当——因为这个原理是仅就狭义的消费而言——变为'按需分配'这样一个原理，换句话说：活动上，劳动上的差别不会引起在占有和消费方面的任何不平等，任何特权。"①

在《哥达纲领批判》中，马克思认为随着生产力水平的提高，物质财富的丰裕，不同劳动的对立消失之后，"才能超出资产阶级权利的狭隘眼界，社会才能在自己的旗帜上写上：各尽所能，按需分配"！②

对比上述的两段论证，我们发现马克思在不同时期对"按需分配"的理解存在不可忽视的差别③。前者既是对空想社会主义分配原则的

需分配"突出了社会生产对分配的制约，而"各取所需"则突出西方政治哲学意义上的自由。就马克思的自由而言，我们在前文特别提出，马克思的自由是实现的自由，是在社会中实现自我的自由，而非由自我为绝对中心扩展开去的自由。因此，"各取所需"和马克思的自由观与社会观并不一致，而"按需分配"则真正实体了人是社会性的存在物这一根本特质。（参见于光远：《把"各尽所能，按需分配"改回"各尽所能，各取所需"——我的一个建议》，《中国翻译》1981年第5期。）

① 《马克思恩格斯全集》第3卷，人民出版社1960年版，第637—638页。

② 《马克思恩格斯全集》第25卷，人民出版社2001年版，第20页。

③ 我们在研究中发现，对马克思"按需分配"思想的研究往往都只把"按需分配"

直接引用，又是以历史唯物主义的理论视阈对分配的哲学把握；后者则立足于共产主义生产关系与政治特质对分配问题的哲学表达。总体上看，无论是前者，还是后者，马克思"各尽所能，按需分配"的正义原则，是共产主义社会的"不公正"的分配原则，是真正实现他在阐释"按劳分配"时提出的"不平等权利的平等分配"的真正实现。

第一，马克思的"按需分配"是超越空想社会主义的"现实主义"的分配原则，具有政治的开放性与价值的反思性。或者说，马克思提出共产主义社会的分配原则就是"各尽所能，按需分配"，并不是要以分配原则来实现共产主义，而是要以生产的发展与社会制度的革命来实现达到这一分配原则的前提。

其一，在《德意志意识形态》中阐释这一原则时，马克思只是提出"按需分配"，或者说仅从"需要"这一主体性欲求方面进行了说明，而且他还区分了主体精神和智力差别与自然必然性之间的差别。在他看来，劳动的差别不是分配份额与分配内容差别的根据。由此看来，"按需分配"只是对"按能力计报酬"的直观反对，而且是获取消费资料的范围来直观反对。如果我们结合马克思在叙述这一原则的上下文的时候，我们就会发现马克思这一观念的提出具有重要的政治

作为一个孤立原则，而没有在研究中具体考察马克思提出这个原则的具体语境与表述差异所蕴含的理论限定。所以，我们注重两个文本中这一原则存在的理论差异，并非是要割裂马克思思想的整体性，而是意在阐明这一原则提出的具体针对性。也正是在这个意义上，我们认为马克思这一原则表达的政治价值取向与他对社会历史分析和他的社会主义思想发展有关系。如果从马克思思想实质上来看，"按需分配"是旨在内化社会历史发展状态与主体完善程度的理性原则，既有主体对自己需要的理性规定，更有社会对主体需要的历史满足，还有社会发展与主体自由解放程度的和谐。

意义。马克思认为，"先知"因为追求特权、特等、出人头地，所以他们自然地否认满足"消费"的"按需分配"的要求。而且，马克思明确批判了库尔曼以"劳动"来定义"需要"的理论逻辑。① 虽然此时马克思没有提出消灭"按需分配"的生产关系限制，但已经逻辑地预示着哪怕就是满足人最基本的生存需要，也必须在消灭生产资料私有制的前提下才有可能。

其二，《哥达纲领批判》中，马克思对"按需分配"进行了唯物主义限定，即是说马克思给出了"按需分配"的社会历史限定，敞开了"按需分配"的政治意义。或者说，"按需分配"是马克思对现代历史进行唯物主义解剖之后得出人类社会分配正义的逻辑结论，而非当下操作规则。还可以说，基于历史唯物主义的"按需分配"原则，是以人的需要的满足程度与社会满足人需要的方式来判定分配是否正义的价值原则，是分配的规范性原则，而非分配的操作性原则。上述的对比分析我们可以看出，"按需分配"是规范性的政治原则，是体现共产主义生产关系特质的分配正义，是共产主义社会人与人关系的准则。

第二，马克思对"按需分配"的历史唯物主义限定，既阐明了这一规范原则的科学性，又阐释了这一规范原则的道德合法性。在《哥达纲领批判》中，马克思从所有制与分工、劳动的人性意义、人的自由与解放三个方面② 对"按需分配"进行了唯物主义的限定。

---

① 参见《马克思恩格斯全集》第 3 卷，人民出版社 1960 年版，第 639 页。

② 无论是国内的学者，还是国外的研究者在研究马克思"按需分配"的时候，都特别注重马克思在这三个限定之后提出的"集体财富的一切源泉都充分涌流"的判断。罗尔斯和威尔·金里卡都明确提出，马克思的共产主义社会是一个超越

其一，马克思提出的第一个限定是"迫使个人奴隶般地服从分工的情况已经消失""脑力劳动与体力劳动的对立已经消失"①。可以看出，马克思是从劳动的社会职能和劳动的分工两个方面限定了"按需分配"的社会背景。我们知道劳动者承担的社会职能和劳动分工与劳动者的劳动时间、自由时间直接相关，与个体的活动方式、活动能力直接相关。"奴隶般的分工"意指自由时间被绝对控制的状态，脑力劳动与体力劳动的对立表明自由时间被严格限制。劳动分工有着极其严重的政治后果。一方面，劳动分工的经济事实必然产生私有制的政治事实，因为"分工和私有制是两个同义语，讲的是同一件事情，一个是就活动而言，另一个是就活动的产品而言"②。另一方面，劳动分工还产生了个体利益与共同利益之间的矛盾，以利益的方式割裂了共同体与个人的内在联系。再一方面，自发的分工必然导致劳动的异化，劳动是人痛苦的源泉和统治的力量。③ 因此，分工表面看来推进了社会生产力的增长、物质财富的丰富，但分工"按能力计酬"的原

了正义的社会，因为马克思所说的财富充分涌流消灭了正义存在的条件，所以共产主义社会是超越正义的社会。国内学者对此判断采取另一种研究路径，不是直接重述马克思这一理想性判断，而是以财富的充分涌流的现实不可能取代逻辑的不可能，于是认为马克思"按需分配"是基于抽象之爱的社会，是不正义的分配原则，从而割裂"各尽所能，按需分配"的逻辑整体，坚持共产主义社会的分配原则应该是"按劳分配"。类似上述的研究应该说提出马克思"按需分配"的重要问题，比如其现实性、操作难题等，但是这些研究却没有将财富的状况与马克思对共产主义社会的三个重要限定结合起来总体分析，因而在直观的重述马克思"按需分配"原则时遗失了这一原则的自由与解放旨趣。（参见王海明：《按需分配与按劳分配新探》，《人文杂志》2010 年第 1 期等。）

① 《马克思恩格斯全集》第 25 卷，人民出版社 2001 年版，第 20 页。
② 《马克思恩格斯全集》第 3 卷，人民出版社 1960 年版，第 37 页。
③ 参见《马克思恩格斯全集》第 3 卷，人民出版社 1960 年版，第 37 页。

则使生产者并没有获得生存的需要，更无从奢谈自由时间的获得。马克思这样批判劳动分工："社会活动的这种固定化，我们本身的产物聚合为一种统治我们的、不受我们控制的、与我们愿望背道而驰的并抹煞我们的打算的物质力量。"① 换句话说，与前资本主义社会相比，日趋精细的社会分工虽然构成了过去历史发展的力量，但却没有成为人自由与解放的前提。如此看来，分工所产生私有制、异化和物化的政治后果，使人束缚于财产之上，将财产作为表现自我本质的标识，根本无暇顾及人的需要。人的需要最多只是维持生命存在的生活资料。因为劳动分工将主体定格于固定的位置，自由与解放最多也就只是那个位置的必然性的获得，而非全面地占有人类性。② 因此，劳动分工的消失其实就是私有制的消失，就是政治宰制的消失。社会的生产表现为部门生产，而非分工对立生产，是社会整体调节的生产，而非由利益驱动的生产。这从根本上解决了"按需分配"对所有权的侵犯问题 ③，也就不存在道德上的不合法与政治上的不合理问题。

其二，马克思提出的第二个限定是：劳动成为生活的第一需要。虽然这一限定极具理想主义与浪漫主义特色，却真正地表征了现代历史境遇下人的存在状态。从马克思哲学的整体逻辑上看，无论是他批

---

① 《马克思恩格斯全集》第 3 卷，人民出版社 1960 年版，第 37 页。

② 虽然《1844 年经济学哲学手稿》中，马克思尚未明确人类解放的实质，但是人作为"类"存在的判断，却是十分重要的。人作为"类"存在，就是面向整体的存在，其自由与解放的实现，就是"类"本性的实现。

③ 王海明教授提出，共产主义社会是基于利益的联合体社会，所以，"按需分配绝对不是一个公正的分配原则。因为每个人的需要与贡献往往是一致的；贡献多者可能需少；贡献少者却可能需要多"。"按需分配便会侵犯、剥夺需要少而贡献多者按照公正原则所应该多得的权利，因而便是个不公正的原则了。"（王海明：《按需分配与按劳分配新探》，《人文杂志》2010 年第 1 期。）

判劳动异化，还是对劳动二重性的政治经济学批判，都指向劳动对现代人的存在论意义问题。"按需分配"的实现要求劳动从手段中超越出来成为目的本身的事实，意味着人只是把经济的自利当作手段而非目的。首先，劳动成为生活的第一需要是劳动作为物质与主体的中介使然。生活需要劳动，因为只有劳动现实生活才得以为继。其次，劳动成为生活的第一需要意味着劳动不再是影响生活的外在活动，而应是生活的内容。生活即劳动，劳动即生活。表面看来这显然违反人们对劳动的直观。因为，一谈到劳动，人们总是将劳动与劳作的艰辛联系起来。但是，在马克思看来，劳动作为人的实践活动，是人与对象世界的否定性统一（双重改造意义上的统一：人在改造对象世界的同时也在改造自身），是人创造性的表达。因此劳动即生活，就要求劳动从外在的利益驱动转变成内在的自由主动。最后，劳动成为生活的第一需要，意味着劳动不再简单地属于个体实现利己主义利益的手段，而成为社会谋利的整体性活动。或者说，单个人的具体劳动成为具体的社会抽象劳动。① 劳动与生活的内在统一，意味着劳动的强制性的消失，意味着人自由的获得。"按需分配"不过是"每个人的自由发展是一切自由发展的前提"在社会经济中的具体化而已。如果结合第一个限定，我们可以说，劳动分工中的劳动是为生存，劳动不是人的生命；超越了劳动分工，劳动是自由的生命的表征，是生活的乐

---

① 在马克思看来，在资本主义社会中，由于个性化的具体劳动生产的交换价值，所以个体的具体劳动首先就是抽象的社会劳动。但是在共产主义社会中，个性化的具体劳动不再生产交换价值，而是对象个体的创造性本质、创造价值的劳动，其产品在生产的过程和环节中属于个人，但在产品的消费和价值实现这一层面上属于社会，所以这种具体劳动本身就是抽象的具体劳动，即在实现他者自由的意义上是具体的，在社会生产的意义上是抽象的。

趣。① 因而，"个性化的劳动也不再表现为劳动，而表现为活动本身的充分发展"②，而这恰恰就是马克思所说的"各尽所能"。个人的秉性、天赋、命运等不再需要判断其道德合理性（或道德应得），都是共产主义这一政治社会的内在组成部分，这既是对资产阶级狭隘权利观念的超越，又是共产主义"按需分配"的社会历史前提。

由此，我们必须得到马克思的第三个限定：个人的全面发展。实事求是地讲，共产主义社会"按需分配"对人性提出极高的要求。③ 在我们看来，马克思的这一限定既现实又深远。其现实在于，人的全面发展意味着人生存与发展这两个方面辩证统一于"按需分配"后所必然遭遇的现实难题。虽然共产主义超越了资本主义的私有制，但体现发展的标志如何获得依然是问题。因此，个人的全面发展本身就意味着生存与发展、自我与他者的"现实平衡"。而且，人的发展如何处理与自然的关系也提出更为现实的难题。全面发展是否意味着对自然的更深入的控制和全面的掠夺，还是人与自然深层次的和谐与统一。对此，显然不是宣布个人全面发展就能解决的，而是要求人必须在更深入地理解自我、理解自然的基础上，去设想发展的状态情形。因此，与其说"人的全面发展"是共产主义状态的刻画，倒不如说是马克思对共产主义人性状态提出的政治要求。这样的政治要求虽然是革命乐观主义的信仰，但更是历史唯物主义的现实研判。

---

① 　参见《马克思恩格斯全集》第 42 卷，人民出版社 1979 年版，第 38 页。

② 　《马克思恩格斯全集》第 46 卷（上），人民出版社 1979 年版，第 287 页。

③ 　马克思的共产主义思想对人性的设计被诸多学者给予了极大的关注，并进行了卓有成效的研究。比如张盾教授对马克思政治美学的研究就是这一问题研究的典范。

第三，马克思对"按需分配"的历史唯物主义限定，具体化成"按需分配"的重要前提"各尽所能"，而且马克思的"各尽所能"是超越空想社会主义、共产主义与人道主义混淆的历史唯物主义要求。我们知道，"各尽所能，按需分配"实质上是空想社会主义者最先提出来的分配原则①。但由于空想社会主义者将社会革命的动力归结为"情欲引力"，所以"按需分配"的原则不过是对人情欲的一种直接满足，"各尽所能"也不过是发挥人体力、智力和创造能力的政治檄文以配得上人的"情欲引力"。马克思的"各尽所能"是在共产主义社会前提下对人提出的道德规范与政治原则。②

其一，马克思反对了空想社会主义单纯人道评论观念，将"各尽所能"奠基于具体人性论之上。③从历史唯物主义的观念来看，人道主义解决不了社会变革的问题，也解决不了共产主义社会的政治与道德问题。即使是早年对共产主义的研究，马克思就明确提出人道主义

---

① 参见丁世俊：《蹩脚的文学作品，精湛的思想著作——读〈伊加利亚旅行记〉》，《读书》1981 年第 9 期。

② 在我们目所能及的文献中，马克思只在《哥达纲领批判》一文中唯一提到过一次"各尽所能，按需分配"。这是特别值得玩味的事情。有理由相信，马克思熟悉空想社会主义"各尽所能，按需分配"口号的人道主义与空想社会主义混杂的特点，但却用必要条件的句式来强调共产主义社会对"各尽所能"进行限定。因此，我们认为，马克思对空想社会主义"各尽所能，按需分配"不是直观地接受，而是在对社会历史逻辑（特别是共产主义社会）的历史唯物主义分析之后才重提这一分配原则的。所以，"各尽所能"的抽象人道主义落实为马克思历史唯物主义的具体人道主义，空想社会主义者"各尽所能"的空洞说教，落实为共产主义社会人自觉的实践行为。在此意义上说，这一原则的提出，表征着马克思在生产与分配的意义呈现人从抽象的物质利益中解放出来的社会状态。

③ 马克思人性论的变革，就是从抽象人性论变革为具体人性论。因为，本书的重点不在马克思人性论的变革，故我们在此不做具体分析与论证。可参见高清海先生对马克思具体人性变革的精深研究。

与自然主义的同一性与相互生成性。而且历史唯物主义也总是将对人一般本质的研究置于具体历史背景中，"首先要研究人的一般本性，然后要研究在每个时代历史地发生变化的人本性"①，"真正人的生存条件"② 是人性展开的历史背景与人性生成的社会场域。因此，共产主义作为人发展的目的，人自由与解放的真正实现，就是人性获得一般性与具体性的社会状态。在共产主义社会提出"各尽所能"显然也就超越了从直观利益与抽象人性设定角度对人发出一般命令。或者说，共产主义作为历史发展的必然，是人的真正实现，并且劳动作为人生活的第一需要观念，"各尽所能"就是人充分地在社会生产与现实生活中充分而具体地展现人的创造性本质与超越性特质。此时对社会整体贡献不再需要任何外在的刺激，是人内在的自觉，"一个人'在通常的健康、体力、精神、技能、技巧的状况下'，也有从事一份正常的劳动和停止安逸的需求"③，一方面是唤醒自身内部沉睡的潜力，另一方面是激活外部对象必然的主体性。这既是提供物质财富充分涌流的可能性，也是克服财富相对匮乏的规范性。

　　其二，在马克思看来，共产主义社会"各尽所能"既是人与自然一体的意义主体性的充分展开，又是主体能力在社会中的自由表现。在马克思那里"各尽所能"在共产主义社会中才具有现实的道德意义与政治价值。通过马克思对资本主义"按能分配"物化逻辑的批判，我们可以逻辑地推论，在资本主义社会也要求"各尽所能"，但那只是被动的、人与自然对立、人与人对立前提下的"各尽所能"，是异

---

① 《马克思恩格斯全集》第 23 卷，人民出版社 1972 年版，第 669 页。
② 《马克思恩格斯选集》第 3 卷，人民出版社 1972 年版，第 323 页。
③ 《马克思恩格斯全集》第 46 卷（下），人民出版社 1980 年版，第 112 页。

化与物化的"各尽所能"。资本主义的"能"既不是人性的充分发展，也不是人主体能力的充分提高，而是生产交换价值之"能"。在共产主义社会，生产真正实现了社会化，劳动分工完全消失，人的异化与物化真正扬弃。在这样的社会历史条件下，人的"各尽所能"就在社会生产中充分体现了人对自然的理解、人对个性的培育以及社会对主体的尊重。为此，在生产社会产品中具体化、社会化主体的自由个性，使他者以社会的方式获得人类社会整个的丰富性与"类"性。"能"既是个体的特质，又是社会的现实。在此意义上，"按需分配"原则下分配份额的获得就是获得他者的个性与人类的整全性。因此，人"各尽所能"是主体自由的历史使然，是人真正从必然性中解放出来。这真正实现了古尔德提出的人类的互依性与互构性的正义。更进一步来说，一方面，"各尽所能"保证每个个体在自己擅长的领域内活动，财富生产成为自由自觉的社会活动，而非截取利益的私人活动，由此扩展人活动的领域，保有个性的差异；另一方面，"各尽所能"保证每个领域之间的相对协调，使社会在整体有效的生产过程中既积累财富，又分享成果，财富不再转变成支配权力，而是构成人相互交往与个性生成的物质基础。"各尽所能"意味着人与人之间的利益矛盾从生产的根本上得到解决，意味着生产浪费从社会整体上得到控制，意味着生产发展从历史逻辑上得到规划。虽然对人性有着极高的要求，却成为人类社会生产与分配最值得追求的状态。因为，马克思的"各尽所能"以历史唯物主义的政治哲学将其自由与解放的内涵充分实现于现实的社会生活和政治价值之中。

马克思以"各尽所能，按需分配"具体刻画了共产主义社会自由与解放在经济生产与分配中的政治状态。共产主义社会的平等分配成为共产主义社会第一阶段"不平等权利"的"平等分配"的规范性原则。

首先，马克思以"需要"落实了"不平等权利"，以"需要"为分配原则对"善的冲突"的历史解决。当然，我们谈到的需要和当前西方政治哲学家谈到的需要有着本质的区别①。"需要"之所以成为分配的价值原则，一方面在于需要是人生存与发展的物质基础的价值表达，是激发人生产的内在动力与规范原则。或者说，"需要"是人基于社会历史现实与自我发展状态，而社会应该生产什么，如何生产和以何生产实际上表达着一种价值规定。这既说明生产是人生存与发展（自由与解放）的现实限定，又说明需要是人类生产的价值引导与规范原则。另一方面，"需要"作为分配的指导性原则，在规避善的观念冲突的同时，更是将人类生产从特定的利益集团的控制下解放出来，使之真正回归到人本身，使分配成为生产关系与生产方式的价值表达。"需要"开创了分配正义不同于"应得"之"平等权利"的物化逻辑，将人的自我理解与社会历史唯物主义的规定作为内涵的实践逻辑。"需要"使分配正义的研究上延到生产，下探到自由与解放。或者说，在直接性上，分配似乎是在人类社会生产出现生产剩余之后才凸显出来的政治与社会问题，是关于剩余产品的归属与享有的问

---

① 威廉斯在区分"需要的不平等"与"优点的不平等"时，认为每种好处有其相关的分配理由，力图解决基本需要的规定问题、按需原则的证成问题、制度实现按需分配的实践问题。但我们综观其理论发现，其解决"按需分配"的理论路径是从规定需要的内容入手，来展开对后面两个问题的回答。在我们看来，马克思"按需分配"的分配正义其根本特点，恰恰不在于具体化某一时间需要的特定内容，而是从生产力发展的状态来探讨分配的生产前提，"需要"是分配的规范性内涵而非实体性对象。（参见邓伟生：《威廉斯论按需分配》，《世界哲学》2015 年第 6 期。）

题，实质上却是说分配是如何真正发挥人类社会生产的财富来促进人的生存与发展的问题。在此意义上，"需要"就不再简单是某一确定对象，而是主体对自我发展状态与社会整体发展水平的历史唯物主义研判，是对未来可能性与现实限制性的辩证把握，是在现实过程中追求自由与解放的价值判断。在此意义上，"按需分配"的分配正义既关注休谟提出的正义的条件，又超越了休谟以来的正义研究的理论范式，使人在真正辩证地思考财富本质与人性的意义上超越了物化问题特别是由此所带来的一种被物化的意识。

其次，以"需要"为价值原则的"按需分配"的正义性源于两个方面：一是，"按需分配"是使社会生产回归本身的分配方式。无论是物质财富极度匮乏前提下满足生存需要的分配，还是在相对匮乏时平衡社会发展与个体发展需要的分配，抑或是物质充裕期的按需分配，"需要"就意味着生产是面向人自我生成与完善的价值原则。如前所述，这样的需要既可避免生产的重复与浪费，又可以充分发挥人的内在主动性。二是，只有解决了生产的正义性，才有可能实现"按需分配"。或者说，"需要"的合理性倒逼生产的正义性，"按需分配"的实现程度是对生产正义程度的价值拷问。这就意味着"需要"必须尊重生产规律与社会发展状态的"需要"，而不能成为直观的欲望表达或者非理性利益的伪装。因此，"按需分配"是真正面对所有自由与解放的分配正义，这种分配正义不仅超越了群体的特殊利益，而且内在要求主体要超越自身的历史局限。或者说，"按需分配"既是外在物质条件的所有权表达，也是对主体内在观念的自省。

再次，"各尽所能，按需分配"是马克思共产主义社会分配正义的完整表达，提出了分配正义的主体要求与客观性条件。在客观条件方面，马克思提出的"物质财富充分涌流"不是描述社会生产的状况，而是提出社会生产努力的方向；不是以物质的绝对丰富来容忍人无尽的贪欲，而是强调物化自由的非现实性与非真实性。依照马克思历史唯物主义的逻辑与人类解放的追求来看，马克思谈物质财富绝对丰富的批判性与规范性意义要远大于事实描述性意义。因为马克思的自由与解放，"是把人的世界和人的关系还给人自己"。因此，物质财富的充分涌流不是一个绝对状态（或者说，它是人的自由全面解放的一个必要前提，人的解放绝不可能建立在生产力水平低下、物质相对匮乏的基础上），而是人对现实生产与自我发展的历史唯物主义认知。"各尽所能"意味着人自由自觉地参与社会生产，丰富社会的财富；"按需分配"意味着主体理性地获取人生成自我、实现自我的物质条件。这样的分配正义还是充分融合社会生产与主体发展的分配正义，是在生产正义基础之上的分配正义。

最后，"各尽所能，按需分配"作为分配正义，不是财富的简单占有，而是财富真正成为人自由与发展基础的分配正义，是超越直观功利与权力逻辑的分配正义，是马克思"不平等权利的平等分配"的高级形式。共产主义社会高级阶段的分配正义是第一阶段分配正义的扬弃与发展。在这样的分配中，人们从社会中获得的，是用来满足消费要和发展需要的物质资料，而非物质财富；在此依据的不是劳动抽象同一性的平等权利，而是劳动具体性的差异平等。因此，这样的分配正义是人与人对立、人与自然对立、人与社会对立的利益原则和资产阶级权利原则的真正消解，是分配和生产的内在统一，是人的自由与社会生产的内在和谐。在此意义上说，"按需分配"的分配正义是推动社会生产繁荣与自我实现的分配形式，既不单一地依赖社会，也不单一地依赖单个主体，而是人与社会的相互依赖与相互推进。只有在这样的社会中，才可能真正有马克思所说的劳动成为生产的第一需要，"按需分配"才有可能真正实现。

第四节　重建个人所有制的政治意义

任何一种分配最后都会落实主体对财富的所有权[①]，从消费的层面看，个人所有制意味着个体占有消费资料；从生产层面看，所有制表达着生产资料的占有状态；从分配的角度看，所有制体现着社会总产品占有的状态。重建个人所有制是超越公有制、私有制直观区分的所有制观念，其根本旨趣在于：一方面，珍视物质之于自由与解放的客观性意义；另一方面，明确自由与解放实现的主体独立性与社会整体性之辩证统一。因此，重建个人所有制是肯定生活资料个体占有、生产资料的社会公有；肯定个体独立性、社会整体性；关照现实需要、未来发展的物质享有方式。"不平等权利的平等分配"是重建个人所有制分配正义，因为这样的分配既在前提上消解了因为所有权而"逻辑"地衍生的政治支配权，又在分配过程中尊重个性化劳动的

---

① 我们肯定现代政治哲学的基本判断：财产权是个体自由的体现与保障。但是，我们却不认可财产权可以衍生出对他者的政治支配权。财产权在保障个体独立自主的意义上，赋予个体享有社会整体发展与进步的物质成果。从历史唯物主义政治哲学的视角看，恰恰是肯定人作为社会存在物这一类属性。但是，如果承认乃至固化财产权衍生出来的支配权，那么就意味着个体的占有者成为他者存在的主宰，这既违背人是社会存在物的类特性，又解构了自己的独立前提。在此意义上，重建个人所有权就有着特别意义。

社会意义，更为个人的自由个性实现提供了物质与价值保障。

马克思的"个人所有制"是社会占有与个人占有统一的新的所有制。马克思重建个人所有制是对未来社会所有制状况的理论想象，它既不是简单地否定私有制，也不是简单地实现公有制，更不能仅仅只是生活资料个人所有制。马克思的个人所有制是"否定的否定"，一方面这种所有制充分吸取了资本主义时代的历史成就，另一方面它否定了生产资料与社会生产的总体分离。"个人所有制"以否定"以自己劳动为基础的分散的个人私有制转化为资本主义私有制"的方式肯定了个人对其劳动与成果的真正占有。① 个人所有制的这一历史唯物主义前提意味着如下层面的展开：其一，个人所有制直接指向"个人生活资料"的所有。② 虽然马克思从来都是从生产力与生产关系的整体逻辑上进行批判，对消费资料鲜有直接涉及，但恩格斯却强调个人所有制涉及的产品就是消费品。这其实说明了所有制在具体的生活场域中落实为消费品的事实在历史唯物主义政治哲学中具有特别重要的意义。这是因为，消费品既是支持个人生存与生活的物质前提，更是体现社会生产对于生存发展的基本态度。

其二，个人所有制的实现有赖于生产资料的共同占有。在对资本积累历史趋势的分析中，马克思明确指出，重建个人所有制是对资本

---

① 参见《马克思恩格斯选集》第 3 卷，人民出版社 2012 年版，第 509 页。
② 有学者认为，因为恩格斯强调，"对于任何一个懂德语的人来说，这就是说，社会所有涉及土地和其他生产资料，个人所有制涉及产品，也就是涉及消费品。"所以，"恩格斯认为个人所有制就是个人消费品的所有制。"我们认为，这样的判断过于简化了恩格斯的论述，也误解了马克思个人所有制的内在层次。（参见乔惠波：《重新认识马克思的"个人所有制"及其当代意义》，《广西社会科学》2016 年第 10 期。）

主义私有制的历史否定，是历史发展的必然，是在"生产资料的共同占有的基础上"① 重建个人所有制。生产资料的共同占有是个人所有制的历史基础与现实前提，一方面个人所有制是不同于生产资料私人占有的个人占有，在分配层面生产资料的所有是面向共同体的所有个体，而不是维护特殊个体的。这既是对个体与个体冲突也是对社会与个体冲突的一种解决，更是将社会总产品还给所有个体的前提。另一方面，因为生产资料的共同占有，所以个人所有不具备转向个人私有进而控制生产资料的可能②，是对支配性欲望的哲学消解。

其三，重建个人所有制不是重建"个人私有制"，而是社会占有与个人所有的辩证统一。马克思的个人所有制是超越资本主义私有制的所有制。抽象地讲，个人所有制是以"社会的生产经营为基础"的"社会所有制"。"社会所有"，即生产资料的社会所有；"个人所有"，即生活资料的个人占有。个人所有制在其政治现实性上，是被剥夺者对剥夺者的剥夺；在其人类价值性上，是"社会生产能力"成为全人类共同的财富；在其主体生存与生活意义上，是个性化劳动的社会回馈与物质确证。

其四，个人所有制强调人与人在社会生产中联合的重要性，是对个体自私利益的政治超越。从分配原则上讲，个人所有意味着主体"以一种形式给予社会的劳动量，又以另一种形式领回来"③；从分配

---

① 《马克思恩格斯文集》第 5 卷，人民出版社 2009 年版，第 874 页。

② 需要强调的是，个人所有制不是个人私有制。在我们看来，个人私有制强调个人积累向控制生产资料转变，而个人所有制则强调主体的社会性与独立性的辩证统一。或者说，个人所有制变革了自近代以来将政治独立性转换成排他性逻辑的政治哲学思维方式，是在与他者融合中有差异、生成自由个性。

③ 《马克思恩格斯全集》第 25 卷，人民出版社 2001 年版，第 18 页。

内容上讲，个人所有意味着社会以物质的方式给予社会主体合理的物质支配权，而非政治支配权；从分配追求上讲，个人所有意味着在推进社会进步前提下保有差异、在实现个性的过程中推动社会生产与财富丰裕。因此，以分配的方式给予个体的物质资料是共产主义生产方式政治先进性的根本体现，是对以"物"的方式与内容实现政治支配的消解。

个人所有制是对自由人联合体的政治肯认，是对社会主体自由地支配生产资料和生活资料的所有制保障。个人所有制不是建构支配他者的政治逻辑，而是实现自由人联合的所有制，是对生产力的真正解放和社会劳动者的真正尊重。个人所有制作为自由人联合体的经济背景，是对资本主义共同体破裂的社会历史反思，是对生产资料共同占有的人类性把握，是对生活资料的个人获得和占有的政治保障，是对自由个性生成的社会历史保障。具体来说，其一，我们知道，生产资料支配力量的获得是资本主义政治共同体分裂与解体的根本原因。其根本原因在于，资本主义的个人所有制即私有制保证了生产资料作为支配性权力的政治合法性。私有制不仅造成了资本主义异化的经济事实，更是打造了资本主义支配与剥削的政治事实。对占有生产资料的无尽欲望与失去生产资料所有权的政治恐惧，既是资本主义共同体组建的前提，也是其解体的根本原因。或者说，在资本主义逻辑宰制之下，人与人之所以会组合成群体，不是因为共同的利益，而是因为个体的利益——即表达排他与支配他者的生产资料所有权。所以，如果个人所有转换成生产资料的政治支配权力，那么必然一方面导致社会主体之间的紧张与冲突，另一方面使得主体在不断地伪装个体利益的普遍性时反而在解构共同体。在这个意义上而言，所有制所表现出来的人与人之间的利益对立、人与自身分裂、人与社会冲突就需要从根本上进行思考。

其二，立足于生产资料共同所有基础上的个人所有制，是对平等的内容及其实现方式的重新定义。在生产资料私人占有前提下的平等是比例的平等，实现的方式是以交换价值同一性为基础的平等交换。"消灭私有制"建立生产资料共同所有制，是共产主义社会的经济前提，它为自由人的联合体提供了所有制基础。因此，个体以共同体成员的身份来获得个人所有，共同体因成就共同体成员的自由个性而成为真正的共同体。① 对于共同体的社会生产而言，个体之间的差异只是个体活动能力的差别与个性的不同，是自我实现的必要环节。而且，生产资料共同所有在排除占有与支配政治合谋的同时，规定了个人平等所有的内容：生活资料。这是对"应得"和"需要"内涵的根本革新。或者说，个人所有制依据的"应得"既不源于个体抽象的政治权利，也不在于个体占有的支配性财产，更不在于个体特定的社会地位，而是作为共同体成员应该享有共同体能够提供的历史条件。应

---

① 在笔者看来，马克思所憧憬的共产主义社会，不存在先于个体的"大我"，也不存在先于共同体的"小我"，"大我"与"小我"是相互依存性的社会存在。生产资料共同所有意味着个体真正征服了支配的政治欲望，回到了生成自由个性的政治与社会实践。我们认为这是符合马克思唯物辩证法与历史唯物主义基本精神的判断。如果我们设定先于个体的"大我"来强调共同体的优先性时，并不是凸显了马克思共产主义社会的历史先进性。因为，"小我"与"大我"孰先孰后的区分实质上是延续传统哲学二元对立思维方式来理解马克思共产主义思想。而马克思历史唯物主义世界观的思维方式是"实践观点"的思维方式。在马克思共产主义社会理想中，是"小我"与"大我"对立的真正终结，是社会向个体的生成与个体向社会的生成的同一过程。生产资料共同所有制在其直观上是放弃小我、成就大我，在其实质上则是大我与小我在生产社会化的历史现实中真正相互生成。

得的平等与平等的应得在此意义上已没有任何区别，人们也不沉溺于生活资料量之多寡的争论。同理，"需要"也就自然地体现为人生成自由个性的生活需要，人对现实与未来的理性把握。所以，生产资料的共同所有既是对实现自我自由之"他者"的政治与经济培育，又是对实现他者自由的"自我"的政治经济培育，既赋予主体共同的政治归属，又赋予共同体主体的历史基础。因为，这样的个人所有权，既解放了社会生产力，又解放了现实的政治主体，使之真正从事社会劳动，获得世界历史的全面性与普遍性。

其三，个人所有制反对以"几何平等"的方式来满足人消费资料获得的分配方式，追求以"社会平等"的方式来实现个人对消费资料的占有。由于个人所有制是阻止个人所有向个人私有转换的所有制，所以社会中活动的现实个体，"除了自己的劳动，谁都不能提供其他任何东西"，并且"除了个人的消费资料，没有任何东西可以转为个人的财产"①。虽然共产主义社会的第一阶段依然会奉行"一定量劳动同另一种形式的同量劳动相交换"的"几何平等"原则，却从根本上阻止消费资料剩余量向生产资料占有转换。② 更为重要的是，生产资

---

① 《马克思恩格斯全集》第 25 卷，人民出版社 2001 年版，第 18 页。

② 这里可能遇到的问题是：这样的社会，人们是否还会奉行不浪费原则。在我们看来，"重建个人所有制"在马克思的语境中不仅是对现实的经济与政治关系的限定与要求，更是对社会行为主体的要求。从我们的分析来看，重建个人所有制首先就要求个体放弃支配他者的欲望，即是说，从拥有物质资料的一方面讲是要放弃以物质资料的所有权而控制和支配他者的道德权利（这种道德权利本质上是可疑的！），另一方面从无物质资料所有权的一方面讲也要不受制于物质缺乏的要挟。当然这只是理论分析的极端情形。现实的情形是：生产资料与生活资料的相对区分以及生活资料的社会历史意义，从维持生命体存在转向自由个性生成的基础，既无要挟他者的道德紧迫性，亦无要挟他者的主观意愿。或者说，

料的共同占有①改变了资产阶级生产私有制的社会生产的格局，每个社会主体都是作为平等的个体参与社会的生产与分配，不存在以生产资料所有权而获得分配的可能性。个性化的自由劳动与共同体成员身份是个体进入社会并从社会中获得生活资料的根本原则。因此，作为社会的主体，并不是完全同一的个体，而是具有个体差异的自由个性主体。生产资料的共同占有使之具有超越以劳动量为尺度"几何平等"的分配原则（或者说，这种共同占有所关联的平等是以减小偶然性差别为旨趣的社会平等分配）。个人所有制作为共产主义社会平等分配的结果，是"通过劳动产品的分配而使每个人的功绩和个人条件都得到承认的平等主义的主张"②。一方面，个人所有制最为充分地体现了无产阶级的政治追求，即"把劳动视为所有人（无一例外）的特有的和工具性的道德力量，而且人们依靠劳动实现他的个人潜能、他的价值"，从而完成了"人的人身的复原"③。另一方面，个人所有制在肯定个性差异的基础上实现了实质的社会平等。个人所有制肯定个性差异，既不是直接宣布个性特殊不具有道德合理性，又不是以个人占有物质资料的量来固定化差异，而是以实现每个人自由发展的方式

在共产主义社会，人与人之间不再借助他支配他者来确证自由，而是通过社会、为了社会，通过他人、为了他人才能实现自由，人不再需要物质的刺激来限制懒惰、懈怠等非积极性态度，节制、勤奋等已经成为人内在的美德，自然地规范着人的生产与生活。

① "生产资料的共同占有"，马克思强调共同占有就是无产阶级真正获得政治的组织权与主导权之后的生产资料的所有制状态。

② ［意大利］德拉—沃尔佩:《卢梭与马克思》，赵培杰译，重庆出版社1993年版，第84页。

③ 参见［意大利］德拉—沃尔佩:《卢梭与马克思》，赵培杰译，重庆出版社1993年版，第90—91页。

来保有差异、生成个性。或者说，个人所有制虽然还看似带有"自私"的痕迹，却因为生产资料共同所有而采取不同于"几何平等"的社会平等原则，避免了差异被政治化为差别而转化成支配与对立。因此，个人所有制，不是作为固守个人财物的政治制度，而是作为体现美好人性与造就最好国家公民的所有制形式被马克思所憧憬。①因此，奠基于生产资料共同所有和社会生产高度发达社会的个人所有制，人们不再简单地按照"几何平等"来分有生活的消费品，而是以"各尽所能，按需分配"的社会平等原则来实现个人对生活资料的所有。

马克思重建个人所有制，不是为了恢复资本主义的私人所有，而是在"社会所有"前提下建构的人与人自由联合的所有制，是一种新的社会关系。在个人所有制的社会中，既不存在资本主义意义上凌驾于社会总体利益的特定个体，也不存在绝对支配个体的国家权力，"而是每一个自由人在联合起来的共同体中获得了前所未有的支配生产资料和生活资料的自由"②。个人所有制是消解个人与社会对立的所有制，是真正实现社会化大生产与人自由个性发展的政治经济保障。

其一，个人所有制是在私有制终结之后，在"联合起来的个人对全部生产力的占有"③中，对生产资料与劳动者相分离问题的真正解

---

① 马克思认为，所有制与公民的美德之间存在必然联系。"人们研究的问题总是，哪一种所有制方式会造就最好的国家公民。"（参见《马克思恩格斯全集》第 30 卷，人民出版社 1995 年版，第 479 页。）

② 马嘉鸿：《如何理解〈资本论〉"重建个人所有制"问题》，《哲学研究》2017 年第 5 期。

③ 《马克思恩格斯选集》第 1 卷，人民出版社 1995 年版，第 130 页。

决。我们知道，马克思重建个人所有制是要重建劳动者的个人所有者。这是社会历史否定之否定的辩证法的必然结果。按照马克思对共产主义的理解，同传统所有制根本决裂、"消灭私有制"是共产党人的根本任务。因此，个人所有制作为未来共产主义社会所建立的所有制形式，并不是历史自然发展的结果，而是共产党人通过现实的实践推动历史前进的政治成果。当然，消灭私有制并不是说取消一切对财富的占有形式，而是要消灭对阻止生产真正社会化的生产资料私有制。一当生产私有制被消灭，"联合起来的个人"就成为生产资料的真正主人，生产资料也就从原来为特定阶级谋利的控制手段，转变成共同体成员自由个性发展的基础与条件。或者说，生产资料从作为剥削与奴役的权力和手段转为劳动者劳动的手段和工具，使生产资料与劳动统一在共同体成员进行社会财富的社会生产之中。生产资料与劳动分离问题的解决意味着社会生产无政府状态的真正解决。社会生产也从商品生产转向产品生产，经济形式从商品经济转向产品经济。这种转变有两方面的政治效应：一方面，"联合起来的个人对全部生产力的占有"使社会生产从创造特殊利益转向创造普遍利益，从为了一部分人的自由转向为了他人的自由，从交换价值生产转向使用价值生产，为个人所有制赋予了具体的物质内涵与现实基础；另一方面，"个人所有制"使人与人的关系从对立与争斗转向合作与共赢，使个体的自由从封闭与排他转向开放与接纳，使平等从齐一化的同一走向差异化的个性，这为"个人的自由联合"创造了主体前提，为社会生产力的共同占有提供了能力主体。由此看来，共产主义社会在解决生产力与劳动分离的前提下重建个人所有制，既是保证充分发挥社会生产力的政治方案，又是实现人自由发展的社会原则。

其二，个人所有制是在共产主义社会（初级阶级与高级阶级）肯定劳动所有权的人人平等的所有制。个人所有制是无产阶级以革命的方式实现的对资本主义否定个体劳动所有权的再否定，是对劳动所有权和劳动人性意义的政治重建。个人所有制否定了资本作为占有根据的政治合法性，维护和保障劳动者拥有自己的劳动及其成果的政治权利与经济权利。从逻辑上讲，重建个人所有制作为对资本主义私有占有否定的否定，既是历史的必然，又是无产阶级现实的政治追求，更是无产阶级获得自由与解放的政治实践。或者说，重建个人所有制不是一种经济制度取代另一种经济制度的经济变革，而是一种政治否定另一种政治的制度革命，是无产阶级争取自由与解放的政治实践。因为个人所有制不是以劳动者自己劳动为基础的私有制①，而是劳动者可以自由使用劳动条件的财富占有方式。而且，劳动者占有劳动条件不是分解的私人占有，而是集中的共同占有。这就使得劳动者的劳动不再是其进入社会生产的资料，而是表现其创造本性的人类性特质。个人所有制肯定的不仅是劳动对创造物的所有权，而且肯定劳动是生成人类本性的实践活动。因此，个人所有制不再允许任何形式的剥夺与压迫，是人人平等最根本的经济与政治前提。

---

① 资本主义对直接生产者的剥夺，解构了"以自己劳动为基础的私有制"，以抽象逻辑的同一性建构了现代生产社会化的基本架构。资本主义在否定"劳动者是自己使用的劳动条件的自由私有者"的过程中，不是否定了私有制本身，而是一种私有制代替了另一种私有制。当然，资本主义私有制对传统私有制的否定，是原来以生产资料分散为前提的社会生产变成了现在以生产资料集中为前提的社会生产，提高了社会生产能力，创造了财富。但是生产资料的私有制，即生产资料从被分散个体占有转变为少数个人集中占有，却与生产的社会化发生了根本冲突。（参见《马克思恩格斯文集》第5卷，人民出版社2009年版，第872页。）

其三，个人所有制的建立，意味着劳动者真正拥有劳动创造的财富，无论是以劳动量为尺度的按劳分配，还是以生活需要为原则的按需分配，都是个体对自我的有限权利和对共同体的无限权利，是民主的真正实现。个体是共同当家作主的成员，具有对共同占有财富的决定权和所有权。全体劳动者作为社会财富的创造者、经营者、分享者，在为社会提供劳动力的同时从社会中获得属于自己的消费财富。因此，任何人都没有任何理由剥夺他者如上的权利，个体对于他者和社会都只是有限的权力，即个体作为劳动者的权利最终具体化为政治行为中的有限权力。同时，社会作为人存在的共同体，表达的是共同体的善、共同体成员在民主集中的原则下表达的价值原则和理想追求，既是个体权力的界限，又是个体权利的保障。或者说，共同体是个体权力的源泉，共同体成员的民主决策是共同体政治合法性的保障。因此，这样的共同体是真正的共同体，是要求成员真正参与的民主制度：一方面，个体因为能参与社会政治生活而真正实现积极自由与实质平等；另一方面，共同体因为成员的民主参与而真正实现对生产力的共同占有、对成员的实质平等进行政治庇护。

其四，马克思重建个人所制是从"财产关系"和"生产关系"两个维度对社会生产的政治规范，是真正解决"不平等权利平等分配"的政治经济探索。首先，个人所有制是以明确财富占有的方式重新定义了共产主义社会的财产关系。我们知道，财产关系既是一个法律用语，又是一个经济学用语，是以界定财物所属的方式刻画的人与人之间的关系。个人所有制是将财富落实到社会主体（每个个体）身上的政治—经济学规范。或者说，在超越财富直观物质形态和废除财富抽象货币形式之后，使社会财富回归到人的生活需要领域，具体承担起建构人自由个性的重任。这既符合马克思强调的共产主义社会特征"把资本变为公共的，属于社会全体成员的财产，这并不是把个人财产变为社会财产"①，又和社会主义社会现实的分配一致，"除了个人的消费资料，没有任何东西可以转为个人的财产"②。更为重要的是，重建个人所有制，在社会整体层面要求"把现在主要用做奴役和剥削劳动的手段的生产资料，即土地和资本完全变成自由的和联合的劳动的工具"③，在个人层面则不存在用于消费的生活资料转变成用于控制他人的生产资料这一可能性。因此，个人所有制是从社会生产关系总和的层面来规定个人占有的法权形式。其次，个人所有制是自觉地把许多个人劳动力当作一个社会劳动力来使用的前提下④，对一部分社会总产品提出的所有权要求⑤。或者说，个人所有制不是只针对消费

---

① 《马克思恩格斯文集》第 2 卷，人民出版社 2009 年版，第 46 页。

② 《马克思恩格斯全集》第 25 卷，人民出版社 2001 年版，第 18 页。

③ 《马克思恩格斯文集》第 3 卷，人民出版社 2009 年版，第 158 页。

④ 马克思在《资本论》中提出，自由人联合体的生产特性在于：用共同的生产资料进行生产，把个性化的劳动当作普遍性的社会劳动力。这里有一个特别重要的问题需要注意，资本主义的生产劳动也是将个体劳动作为社会劳动来看待，但共产主义社会的个性劳动与资本主义的个体劳动的根本不同在于：资本主义的劳动成为社会劳动是因为这种劳动的生产对象是交换价值，生产方式是资本主义生产资料私有制；共产主义的个性劳动生产的社会产品，其生产方式是生产资料的共同占有。(参见《马克思恩格斯文集》第 5 卷，人民出版社 2009 年版，第 96 页)

⑤ 在马克思看来，共产主义社会的产品经济，生产总产品是社会产品。社会产品是生产的直接目的。当然社会生产依然需要将社会产品分为两个部分：用于重新作为生产资料的部分，用于联合体成员消费的生活资料部分。个人所有制直接指向的对象是用于消费的生活资料部分。但却不能抽象地讲个人所有制只是生活资料，而应该看到生活资料与生产资料对社会总产品的分割只是相对的，只是限定了生活资料的占有不能构成对他者支配的条件。(参见《马克思恩格斯文集》第 5 卷，人民出版社 2009 年版，第 96 页。)

品的占有，而且更有对生产资料占有状况的前提性要求。在共产主义生产逻辑中，个人所有制源于生产资料的共同占有，实现对消费产品的分配。因此，个人所有制从根本上不同于资本主义平等交换的私人占有制。这既限定了个体占有物的适用范围，更限定了生产资料的所有制状态。再次，个人所有制不是个体占有财富的法权概念，而是劳动者与生产资料相结合的共产主义社会的生产关系。所有制是现实形态的生产关系，所有制既刻画了生产资料的所有情况，又刻画了社会总产品的分配情况，还呈现了社会财富的转移情况。马克思重建个人所有制的理论理想，不是要建构一种不同于资产阶级法权的"财产关系"，而是要建构一种否定资产阶级生产关系的劳动者与生产资料真正结合的共产主义生产关系。可以这样讲，个人所有制体现出来的对消费资料的占有，仅仅是对社会产品生产状态的政治表现。① 因此，马克思重建个人所有制有着超越生活资料占有的更高的政治指向，重建劳动者个人所有制，革除剥削与支配的生产资料占有状况，创造劳动者与生产资料真正结合的生产关系。最后，重建个人所有制，使马克思在《哥达纲领批判》中提出的"不平等权利平等分配"的落实与实现有了具体的政治制度纲要。在马克思看来，不平等权利既有源于个体差异的因素，更是社会生产整体必须面对的问题。因为人作为社会的存在，社会既是维系其存在的前提，又是展开其存在的场域。因此，理想的政治制度无论是在生产资料的占有方面，还是在生活资料的分配方面都必须考虑个体差异的自然事实，同时也必须面对社会生

---

① 这显然符合马克思历史唯物主义生产力决定生产关系、生产关系决定上层建筑的基本观点。只是在此我特别强调了个人占有的政治经济现实。

产总体状态的历史事实，达致两者的平衡。所有权不是尊重差异的限制性条件，恰恰是实现自由个性的政治性前提。个人所有制不是拒绝他者的合理的生活需要，而是保障自我不侵犯他者合理生活需要的界限。

第五章　马克思分配正义的实践路径

　　事实与价值统一的辩证法，是马克思分配正义的理论特质与实践本性。马克思对分配问题的历史唯物主义把握，凸显了"按劳分配"与"按需分配"正义原则的实践意义。将人的自由发展作为分配正义的价值旨归，使马克思分配正义超越了维护特定阶级利益的政治实践，人民利益成为马克思分配正义的核心主题。马克思在批判资本主义分配的非正义时明确指出，是资本主义生产的非正义决定了分配的非正义。因此，必须在解决生产正义的前提下，分配的正义性才有可能解决。使分配从"名义上"的正义进入"实质上"的正义，既需要在历史现实的基础上祛除生产的非正义性，又需要在政治安排上实现实质的平等。我们知道，资本主义的根本不平等源于生产资料的私人占有、劳动与劳动资料的绝对分裂，社会主义在基本解决劳动资料与劳动分裂这一根本问题时，如何将社会经济运行状况与人的长远发展结合起来，将人的个性需要与社会的和谐稳定统一起来，这就成为马克思分配正义当代实践的根本问题。

　　依循马克思分配正义的历史唯物主义理路，分配的基础是生产方式，分配的主体是创造财富的劳动者，分配的价值追求是人民的利益，分配的原则是"按劳分配"与"按需分配"。马克思的分配正义从批判资本主义基于平等交换的不平等分配入手，预设了"按劳分配"与"按需分配"的分配原则，以此来追求人的自由全面发展和自由个性的实现。落实在基本解决的生产资料与劳动分离的社会主义社会的分配之中就呈现如下基本特性：其一，马克思的分配正义是在辩证地关注生产力发展与社会公平的意义上来面对初次与再分配的。或者说，马克思分配正义的实践具体体现为"现实主义"地处理财富的生产与财富的享有之间的冲突与矛盾。其二，马克思的分配正义现实而非抽象地面对差异性个体具体的生活情境，将解决非选择性不利条件的问题作为分配正义的直接目标，以此来表达人类社会生产的整体性与个体发展的差异性。其三，共享原则是马克思分配正义处理商品享有的根本原则，这为解决分配问题中长期存在的公平与效率之争，探索了新的解决路径，是在"做大蛋糕"的同时公平地分享财富的分配方式。其四，人民是马克思分配正义的价值主体，这从根本上改变了从特定群体利益出发来寻求平等校准的分配正义范式①。在此意义上，

①　罗尔斯在论证差别原则时，提出了"最不利群体"的概念，姚大志教授在推进罗尔斯"最不利群体"作为平等权衡原则的研究中提出了"弱势群体"的标准。应该说这些研究都有利于达到一定程度的平等分配。但如果我们深入进行分析就会发现，这样的研究理路都是以二元对立的思维逻辑来处理分配中的平等问题。虽然在分配的结果上照顾了这些群体的实际利益，却很难超越从外在视野或特定群体来研究分配正义的价值局限。或者说，无论是"最不利群体"还是"弱势群体"都只是特定地指代社会生产与生活中某一部分人，是将一部分人从另一部分人中区分并隔断出来的研究分配范式。而对于人类社会生产、流通、分配和消费的整体环节而言，从来都不存在一部分人对另一部分人的优先性与独立性。也正是在这个意义上，马克思科学地解构了资本主义"平等"交换的不平等分配，严厉地批判了资本主义"平等权利"的意识形态本质与特定利益指向。当然，在分配正义研究中，我们绝不可以因坚持平等而偏废社会财富的增长，但我们也不可以因为财富的增长而以特定群体的最高忍耐限度来维持社会的不

马克思的分配正义必然蕴含着为了群体整体利益的积累与为了个体利益的平等分配原则。在分配中，社会一方面为了整体利益做出合理的预留与积累，为公共事物的解决提供物质基础；另一方面又满足个体合理的生活需要，保障个人自由个性的发展，从而在社会整体进步与个人蓬勃发展的总体平衡中，既保证社会充满活力又实现了个体的自由与解放。

第一节　基于生产正义的初次分配与追求社会平等的再分配

马克思基于生产正义提出了解决初次分配正义的理论与实践路径，并在重新理解平等内涵的基础上落实了"不平等权利"的平等分配。在马克思看来，劳动者与劳动资料的分离造就了资本主义生产的非正义性，也奠定了基于平等交换的分配只是资本主义转移剩余价值的经济手段；而福利资本主义宣称缩减社会贫富差距的再分配也不过是维持资本主义制度稳定的政治意识形态。更为重要的是，从解决生产正义入手来解决初次分配的正义意味着马克思是从经济基础出发来寻求解决分配问题，这样的解决理路一方面使初次分配将劳动作为了分配的真正根据，另一方面也消解了分配中公平与效率之争的社会经

平等。马克思主义坚持的人民性落实在分配正义中就具体反驳了基于二元对立利益享有的分配理论范式。（参见姚大志：《分配正义：从弱势群体的观点看》，《哲学研究》2011年第3期；[美] 罗尔斯：《正义论》，何怀宏等译，中国社会科学出版社2009年版，第42—90页。）

济根源。同时，从社会平等而非局限于具体的福利内容来解决再次分配的正义性问题，使得马克思提供了分配正义实践策略，它在超越具体方式之争①的意义上真正面对了再次分配的核心问题：社会平等与人发展的未来前景问题。

一、基于生产正义的初次分配

马克思认为，社会产品的初次分配是由生产结构决定的。因此，必须从产权结构的角度厘清初次分配的政治逻辑，只有在生产正义的前提下才有可能形成正义的初次分配。

我们知道，"活劳动"与"死劳动"的区分构成了现代资本主义初次分配的前提，工人以出卖"活劳动"中获得了分配的份额，资本家在拥有"死劳动"中截取了工人创造的价值，从而形成了资本主义不正义的初次分配。或者说，资产阶级拥有生产资料所有权，支配着社会生产的整体逻辑，从根本上决定了初次分配的利益性质与政治本

---

① 当代分配正义研究的基本方式虽然都将解决社会平等问题作为正义研究的核心问题。但是，正如罗尔斯所秉持的观点一样，解决平等什么的问题就解决了平等为什么重要的问题。当代正义研究中的资源平等、机会平等、福利平等、运气平等等争论表面上看是理论范式的争论，实质则是在同一范式下权衡不同指标的分歧。在我们看来，再分配虽然要落实在具体的分配对象上（这个问题我们在后续章节中具体讨论），但是如果依循当代政治哲学研究正义时力图解决"什么样的不平等可以忍受"的理路，那么还是没击中再分配的核心。如同弗莱施哈克尔所讲，分配正义当代内涵的获得意味着将传统社会由怜悯、施舍等价值支撑和慈善机构实行的再分配功能政治化、合法化在制度之中一样。在此意义上讲，分配特别是再分配就必须从实现社会结构稳定（罗尔斯）到真正实现人与人之间的平等。因此，马克思社会平等的再分配正义从根本上改变了论证不平等合理性的分配正义理路，而以人自身的平等发展来真正正视不平等的现实，来限定不平等的程度，来实现平等的发展。

质，即是生产资料与劳动力的分离所形成的不正义的社会生产，而非分配过程和分配形式造成了初次分配本质上是资本主义积累财富的方式。① 因此，所有权的本质及其政治效应，不仅体现出一种政治制度根本的政治追求，更从根本上决定了生产的正义性与初次分配的公平性。② 在马克思看来，抽象的伦理原则是不能决定初次分配公平的基本内涵，生产资料的所有权才是初次分配公平内涵的决定性因素。公平的初次分配只有在生产资料公有制前提下才有可能真正实现。

生产资料的共同占有是保证初次分配公平的前提。初次分配的公平并不是将社会财富进行平均分配，而是在社会生产的动态逻辑中进行财富的相对划分，一方面保证社会生产力的可持续发展，另一方面又保障劳动者的生产积极性。按照马克思的观点来看，生产资料的共同占有，既是无产阶级摒弃资本主义生产资料所有制的结果，又是社会生产力发展的结果。从无产阶级把握资本主义生产资料的角度来看，就是要从根本上解决生产资料与劳动者分离的状况，使社会财富真正属于劳动者，这可以通过改变社会的政治经济结构的方式来达

---

① 在我们看来，资本主义的初次分配是资本主义积累财富，而非创造财富的方式。资本主义的初次分配是财富的转移过程，而劳动才是创造财富的过程。如何以合理的方式使财富向特定的群体集中是资产阶级处心积虑要解决的根本问题，于是发明了一系列经济与政治概念，产权、利息等无一不是经济的障眼法，其根本目的在于保证初次分配中"死劳动"占有"活劳动"。

② 初次分配和再分配，具有不同的价值原则。初次分配的价值原则是公平，再分配的价值原则是平等（社会平等）。初次分配公平意味着对于由劳动创造出来的财富既要考虑已有财富归属的合理性，还要考虑财富所有权获得方式的经济、政治和社会效应。抽象地讲初次分配既要保证财富创造的效率与可持续，还要照顾劳动者创造财富的积极性与社会整体财富积累的必要性。公平意味着对比社会财富的分配，从经济效率与社会效率的平衡上、个体获得与社会积累上来进行分配的基本原则。

成。从社会生产力发展的角度来讲，生产力的发展需要与之相适应的生产关系。资本主义生产关系之所以被历史地扬弃，其根本原因就是其生产关系不能适应现代生产力的发展。因此，生产资料的共同占有，意味着在初次分配中，以生产资料为要素的分配份额不再从属或服从于特定阶级与群体的特殊利益，而是生产力进一步发展的物质需要，是社会主体的共同利益；以劳动创造能力获得的初次分配份额既是对个体劳动能力的肯定，又是对个体劳动积极性的褒奖，在保证个体独立性的前提下为社会创造更多的财富。或者说，生产资料的共同占有从根本上解决了初次分配中个体利益与共同利益的分裂与冲突的问题。而且，由于个体财富不可能也不必要向生产资料领域转变，因此这就保障了初次分配所形成的差别不再是个体社会身份、政治层级、支配能力之间的差别，而是个性与能力充分发展之间的差异，这既有利于个体积极地发展自己的能力，又有利于社会以共同利益的方式来充分保障个体自由个性的发展。公平作为初次分配的基本原则，就既能为共同富裕提供价值规范的基础，又能为人与人之间和谐而非争斗关系状态提供保障。

在生产资料共有制的前提下，初次分配以贡献原则为经济尺度，以公平与效率协调为政治尺度，以财富创造的可持续发展与共同富裕为社会尺度。

其一，解决了劳动资料与劳动分离的贡献原则不是以劳动力的平等买卖为基础的贡献原则，而是以劳动过程与劳动结果相统一的贡献原则。从形式上讲，社会主义的初次分配和资本主义的初次分配具有相似性，即都是以劳动量为标准来获得个体的分配份额。但是社会主义的初次分配又与资本主义的初次分配有着根本的区分。从分配的对象上讲，社会主义分配的财富内容是满足人消费的物质资料，除此之外无任何内容可以作为个体占有的财富。当然，在共产主义的第一阶段中虽然生产力的发展还存在着一定的限制，但是马克思认为可以通过特定的限定使以劳动为基础的贡献原则与资本主义劳动平等交换原则区别开来，也和资本主义的应得原则区别开来。① 因为生产资料的共同占有，所以社会劳动与个体劳动没有区别，抽象劳动与具体劳动不再对立，生产的内容也就从资料的财富——商品②，转向满足人与社会发展的物质财富。这既避免了社会生产力的浪费，又使生产及其成果从根本上失去了对人控制的特性。劳动贡献作为分配尺度，是一种表达机会平等、参与平等和权利平等的分配尺度。因为，劳动在生产资料共同占有的前提下真正就是社会总劳动，具有标准的同一性与政治的一致性。当然无可否认的是，劳动作为人的活动能力是具有差别的能力，但是在生产资料共同占有前提下的劳动能力之间的差别，不再可能泛化成政治权力和社会权利的差别，只是个体性的差异。这样

---

① 我们知道在资本主义生产与分配逻辑中，死劳动与活劳动不作区分地占有生产的份额。应得作为资产阶级表达其分配正义的重要概念，就是以意识形态的方式激活了资产阶级占有的死劳动和工人的活劳动争抢社会财富。马克思在《德意志意识形态》中特别批判了资产阶级如何以意识形态的话语对资产阶级利益的重申。诸如"应得"这样的分配范畴也无非是资产阶级利益"具有普遍性的形式"。（参见 ［英］罗斯·阿比奈特：《现代性之后的马克思主义——政治、技术与社会变革》，王维先等译，江苏人民出版社 2011 年版，第 14—15 页。）

② 马克思指出商品是资本主义的财富形式，"资本主义生产方式占统治地位的社会的财富，表现为'庞大的商品堆积'，单个的商品表现为这种财富的元素形式"。资本主义的生产目的是商品，分配内容也是商品。这种生产形式虽然赋予现代的社会生产发达和高效的管理与组织模式，却引发社会生产的根本危机，使生产从社会存在的内容和目的转变成了资本主义财富积累的手段。（参见《马克思恩格斯文集》第 5 卷，人民出版社 2009 年版，第 47 页。）

的差异与个体的主观努力无直接的联系，只是劳动种类、自然条件和某些偶然性因素的结果。因此，"权利不应该是平等，而应该是不平等"，贡献作为尺度在初次分配中关注的是劳动者的劳动时间、劳动强度，而不与个体劳动能力的必然性因素直接联系；同时由于分配内容是用于消费的物质资料，不存在向生产资料转移的可能性，即使是有节余转换成生产资料，那也是社会共同占有的生产资料，不可能成为分配份额的前提；更为重要的是，在生产资料共同占有前提下（的贡献原则下）的分配只是共产主义第一阶段的手段性策略，所以是必然要被扬弃的分配方式。当然，马克思和恩格斯也清楚地认识到以劳动为尺度的贡献原则强调的个体给予社会的"劳动量"①。而且，"只要分配为纯粹经济的考虑所支配，它就将由生产的利益来调节，而最能促进生产的是能使一切社会成员尽可能地全面发展、保持和运用自己能力的那种分配方式"②。所以，以劳动量为尺度的贡献原则的初次分配，就是以等额劳动量获取等额消费资料的正义分配。

①　马克思在《哥达纲领批判》中特别强调了"劳动量"的内涵，马克思给出的例证是，"社会劳动日是由全部个人劳动小时构成的；各个生产者的个人劳动时间就是社会劳动日中他所提供的部分，就是社会劳动日中他的一份"。以此，我们可以逻辑地推论，马克思所说的劳动量就是劳动时间和劳动强度。当然，这里我们必然面对的质疑是，如何处理劳动的质。如果我们从马克思提出这一观点的语境来看就可知，马克思设定劳动时间和劳动强度作为劳动量内容的前提是生产资料公有制和生产力高水平的发展，所以在此意义上，劳动的质可以被社会整体性地安排妥善处理，虽然不是完全解决。有理由相信，在此条件下的社会生产，劳动的质已经达到相对高的程度，此其一。其二，则是社会生产的整体性安排可以科学地调节不同质的劳动的劳动者处于不同的劳动岗位，既保证社会生产的整体性，又不至于使劳动质影响劳动量的内容。（参见《马克思恩格斯全集》第25卷，人民出版社2001年版，第19页。）

②　《马克思恩格斯全集》第20卷，人民出版社1971年版，第218页。

其二，共产主义的社会生产不是为了某一部分人的社会生产，而是为了所有的福祉的社会生产，无论是以"按劳分配"还是以"按需分配"来实行初次分配，都是在生产共同占有的基础上对公平与效率、冲突与矛盾的解决。一方面，马克思以"不平等权利"的公平原则来解决社会生产的效率问题。马克思初次分配的公平是建立在充分把握社会生产力条件之上的分配。在共产主义社会的高级阶段，按照马克思的设想，"按需分配"本身就是公平与效率的共同实现。而在共产主义社会的第一阶段，初次分配的公平主要体现为"按劳分配"所坚持的机会公平、参与公平与社会公平之中。"按劳分配"承认了劳动者"劳动量"作为分配尺度的一致性，但又钝于不同劳动者在质上绝对区别，从而有利于提高劳动者的劳动积极性，提高生产率，丰富社会产品，积累社会财富。"按劳分配"又敏于初次分配所造成的不平等事实，即是说，"按劳分配"在初次分配时就特别考虑消除不平等结果对劳动积极性的挫伤以及对效率的决定性影响（如我们前文中论证分配对象设定原则时所有特定分析的各种扣除）。另一方面，马克思的初次分配正义是特别注重效率的初次分配。只有社会生产保障一定的效率，初次分配的公平才有意义。在生产力极端低下与极度发达的情况下，是不存在初次分配的公平问题的。因此，初次分配是社会产品相对丰富的前提下才有公平可言的，而机会平等与参与平等则有利于调节社会生产率。或者说，初次分配以机会平等、参与平等等原则既保证了竞争原则对生产效率的保障，又实现了公平与效率的平衡。因此，虽然在初次分配中无法给予公平以事实平等的内涵，却使平等成为了公平的重要原则，显然具有非常重要的意义。当然，共产主义社会初次分配的公平作为体现其制度优越性的分配原则，还在于这是一种消灭了生产资料私有制的公平分配，尽管还存在不平等的事实，却使公平的初次分配关注的不再是何种的不平等可以忍受的问题，而是如何以公平与效率统一的社会生产与分配来实现人的自由与全面发展的问题。

其三，基于生产共同占有的初次分配更是保证生产可持续和共同富裕的初次分配。社会主义的初次分配之所以是正义的分配，首先在于其消灭了因为生产资料私有制带来的生产浪费与分配偏向的问题，是旨在使社会成员真正享有社会发展成果的分配形式。① 因此，社会主义的初次分配是基于一种生产正义的分配正义。在这社会主义的生产正义中，生产从创造财物真正转向财富，转向发掘与实现"共同的、社会的生产能力"，创造共同的社会财富。从社会制度的安排上讲，社会财富的初次分配既需要保障社会生产的整体效率，又要保障社会生产主体的劳动能力与个性发展；从个体分配要求来讲，既需要满足个体的生活需要，又要考虑与保障社会整体生产的可持续与共同富裕。

因此，生产正义既是初次分配正义的保障，又是初次分配公平的实现。而要真正保障初次分配公平具有现实的社会历史内涵，还必须在再分配的过程中正视与解决初次分配所具有不平等的内在局限。

---

① 分配是人享有人类文明与社会进步成果的基本方式。"分配内容一方面表征人类文明状态与社会发展的程度，另一方面体现人类处理自身创造性产物的价值原则。分配方式一方面表征人对自我的意识程度，另一方面体现人对人类整体发展现状与前景的基本态度。"（参见涂良川、胡海波：《论马克思的分配正义思想》，《现代哲学》2009 年第 2 期。）

二、追求社会平等的再分配

如果说初次分配的主导逻辑是市场的话，那么再分配的价值目标就是社会平等。再分配作为一种制度设计，在不同的政治前提下有不同的取向。在资本主义法权制度前提下，就是实现福利国家的基本功能；而在社会主义生产资料共同占有前提下，就是实现真正的社会平等。

以生产资料共同占有为基础的再分配，关注的不是对社会主体的政治认同问题，而是社会经济在运行过程中所呈现出来的不平等[1]，旨在从制度的总体设计上实现社会平等的分配方式。第一，马克思的再分配在社会主义的政治与经济条件下才获得规范性意义，再分配也不是马克思批判资本主义经济政治制度的规范性范畴。[2] 或者说，如

---

[1] 对再分配的讨论，我们不是重复当代政治哲学中身份政治与阶级政治的争论问题。历史唯物主义告诉我们，解决了生产资料的私有制问题，就不再存在阶级对立的问题。在生产资料公有制社会中，不存在经济特权向政治特权转移问题，不存在政治支配问题。但是人与人之间在财富占有上的差别却会因为初次分配的局限性而显现出来。再分配恰恰就是对初次分配局限性所产生的不平等进行进一步的政治修正问题。也正是在此意义上，我们在研究中认为，社会主义的再分配不是要造就不改变社会阶级状况的福利国家，而是要在改变社会政治组织结构的基础上来实现真正的社会平等。

[2] 我们同意日本马克思主义者小堀真裕的看法，"马克思主义是劳动者解放的理论，但也不是以向劳动者进行再分配为目的的理论。因此，马克思主义追求的是通过革命实践向社会主义过渡，而不是对财富进行再分配这样的修正和改变"。（［日］小堀真裕：《当今日本社会中的马克思主义与左翼运动——迟来的"再分配"政治的走向》，《学海》2011 年第 2 期。）但是，我们却不同意南茜·弗雷泽不反思资本主义生产资料私有制前提而将马克思再分配理论定论为是对社会经济的不公正的政治应得方式，以及她以剥削对之进行的理论分析。（参见［美］南茜·弗雷泽、［德］阿克塞尔·霍耐特：《再分配，还是承认？——一个政治哲

果不解决生产资料与劳动者的分离问题，再分配只能是对私有制的意识形态粉饰。当然，马克思在分析资本主义剩余价值转移时，用到了剩余价值的重新分配的术语。① 再分配不是要表达利益在某一个群体内部进行经济转移，而是要在社会整体上对社会经济进行规范。正如马克思一再强调，社会分配不是"不折不扣的劳动所得"，而是"有折有扣的劳动所得"一样。马克思再分配理论首先是对社会主义社会生产与生活进行冷静估计之后提出来的。② 第二，社会主义的再分配是财富在社会内部流动，旨在解决生产效率与社会不平等的政治与经济手段。按照马克思的经典论述，再分配是补偿基金、意外基金、社会基金、行政基金等的主要来源，是取之于民、用之于民的财富转移方式。这样的分配一方面是解决生产的可持续与生产效率问题，另一方面则是用于劳动者劳动能力与社会保障，造就在初次分配中具有竞争力的劳动者。或者说，社会财富总体性的再分配不是财富向某一领域或某一群体集中或分散的方式，而是保障社会基本公平的政治安排。所以社会主义国家的财税制、银行信贷、价格机制用于再分配的经济手段，既是基于市场经济规律的经济设计，更是旨在实现社会平等的政治设计，即一方面保障财富有序流动，实现社会生产的繁荣；另一方面是防止财富过度集中，防止经济形成支配权。

　　社会主义的再分配，不是维护私有制和社会不平等的福利制度，

学对话》，周穗明译，上海人民出版社 2009 年版，第 9—10 页。)

①　参见裴宏、李帮喜：《剩余价值的生产与再分配——基于分析马克思主义视角》，《当代经济研究》2014 年第 12 期。

②　参见《列宁专题文集　论马克思主义》，人民出版社 2009 年版，第 262—263 页。

而是从劳动者自身发展出发的探索社会平等的分配制度。社会再分配不仅是社会主义的制度追求，也是资本主义福利国家经常采用的政治制度。但在福利资本主义中，社会再分配一般而言有两种直接目的：其一，实现资本主义的文化认同，从而回避社会与经济不平等的真实根源；其二，保障资本主义经济的发展和社会稳定，从而维系资本主义的政治生命。因此，福利资本主义的再分配不是具有批判性的政治与经济实践，而是巩固资产阶级利益、实现财富积累的经济手段与政治策略。但马克思政治哲学视阈的再分配却与之根本不同：第一，马克思的再分配是根源于"不平等权利"的再分配。再分配的目的是要从消费资料占有的意义上改善不同社会主体不平等的现实。从社会主体的角度来看，不平等权利是个体提出再分配的政治根据；从社会制度的角度来看，不平等权利是制度在分配制度设计时必须要解决的社会现实问题。因为，社会主义的再分配不是积累财富，而是获取社会费用，将社会的生产主体真正作为社会不可或缺的一分子来对待。第二，由于社会主义不存在阶级对立，所以再分配从本质上讲是对社会整体的垂直分配，而非资本主义福利国家阶级内部的平等分配（财富转移）。垂直分配意味着，再分配是打破社会阶层固化的政治手段与经济方式。这是因为，生产资料的共同占有直接取消了个人积累财富的积极性，从根本上消解了阶级对立对于财富定向流动的前提预设。第三，马克思"不平等权利"的再分配，从根本上解决了权利与权力二元对立的政治结构，不再存在资本与劳动、交换价值与使用价值、生产资料与劳动者之间的二元对立。在此意义上的再分配是以政治价值的方式来配置经济要素和推动财富流动，即将消灭不平等现实作为再分配的核心主题。

第二节　非选择性不利条件与分配正义

如何对待非选择性不利条件对人现实生活境遇与生活前景的影响，一直是分配正义关注的重大问题。对待非选择性不利条件的理论态度与实践方式，体现出不同分配正义观念对待平等的态度。①马克思在《哥达纲领批判》中，以批判拉萨尔的方式提出了他对非选择性不利条件的历史唯物主义阐释，"一个劳动者已经结婚，另一个则没有；一个劳动者的子女较多，另一个的子女较少，如此等等。因此，在提供的劳动相同、从而由社会消费基金分得的份额相同的条件下，某一个事实上所得到的比另一个人多些，也就比另一个富些，如此等等"②。从任何特定的某一个方面对这些非选择性境遇进行齐一化的规治就是不正义。马克思特别强调，在分配中如果只把社会主体当作抽象的劳动者，那么就是把人当作抽象的存在，没能认真地对待人的非选择性的不利条件，因而也就不是把人当作社会的存在来看待。

---

① 平等是分配正义必须面对的核心价值。但是何为平等、如何平等却很难在不同的分配正义之间达成一致性意见。"非选择性不利条件"是 G.A. 科恩以分析马克思主义的理论范式在对马克思历史唯物主义进行现代诠释后提出来的一个核心范畴。这一范畴用于刻画社会主体的事实境遇及其原因。科恩这一范畴的提出，回应了当代西方政治哲学对非自主选择偶然性的非道德性问题，充分体现了马克思历史唯物主义政治哲学的当代解释力与规范性意义。因此，我们虽然不把这范畴局限于解决机会平等问题，但我们却认为这一范畴能够体现马克思分配正义追求的社会平等。

② 《马克思恩格斯全集》第 25 卷，人民出版社 2001 年版，第 19 页。

一、非选择性不利条件的历史唯物主义审视

人是社会的存在物，分配的理论与实践必须认真面对非选择性不利条件。非选择性不利条件既是社会存在的事实，也是人存在的事实。个体的天赋、出生和命运是非选择和非强加的事实。这样的事实既从自然条件上影响人的行为能力，也从社会条件上决定人的行为能力。[①] 按照罗尔斯的观点，"每个人对于所拥有的最广泛的平等基本自由体系相容的类似自由体系都应有一种平等的权利"[②]。按其原意来讲，非选择性不利条件不能影响个体机会平等。但从历史唯物主义的视角来讲，非选择性不利条件作为社会整体的事实性产物、个体作为社会性存在，非选择性不利条件不能作为排除个体要求分配份额的个体性原因。[③] 应对非选择不利条件的机会平等策略，是以起点平等的方式绕开了非选择性不利条件的社会历史现实。克服非选择性不利条件实现人的自由解放与自由个性，显然不是仅仅给予社会主体起点平等的机会和资源，而是既要保障起点平等，又要实现过程平等，更要

---

① 按照对贡献原则的一般理解而言个体的行为能力与个体的分配份额成正比关系。一个人的能力越强，按贡献原则获得的分配份额也就越多。因此，非选择性条件在反思贡献原则的前提下，必然会引发分配上的不平等。但如果我们直接宣布这样的因素是道德上的不应得，或者属于社会总体性财富，既会违反我们的道德直观，也会摧毁我们的行为规范。因此，我们不在否定拉平的意义上来解决这个问题，而是在解决非选择性境遇差别的基础上来探寻可能的分配道路。

② [美] 约翰·罗尔斯：《正义论》，何怀宏等译，中国社会科学出版社 2009 年版，第 47 页。

③ 人是社会性的存在，是马克思政治哲学的核心观点之一。人的本质在于社会生成，社会由人的活动所构成。"人的本质不是单个人所固有的抽象物，在其现实性上，它是一切社会关系的总和。"（《马克思恩格斯选集》第 1 卷，人民出版社 2012 年版，第 139 页。）

实现实质平等。或者说，马克思改变社会政治经济结构的分配正义路径，才是从历史发展整体的意义上应对非选择性不利条件的政治哲学理路。

非选择性不利条件是人存在的自然事实，既应该充分尊重，又必须防止其发展成不可逆转的人与人之间的平等现实。马克思特别强调人与人之间自然的非选择性境况，比如性别、年龄等。恩格斯则强调不能用意志的平等来代替人与人之间自然的非选择性差异。因此，非选择性不利条件或有利条件，是人与人之间存在的自然必然性，打破这种必然性并不是要绝对同一化个体，而是要给予不同个体充分的发展条件，形成差异的平衡与多样化的稳定。客观地讲，"两个意志的完全平等，只是在这两个意志什么愿望也没有的时候才存在"[①]。如果对自然必然存在的非选择性差别进行人为的剪裁的话，人就被抽象化。而一当还复非选择性差别的时候，即"一当它们不再是抽象的人的意志而转为现实的个人的意志，转为两个现实的人的意志的时候，平等就完结了"[②]。而这恰恰是"真理的""科学的"态度和"洞察力"。因此，历史唯物主义政治视阈内的非选择性境况，并不意味着，更不要求要用齐一化的原则来进行满足。[③] 分配正义对非选择性境况差异的重要性，也并不意味着分配没有统一标准，而是分配的标准必须充分贴合人的存在境况。

[①]　《马克思恩格斯全集》第 20 卷，人民出版社 1971 年版，第 112 页。

[②]　《马克思恩格斯全集》第 20 卷，人民出版社 1971 年版，第 112 页。

[③]　在分配正义的当代研究中，非选择性境况问题虽然被提出来了，却在研究中被狭隘化了，也就是没有真正把人还原为社会历史中的现实存在，而是将人作为抽象政治与经济关系中的原子式个体而存在。或者说，是"经济人"的抽象思维主导着当代分配正义对于运气、机会平等的研究。

　　而且，除却人自然的非选择性以外，还存在着现实的生活条件的非选择性影响。"在国和国、省和省、甚至地方和地方之间总会有生活条件方面的某种不平等存在，这种不平等可以减少到最低限度，但是永远不可能完全消除。"① 生活方面的非选择不利条件，并不能否认不利生活区域中生活的存在论意义。但如何让特定的生活方式值得坚持与珍视就是重要的历史问题。或者说，政治与经济的安排并不是要将统一的"先进"的"生活方式"推广到人类社会的全部领域，而是要以差异化的方式满足不同的生活需要。所以"消灭一切阶级差别"的历史唯物主义原则才能真正赋予"消除一切社会的和政治的不平等"具有真实的社会历史意义。

　　从社会历史的整体来看，非选择性不利条件与社会生产力发展、社会政治经济结构有着内在关系，不能将之简单地归结为个体或宣布其为非道德性，而应在社会变革的意义中不断解决非选择性不利条件。对人类社会的史前史阶段而言，社会分工是最能体现非选择性不利条件的。② 在马克思看来，非选择性不利条件，"并不是由于人们认识到阶级的存在同平等、正义等等相矛盾，也不是仅仅由于人们希望废除阶级，而是由于具备了一定的新的经济条件"③。社会生产力的发展产生非选择性不利条件的社会历史前提，而社会生产关系则具体

----

① 《马克思恩格斯全集》第 19 卷，人民出版社 1963 年版，第 8 页。

② 社会分工与私有制、私有制与社会分工之间的互动关系，形成了人类的不平等和统治关系。而且在传统社会中，人一出生其社会地位就确定了。即使是现代社会中，政治自由与政治平等也没有解决非选择性不利条件的问题，因为私有制限定了人改善自己的能力，获得良好社会流动的能力。（参见《马克思恩格斯全集》第 19 卷，人民出版社 1963 年版，第 243 页。）

③ 《马克思恩格斯全集》第 19 卷，人民出版社 1963 年版，第 243 页。

地表达了这些条件对于社会主体的政治影响。不反思社会经济前提而直观地描述非选择不利条件，只是默认"劳动者的不同等的个人天赋，从而不同等的工作能力，是天然特权"①。从这里我们可明确地看出，如果不深入社会的政治经济结构，那么是不可能区分劳动者的阶级差别的。对非选择性不利条件的"道德"否定，是基于将社会主体抽象同一化之后的直观否定。因此，我们可以逻辑地判断，在马克思看来非选择性不利条件不应该被社会的政治经济结构固化或放大，社会的政治经济变革是其能够真正解决的重要前提。

　　非选择性不利条件的解决是一个历史的过程，必须在与社会历史发展的一致中解决非选择性不利条件，这一方面有利于形成平等的起点、过程和结果，另一方面才有可能真正激发社会主体的积极性，实现积极的社会平等。具体而言，第一，不能脱离具体的历史语境来抽象否定非选择性不利条件。对于人类社会而言，非选择性不利条件是具体的、社会历史的产物，受制社会发展的程度与人现实的实践能力。非选择性不利条件是历史性的相对范畴。是对一切民族的、经济的、政治的、宗教的现实历史条件的政治经济表达。不存在完全平等的非选择性语境，人活动的不同情境是分配的现实前提与社会历史限定。第二，非选择性不利条件作为历史发展的产物，一方面体现了社会发展的历史进步，另一方面又成为进一步发展的障碍与限制，因此必须以历史的方式来辩证地处理。任何直观地宣布运气平等、机会平等的方式都不是解决这一问题的有效方案。只有在改变社会政治经济结构的意义中不断地消解其限制性因素，非选择性不利条件才有可能

---

① 《马克思恩格斯全集》第 25 卷，人民出版社 2001 年版，第 19 页。

真正获得解决。第三，非选择性不利条件只有既从政治领域，又从社会经济领域中才有可能真正解决。资本逻辑下的非选择性不利条件在阶级对立的条件下不是趋向于差距的最小化，而是不利群体之间差距的加大和固化。因此，对于非选择性不利条件，"无产阶级平等要求的实际内容都是消灭阶级的要求。任何超出这个范围的平等要求，都必然要流于荒谬"①。

因此，非选择性不利条件对于社会性存在物而言，是社会关系的产物，是个体自然必然性的社会化。从人的本质的特质上看，是那些"把许多个人自然地联系起来的普遍性"规定着人的活动能力、活动方式，从而也就从根本上规定了非选择性不利条件的社会历史本质与政治经济特征。或者说，非选择性不利条件其实是"经济范畴的人格化"，是"阶级关系和阶级利益"的经济与政治表现，是"社会关系的产物"②。消除非选择性不利条件既需要从分配的角度解决机会、运气的平等问题，更需要从政治经济结构变革的角度上根本消除产生非选择不利条件的社会历史前提。

二、互惠与共享

具体化"不平等权利"平等要求的互惠与共享原则是应对非选择性不利条件，实现机会平等与实质平等的分配正义。

首先，只有消灭私有制，规范市场行为，机会平等才具有实质意义，互惠与共享才能超越利益成为解决非选择性不利条件的可能方

---

① 《马克思恩格斯选集》第3卷，人民出版社2012年版，第484页。
② 参见《马克思恩格斯文集》第9卷，人民出版社2009年版，第99页。

案。就现实而言，生产力的急速进步、社会财富的相对丰富与充裕是不争的事实，但非选择性不利条件的不平等后果却在加剧。其原因还在于所有制问题。市场的不可选择性，意味着我们只能从规范的角度去限制不平等后果，然而所有制的可选择性则意味着可以设想改变所有制之后的可能状况。按照前面章节的论证，我们可知马克思不平等权利的分配正义虽然强调再分配对"按劳分配"可能的不平等的修正，但马克思却一直坚持只有劳动才能获得分配份额，资本如若参与分配则意味着支配与剥削。所以，打破所有制对非选择性不利条件的根本性影响就具有基础性地位。一些人对另一些劳动成果的占有与剥削，作为私有制的政治后果，固化了非选择性不利条件的不平等。在私有制存在的情况下，是不可能打破非选择性不利条件而实现机会平等，更不论所谓过程平等与实质平等了。或者说，如果不根除不合理的机制，以抽象的机会平等来应对非选择性不利条件可能的不平等后果，只能是一种理论想象。因为，无论是互惠还是共享都存在着对人性道德的极高要求。如果存在使个人逃避互惠与共享的道德他利的权利观念与政治现实，我们完全有理由可以相信非选择性不利条件必然会产生不平等的后果。在此，我们应肯定科恩野营思想实验的政治哲学意义。① 虽然科恩思想实验对现实进行了极为抽象的简化，但他的研究却证明了不合理制度对于非选择性条件的强化与影响。

---

① 在《为什么不需要社会主义呢?》一文中，科恩设定了"野营旅行"的环境，通过对人在此情境下行为的事实分析来迫近没有私有制观念环境下可能的分配情形。以此为基础，科恩提出了著名的两条原则：平等与共同体。我们认为科恩的这一思想实验，其实是验证了一种人为设定无私有制前提下的互惠原则与共享原则。（参见吕增奎编：《马克思与诺齐克之间——G.A.柯亨文选》，江苏人民出版社 2007 年版，第 261—280 页。）

其次，人作为社会性的存在物，使得人可以在互惠与共享中共同面对非选择性不利条件。在马克思看来，人作为社会性存在物，既不需要由个体局限性论证，也不需要由社会是利益共同体来论证（其根本在于人不是抽象性的、孤立的存在而归根到底是社会的类存在）。作为类存在的人，具有慷慨与合作的人性前提。当然，在现实的政治与经济行为中，回避人性的自私是不可取的，但如果像资本主义那样无尽放大私欲与恐惧也是不可取的。① 基于资本主义私利驱动的财富丰富，并不能真正用于解决非选择性不利条件可能的不平等后果——只能围绕何种的不平等是合法的这样的"现实"问题而对不平等的现实进行外在批判。但是，如果我们将人是社会性类存在这样的社会观念作为面对非选择性不利条件的前提，那么情况可能是另外一种状态。在马克思的政治哲学视阈中，人作为社会性的类存在物、类个体，个体即类的辩证关系，意味着个体和社会从来都不是对立地来思考自我的私益和社会整体的利益。因此，互惠与共享不过是类存在物表现自己社会本性的经济行为与政治方式而已。其实，马克思说"权利不应该是平等，而应该是不平等"时，就从反对抽象平等的角度反对了基于抽象孤立的政治个人与抽象政治权利理解社会合作的自利观念。

再次，以互惠与共享的方式对非选择不利条件的补偿，在保障人

---

① 罗尔斯在他的《正义论》中明确地把社会定义为利益的合作体。如果我们从马克思的视角来看，罗尔斯只是对社会进行了合作机制的描述，而非对社会存在与人的关系进行深入地把握。也正是因为罗尔斯社会观的局限，使他只是对社会平等问题进行了有限性的论证与解决。或者说，罗尔斯描述性的社会观只能使在正义论中解决何种的不平等是可以忍受的，而不可能真正实现"平等就是对不平等的消灭过程"的历史唯物主义的平等实践。

民利益的同时，也将个人任性选择的后果限制在特定的范围内。非选择性不利条件首先意味着与个人选择性后果区分开来。这既符合现代社会历史发展的潮流与现代人对自由的理解，又符合社会主体对自我决定与自我选择珍视的价值观念。非选择性不利条件成为平等与社会平等实践的重要问题，它也不再是重复休谟的正义存在条件，而是物质相对充裕条件下对不平等问题的重新审视。当然，我们应该看到，今天分配正义研究中的诸多学者，特别是西方学者提出运气平等、机会平等等诸多不同的理论范式来阐释他们对非选择性不利条件的看法，但当这些理论从根本上遗漏人民利益这一核心的时候，就注定不会从社会政治与经济结构的核心——所有制上展开讨论。所以，运气平等和机会平等中个人选择后果归结于个人的作法，其实只是重复了经济场域中的理性博弈逻辑，而非注重分配正义如何消除非选择性不利条件这一根本问题。

总之，生产资料共同占有、社会财富的丰富、互惠与共享这三者是消除非选择性不利条件的分配正义三项基本要求。或者说，社会主义的分配正义，只有真正以生产资料共同占有的方式来消解支配逻辑与剥削前提，才有可能实现财富创造与社会发展成果为人民共同享有，这是以社会整体的方式来应对非选择性不利条件的生产关系前提。社会财富的丰富与生产能力的提高，一方面是保持生产资料共同占有优势的经济证明与政治论证，另一方面则是为社会与个人获得解决非选择性不利条件提供必要的物质前提。或者说，应对非选择性不利条件，需要一种体现社会制度政治优越性、尊重人类存在社会性、激发人性合作与分享的市场经济制度，只有这样的市场经济才一方面创造出丰富的物质财富，另一方面创造出一个普遍富裕解决非选择性不利条件的社会。而互惠与共享却是分配制度设计时应该考虑到实践策略，更应该是个体提出生活需要、获得生活资料时的价值准则。只有这样，个体的非选择性不利条件才能成为他人的问题，他人的努力才有可能使自我非选择性不利条件不至于累积，从而产生不可解决的不平等后果。

第三节 公平与效率难题的内部协调与外部环境限制

公平与效率是人类经济社会发展的一对基本矛盾，可以说，人类经济社会的发展史就是探索如何协调公平与效率关系的历史。但是，公平与效率的关系这一难题绝非仅仅是一个经济学层面上的实证性问题，更为本质的是，它是一个关乎人类生存与发展的重大的生存论问题。这就意味着，我们在探讨公平与效率的难题时，非常有必要超出狭隘的经济学视域，将之进一步上升到哲学生存论的高度，以马克思主义的分配正义思想为基础，在分配实践中将社会经济运行的当前状态与发展前景结合起来，将人的个性需要与社会的和谐稳定结合起来，在现实中"把人的关系和人的世界还给人自己"。唯有如此，公平与效率难题的解决才能与人的根本性发展需求实现内在契合，才不至于堕入物化逻辑中而偏离其人性根基。

在具体探讨公平与效率难题之前，首先要明确界定的就是公平与效率的具体内涵。效率主要指资源配置的效率，一个社会资源配置达到这样一种状态，即不可能通过重新组织生产来使任何一个人境况变好而不使另外一个人的境况变坏。而公平则包含着两个方面，一方面是机会公平，另一方面是结果公平。在《21世纪资本论》中文版自序中，皮凯蒂就曾指出："尽管我们身处世界各地，但大家要面对同样的问题——调和经济效率、社会公平与个人自由之间的矛盾，防止全球化及贸易、金融开放带来的利益被少数人独占。"[①] 习近平总书记也强调指出，结果公平是公平的应有之义，"维护社会公平正义，解决好收入差距问题，使发展成果更多、更公平惠及全体人民"[②]。

在这个意义上，我们可以从以下三个方面来具体剖析马克思分配正义视阈之下公平与效率难题：其一，传统观点尤其是资本主义私有制和传统社会主义公有制对公平与效率难题的破解及其内在症结。其二，依据马克思的分配正义思想，探索实现公平与效率内部相互协调的有效途径。其三，创造良好的外部环境，尤其是健全的制度安排、扎实的物质基础以及积极的舆论氛围，为公平与效率内部协调的实现保驾护航。总之，破解公平与效率难题的根本要旨，不仅在于收入、机会和各种资源的平等分配，也在于社会整体福利的提升，尊重个性并促进个性的全面发展。这是从马克思分配正义出发去解决公平与效率难题的题中之义。

一、公平与效率难题的困局

破解公平与效率的难题，可以说是人类社会发展的基本目标，人

---

① ［法］托马斯·皮凯蒂：《21世纪资本论》，巴曙松等译，中信出版社2014年版，中文版"自序"。
② 习近平：《在省部级主要领导干部学习贯彻党的十八届五中全会精神专题研讨班上的讲话》，《人民日报》2016年5月10日。

们为此也设想了诸多方案。西方许多经济学家认为，建立在生产资料私有制基础之上的市场经济通过那只神奇的"看不见的手"能够化解公平与效率之间的冲突，进而实现公平与效率以及个人利益与社会整体利益的和谐统一。美国学者库兹涅茨就在 20 世纪提出一个著名的理论，即"经济增长的大潮会使所有船只扬帆起航"。具体而言，收入差距必然会呈现出先扩大后缩小的态势，最终处于一个人们可以接受的水平。但实践证明，"看不见的手"并非如其吹嘘的那么万能，收入差距并非呈现出缩小的趋势。经过严格的数据分析，皮凯蒂指出，"20 世纪的两次世界大战涤荡了财富图景并改变了财富结构，如今已经是 21 世纪的第二个 10 年，那些曾经被认为将会消失的贫富差距竟然卷土重来，当前贫富分化程度已经逼近甚至超过了历史高点"①。

除了库兹涅茨的收入差距理论外，为解决资本主义社会的贫富差距，化解公平与效率之间的矛盾，经济学家和政治学家纷纷开出了各种各样的"药方"，但这些"药方"要么在公平与效率之间摇摆不定，要么追求二者的中和，比如哈耶克和弗里德曼的"效率优先"，罗尔斯和琼·罗宾逊的"公平优先"，以及萨缪尔逊和布坎南的"公平与效率兼顾"。这些"药方"在资本主义社会的发展过程中纷纷失灵了，并未如其所是地发挥出相应的作用，与此同时，公平与效率之间的冲突并未得到缓解，反而表现出了加剧的态势。

这就使人们不得不去反思，倾注了人类智慧的这些"药方"的根

---

① 〔法〕托马斯·皮凯蒂：《21 世纪资本论》，巴曙松等译，中信出版社 2014 年版，中文版"自序"。

本性症结何在。实际上，这种"药方"均存在着一个致命的理论盲点，那就是忽视、掩盖甚至是保护资本主义生产资料私有制，企图以一种产权分散的私有制来替代产权集中的私有制。这就使得他们尚未认识到导致公平与效率冲突的根本原因，他们认为"收入的差距主要是由拥有财富的多寡造成的"①，而不是根本上由财产所有的制度本身所决定的。这就把解决问题的方向引入了歧途，这不仅仅是一个"量"上的财富再分配问题，而是一个"质"上的制度性变革问题。马克思曾明确指出，资本主义社会的基本矛盾就是，生产资料私有制和社会化大生产之间的矛盾。资本的本性就是自我增值，通过将生产资料集中在少数人手里，实现利益最大化。因此，不改变资本主义私有制却以之为前提的"药方"从根本上无法妥善解决公平与效率这一人类性难题。

与资本主义私有制一样，忽视生产力发展水平的单一公有制也无法妥善解决公平与效率这一人类性难题。单一公有制的实行，尽管有其特殊的历史原因，但实践表明，高度集权的管理模式和平均主义的分配方式极大地挫伤了劳动者的积极性和创造性，进而知识经济发展效率低下，物质生活普遍贫困，精神生活相对贫瘠。这就使得，社会整体福利得不到相应的提升，劳动者的个性得不到应有的尊重，从而，公平与效率二者陷入怪圈之中，整个社会发展处于停滞状态。这就意味着，公平与效率难题的破解必须既要考虑到现实的生产力发展状况，也要考虑到生产关系的变革，唯有如此，社会的整体福利才会获得提升，劳动者的个性才会获得全面发展。这就意味着，我们不仅

---

① ［美］萨缪尔森、诺德豪斯：《经济学》，中国发展出版社 1992 年版，第 1252 页。

要探索实现公平与效率内部相互协调的有效途径，而且要创造良好的外部环境，尤其是扎实的物质基础、健全的制度安排以及积极的舆论氛围，为公平与效率内部协调的实现保驾护航。

二、公平与效率的内部协调

马克思在《哥达纲领批判》中指出，按劳分配和按需分配分别是共产主义初级阶段和高级阶段的分配方式。按劳分配具有两个方面的特点：其一，按劳分配的前提是生产资料公有制，完全否定了资本主义私有制；其二，按劳分配依然具有资产阶级法权的性质，因为它按照同一个尺度即"劳动贡献"来分配消费资料。可以说，马克思所确立的按劳分配，实现了公平与效率之间的内部协调，第一次破解了公平与效率这一人类性难题。

首先，按劳分配保证了社会公平的实现。实际上，社会公平的实现，从生存论的意义上看，并不仅仅在于物质财富占有的多寡，而在于劳动者个性的发展不受他人的支配。在资本主义私有制条件下，劳动力成为商品，整个社会被市场机制所绑架，政治权力成为私有财产（经济权力）的制度保障。而共产主义公有制将所有社会成员提升为劳动者，将劳动确立为生存的第一需要。由此，个体劳动与社会劳动是直接统一的，个体劳动不再经过商品交换等曲折的道路而转化为社会劳动。个人贡献给社会的，只能是自己的劳动，而不是生产资料；同时，只有个人的消费资料才能转化成个人财产。这就从根本上杜绝了"劳动力成为商品"以及"货币转化为资本"的可能性，进而真正将人的发展作为社会生产的目的。

其次，按劳分配保证了经济效率的实现。毋庸置疑的是，市场经济的确是极大地提高了经济效率，优化了资源配置方式。但资本主义制度下的资本的逐利本性使市场经济不能充分发挥其优化资源配置以及激发劳动者积极性和创造性的作用，反而使市场经济陷入盲目的自发性中，使劳动者被市场原则所吞噬。共产主义初级阶段在各方面还带有它脱胎于其中的旧社会的痕迹，尤其是按劳分配这一分配制度。按劳分配将所有社会成员都变成劳动者，按照同一个尺度即"劳动贡献"来分配消费资料，实行"多劳多得，少劳少得，不劳不得"的分配模式。这就实现了人尽其才、物尽其用，资源配置效率也将获得极大提高。当然，正如马克思所指出的那样，由于个人劳动能力的差异性，按劳分配容易造成贫富差距。但是，这种贫富差距不会打破社会公平的底线，私有制的废除既使这种贫富差距保持在合理限度内，又使劳动者免于他人的奴役和支配。

与按劳分配相比，作为共产主义高级阶段的分配方式，按需分配可以说是一种理想性诉求和价值性规范，正如列宁所言，"一旦社会全体成员在占有生产资料方面的平等即劳动平等、工资平等实现以后，在人类面前不可避免地立即就会产生一个问题：要更进一步，从形式上的平等进到事实上的平等，即实现'各尽所能，按需分配'的原则"[①]。按劳分配仍然带有一定的资产阶级法权色彩，实际上是一种形式平等，并将劳动作为生存的第一需要。但是，按需分配彻底扬弃了资产阶级法权，力图实现一种事实上的平等，进而将劳动作为生活的第一需要。在这个意义上，"需要"不仅仅是一种合规律性的生物性需要，同时也是一种合目的性的本质性需要，"需要"的双重属性

---

① 《列宁专题文集 论社会主义》，人民出版社 2009 年版，第 39 页。

实现了内在统一。由此，公平与效率二者不再处于相互对立和冲突之中，而是实现了真正的内在一致。劳动者在最无愧于自己本性的意义上"各尽所能"，充分发挥自己的能动性和创造性，将劳动作为一种展示自身本质力量的方式，进而在对象世界中直观自身。当然，正如按需分配是一种理想性诉求和价值性规范一样，在此基础上实现的公平与效率的内在一致也是一种值得欲求的社会发展的理想状态，它以"集体财富的一切源泉的充分涌流"为基础，以自由个性的全面发展为前提。这也从一定意义上说明，公平与效率这一人类性难题的破解，必将以生产力和生产关系的双重变革为依托，既不是物化逻辑的产物，也不是道德批判的结果。

三、公平与效率的外部环境

马克思的分配正义思想指明了破解公平与效率难题进而实现公平与效率内部协调的现实路径，那就是在全面占有资本主义文明的基础上，在生产资料公有制的前提下，实行按劳分配，并逐步实现按需分配的超越。可以说，马克思的分配正义思想不仅具有批判性、价值性与理想性，而且具有规范性、事实性与实践性。它不仅批判了资本主义私有制基础上的片面强调财富多寡的物化逻辑，而且警示了在生产力欠发达条件下单一公有制的非现实性。因此，要想真正实现公平与效率的内部协调，就必须创造良好的外部环境，包括扎实的物质基础、健全的制度建构以及积极的舆论氛围。

第一，在物质基础方面，必须不断地解放和发展生产力，激活社会财富的一切源泉，为破解公平与效率难题提供必要的物质支撑。通过以上分析可以发现，唯有在不断解放和发展生产力的过程中，公平和效率难题的破解才会获得现实的可能性，二者的良性循环才是可以期许的。而在生产力水平十分低下的条件下，所谓公平只能表现为平均主义，而效率更是无从谈起。因此，只有在生产力水平获得长足发展的前提下，公平与效率的难题才会真正凸显出来并逐渐获得全部的意义；反过来，公平与效率难题的破解也会进一步促进生产力的发展实现质的飞跃，从而为社会整体福利的提升以及个性的全面发展奠定坚实的物质基础。

第二，在制度建构方面，必须不断地健全生产资料的所有制度和消费资料的分配制度，为破解公平与效率难题提供必要的制度保障。唯有生产资料的公有制以及按劳分配，才能保障社会公平的底线不被打破，劳动者才不会处于被资本肆意奴役和压迫的异化处境。换句话说，只有在公有制的条件下，资本的兽性才能被驯服，其优化资源配置、提升经济效率的文明作用才能得到最大限度的发挥。因此，制度建构的最终意义就在于驯服资本权力，消除资本的消极作用，放大资本的文明作用，使资本为全体社会成员服务，而不是成为少数人掌握的权力。在制度建构方面，必须坚持公有制为主体，多种所有制共同发展；必须坚持按劳分配为主体，多种分配方式共存。这样，既保证了社会公平，又提升了经济效率，进而极大推进公平与效率的协调一致。

第三，在舆论氛围方面，必须破除拜物教意识形态的禁锢，为破解公平与效率难题提供必要的精神动力。商品拜物教、货币拜物教以及资本拜物教是植根于资本主义社会的意识形态，它们贬低劳动，将劳动当作实现自我增值的工具，将劳动者当作可以买卖的商品，最大限度地榨取剩余劳动成为它们的最大使命，其结果只能表现为"物的世界的增值同人的世界的贬值成正比"，资本家的巨富与劳动者的赤贫相辅相成，资本家的自由个性与劳动者的庸俗粗鄙并行不悖。因此，要想实现公平与效率的协调一致，必须扬弃人在资本这一"非神圣形象"中的自我异化，在全社会营造出劳动光荣、尊重劳动的舆论氛围，努力将劳动确立为生存的第一需要。这样，全体社会成员才会自觉认同公有制和按劳分配的主体地位。

总之，在某种程度上，马克思的分配正义思想为破解公平与效率难题实现了根本性的生存论奠基，它并不把公平与效率难题仅仅当作经济学的实证问题，而是当作哲学人类学的生存论问题。因此，公平与效率难题，从根本上关联着自由个性的生成。在这个意义上，所谓公平，就在于劳动者的个性发展不受他人的支配，全体社会成员都能共享文明发展成果。所谓效率，就在于每个人都能在最无愧于其本性的意义上充分发挥其能动性和创造性，促进一切集体财富源泉的充分涌流。在马克思分配正义思想的视域下，公平与效率这一人类性难题才能得到彻底的澄清，其破解路径才能得到科学的指引。

第四节　社会流动性与机会平等

社会流动主要是从动态的角度来研究社会阶层分化与组合的过程，它主要表现为社会各阶层相互之间的输送，具体表现为向上的阶层流动和向下的阶层流动。公平顺畅的社会流动对于保持社会有机体的生机活力以及实现社会整体的稳定团结具有重要的基础性意义。然而，由于种种原因，公平顺畅的社会流动总是在某种程度上受阻，由此，便出现了阶层固化这一社会顽疾。在古代社会，占据优势地位的社会阶层掌握绝大多数优势资源，总是通过各种手段阻碍下层社会成员的向上流动。而在现代社会，社会流动具有了公平的外衣和竞争的环节，但也存在着各种无形的壁垒和障碍，下层社会成员往往受困于自己的天赋和出身所带来的不利影响。在社会流动过程中，分配正义主要体现为机会平等的原则。如何通过机会平等原则，增进社会流动的公平性和顺畅性，这是分配正义的主题之一。

一、阶层固化的表现

社会流动表现为社会阶层的分化与组合，是社会成员从某一社会地位转向另一社会地位的过程，它从根本上关系着权利与义务、责任与利益的分配。因此，社会流动具有合理与不合理之分，是分配正义所关注的重要问题。在社会转型的过程中，社会流动往往表现出某种滞后性，换句话说，社会成员从某一社会地位转向另一社会地位的上升通道被阻塞。这就是所谓的阶层固化现象。当然，阶层固化是人类社会发展过程中的普遍性现象，在东西方社会历史发展进程中都有不同程度的表现。但阶层固化的普遍性并非意味着这种现象是合理的，更不能成为为其正当性辩护的理由。在这里，首先必须明确的是阶层固化的影响因素以及表现形式，唯有如此，才能为破解这一难题开出对症的"药方"。

首先，在当代社会发展过程中，阶层固化并非表现为由制度建构的身份固化，而是表现为由于政策缺位所导致的资源固化。在古代社会，社会流动基本上是停滞的，人的基本存在方式主要表现为人身依附性。因此，身份政治一直以来是古代政治的主要表现形式，身份的代际传递阻碍了正常的社会流动，而只有极少数人才能实现阶层逆转，即由较低的社会地位向较高的社会地位上升。从古代封建社会到现代资本主义社会，社会流动的媒介从身份转向了契约，人的存在方式从人的依赖性转向了物的依赖性。这的确是人类文明的巨大进步。但是，在契约标准的形成与演化过程中，由于社会转型期的社会政策尚不健全，转型期的突出问题得不到明确而及时的回应，由此出现了资源的代际传递，一种弱化了的身份的代际传递。但不容否认的是，身份的代际传递与资源的代际传递具有本质性的区别：前者从根本上表现为一种"子承父业"的世袭制，子女直接继承了父辈的社会地位，后者则表现为子女只能继承父辈资源中的一部分。因此，如何打破资源的代际传递，实现资源的共建共享，成为破解阶层固化的主要途径之一。

其次，阶层固化最为突出地表现为社会弱势群体向上流动的渠道受阻。社会弱势群体处于社会的底层。他们出身卑微，受教育水平低，收入微薄，所掌握的社会资源极其有限，缺乏声张自我利益的话语权，基本的生存权益难以得到有力的保障，更不必说高层次的发展需要的满足。如何保障弱势群体基本的生存与发展权益，使他们获得向上流动的社会空间和顺畅通道，是破解阶层固化的主要途径之一。

最后，阶层固化不仅产生于财富分配的不平衡，还产生于风险分配的不均衡。无论是资源的代际传递，还是弱势群体上升渠道的受阻，这种阶层固化主要产生于财富分配不平衡。财富分配和风险分配是社会分配的两种基本形式。在传统工业社会，财富分配占据主导地位。而在后工业时代的风险社会，风险分配则占据主导地位。

不确定性、"怎么都行"成为后工业社会的通行原则。具体而言，社会发展日益呈现出开放性、非线性的态势，风险成为人们最为基本的生存处境，存在主义的焦虑成为人们的心理常态。在后工业社会，风险与财富交织并存，而承担风险的大小则成为人们获取财富并实现阶层上升的主要考量之一。这样，风险分配的不均衡，将人们固定在不同的社会阶层，对人们实现阶层逆转的心理预期产生了极其微妙的影响。人们往往迫于巨大风险所带来的压力而丧失了实现阶层逆转的信心。

　　与古代社会不同的是，在当代社会，阶层固化的出现是一系列"公平"竞争的结果，阶层固化本身具有合法性的外衣，但其所带来的负面影响是显而易见的。其一，阶层固化引发了社会不公。阶层固化导致财富、风险和权力的分布不均衡。财富的分布不均导致两极分化，加剧社会不平等。风险的分布不均使人们丧失了对好生活的基本预期。权力的分布不均引发不同社会阶层的心理失衡。其二，阶层固化引发社会隔阂。"冲突是价值观、信仰以及稀少的地位、权力和资源的分配上的斗争。"[1] 阶层固化导致各个阶层价值观长期彼此隔绝，使地位、权力和资源的分配长期不公，从而引发各阶层相互间的冲突。其三，阶层固化破坏社会的长治久安。社会各阶层的正常合理的流动有助于保持社会整体的安定团结，但阶层固化及其所带来的财富和权力的过度集中，致使某些社会成员长期处于被漠视的社会底层，使其丧失集体归属感以及自我价值的认同感。由此来看，阶层固化是任何一个社会发展过程中不能忽视的病症，它给社会机体带来的负面

---

① 　贾春增：《外国社会学史》（第三版），中国人民大学出版社 2008 年版，第 219 页。

影响是深刻持久的。如何化解阶层固化及其所带来的不良后果，成为任何一个社会有机体不得不面对的重大问题。

二、机会平等原则

通过上述分析，可以得知，阶层固化主要表现为资源的代际传递、弱势群体上升渠道受阻以及风险分配的不均衡。那么，消解阶层固化必须打破资源的代际传递，拓宽弱势群体的上升渠道以及实现风险分配的均衡化。从分配正义的角度来看，机会平等是打破阶层固化的有效路径。

机会平等具有两种表现形态，即形式的机会平等和实质的机会平等。在罗尔斯看来，形式的机会平等主要是指"作为前途向才能开放的平等"。形式的机会平等是一种纯粹的程序正义，它并不关注社会成员自身的自然状况和社会地位，只关注竞争过程是否公平。因此，形式的机会平等所导致的结果只能是一种"自然的自由平等"。与之相反，实质性的机会平等不仅关注竞争过程是否公平，而且也关注社会成员自身的自然状况和社会地位。在实质性的机会平等的原则下，社会成员由自身的自然状况和社会地位所带来的不利处境是不应得的，应该得到相应的社会补偿，由此来进一步保证竞争过程的公平性。

通过实质性的机会平等，社会底层成员的由非选择的偶然因素所带来的不利处境将会得到有效补偿，他们参与社会竞争的原初地位将更具有公平性。这就是罗尔斯对公平市场的界定。在古典自由主义看来，只有自发自生的市场才是公平的，而对市场结果的任何干预破坏了市场的公平，侵犯了公民的经济自由。尽管罗尔斯同样反对对市场结果进行干预和调整的配给正义，但在罗尔斯看来，自发性和自生性并不能完全保证市场的公平性。市场的公平性并不仅仅取决于其自身的运转机制，更为本质性地取决于参与竞争的市场主体所处的具体境域。换句话说，罗尔斯所主张的市场的公平性是实质性的，而不是形式化的，形式化的公平市场实际上就是形式化的机会平等，只是一种"自然的自由体系"。在罗尔斯看来，只有参与竞争的市场主体所处的具体境域是公平的，自发自生的市场才有可能是公平的。那么，如何实现市场主体之具体境域的公平性呢？在罗尔斯看来，这种公平性的实现，必须依赖于市场竞争主体之原初地位的平等。也就是说，竞争主体的原初地位必须最大限度地免受自然的和社会的非选择性的偶然性因素（如出身、天赋、运气等）所带来的消极影响。这样的话，在平等的原初地位这一前提下，自发自生的市场所导致的任何结果才是公平的，而这样的一种公平市场才能被认为是一种纯粹的程序正义。与之相反，不对竞争主体的原初地位加以调节的公平市场仅仅是一种形式意义上的抽象观念，其最终走向的是一种"自然的自由体系"。

可见，机会平等原则的实质性意义来源于对社会成员和竞争主体的原初地位的调节，使之不受非选择的偶然性因素的任意影响，将之真正纳入社会合作事业的范围内。唯有如此，阶层固化的消解才具有现实的可能性，社会流动才能健康、顺畅和合理，社会有机体才能保持长久的活力。

三、阶层固化的消解

作为一种指导性的原则，机会平等原则在社会生活中必须具体化为一系列的政策措施，切实地保障社会底层向上流动的公平性。这些政策措施涉及社会生活的各个领域，主要包括社会保障体系的健全、公共服务的均衡化以及公共权力的规范与监督，它们在不同的侧面体现出机会平等原则对于阶层固化的消解效应。

首先，建构健全的社会保障体系。社会保障的目的在于实现财富和风险的再分配，进而实现并维护社会公平，减轻弱势群体向上流动的负担，进而构建与优势群体相似的生存环境。具体说来可从以下方面入手：其一，要健全农村社会保障网络，及时了解农村经济的发展状况，为农民增收提供制度性保障，切实减轻农民生活的风险，增加农民对美好生活的心理预期。其二，明确各级党组织和政府的职责，建构政府、企业与个人共同承担的风险管理机制，使政府成为个人的坚强后盾，使企业成为个人的忠实合作者，共同打造三位一体的风险管理体系。其三，建立健全农村社会保障制度，切实保障农民的基本的生存与发展权益。

其次，建构公共服务的均衡化体系。其一，加大对落后地区基础教育的支持力度。基础教育对于个人人生观和世界观的形成具有至关重要的塑造作用，然而由于种种原因，落后地区的基础教育并不具有连贯性。因此，应在人力、物力和财力等各个方面提升与改善落后地区基础教育状况，以切实减少外部条件对个人所产生的不利影响。其二，加大对落后地区的医疗卫生事业的投入力度。医疗卫生事业关系着广大社会成员的生命健康，对于个人的生存发展具有基础性意义。改善落后地区的医疗卫生事业，必须在医疗卫生人才的引入、基础设施的建设以及人才的培养方面着力。其三，加大对落后地区基础设施建设的投入力度，加强基本的交通、水利和电力设施的建设，优化用于提升自我的文化设施建设。

最后，建构公共权力的规范与监督体系。绝对的权力导致绝对的腐败，只有把权力关进笼子，权力才能在相应的界限内运行。"只有权力各归其位，互相制衡，才能防止少数人专擅滥用。"① 只有打破权力的专擅滥用，阶层向上流动的障碍才能逐渐被消除，阶层固化这一难题才能得到有效的缓解。由此，让权力在阳光下"透明"运行，建构权力的评价与惩罚机制便显得尤为重要。权力的评价与惩罚是一枚硬币的两个面相，二者相辅相成。健全的权力评价机制是权力惩罚机制的先导，而权力惩罚机制是权力评价机制的保证。只有二者的相互辅助，权力才能具有公共性，成为为社会全体成员谋福利的公器。

总的来看，破解阶层固化需要加强社会各阶层之间的沟通合作，优化阶层结构，实现社会机体整体治理效能的提升。"不断优化社会结构，努力培育以中产阶层为主体，两头小、中间大的橄榄型社会阶层结构，使社会财富能够更公正地分配，民众承受社会风险的能力得到不断提升。"②

---

① 王凤鸣、陈海英：《论权力集中与权力制约》，《理论探讨》2014 年第 5 期。

② 冯志宏：《社会正义视阈下的当代中国风险分配》，《马克思主义与现实》2015 年第 1 期。

参考文献

著作类：

1.《马克思恩格斯选集》第 1 卷，人民出版社 1995 年版。

2.《马克思恩格斯选集》第 3 卷，人民出版社 1972 年版。

3.《马克思恩格斯选集》第 3 卷，人民出版社 1995 年版。

4.《马克思恩格斯选集》第 4 卷，人民出版社 2012 年版。

5.《马克思恩格斯文集》第 1 卷，人民出版社 2009 年版。

6.《马克思恩格斯文集》第 2 卷，人民出版社 2009 年版。

7.《马克思恩格斯文集》第 3 卷，人民出版社 2009 年版。

8.《马克思恩格斯文集》第 5 卷，人民出版社 2009 年版。

9.《马克思恩格斯文集》第 7 卷，人民出版社 2009 年版。

10.《马克思恩格斯文集》第 9 卷，人民出版社 2009 年版。

11.《马克思恩格斯文集》第 10 卷，人民出版社 2009 年版

12.《马克思恩格斯全集》第 1 卷，人民出版社 1956 年版。

13.《马克思恩格斯全集》第 2 卷，人民出版社 1957 年版。

14.《马克思恩格斯全集》第 3 卷，人民出版社 1960 年版。

15.《马克思恩格斯全集》第 3 卷，人民出版社 1998 年版。

16.《马克思恩格斯全集》第 19 卷，人民出版社 1963 年版。

17.《马克思恩格斯全集》第 20 卷，人民出版社 1971 年版。

18.《马克思恩格斯全集》第 21 卷，人民出版社 1965 年版。

19.《马克思恩格斯全集》第 23 卷，人民出版社 1972 年版。

20.《马克思恩格斯全集》第 25 卷，人民出版社 2001 年版。

21.《马克思恩格斯全集》第 26 卷（Ⅰ），人民出版社 1972 年版。

22.《马克思恩格斯全集》第 30 卷，人民出版社 1995 年版。

23.《马克思恩格斯全集》第 31 卷，人民出版社 1998 年版。

24.《马克思恩格斯全集》第 32 卷，人民出版社 1974 年版。

25.《马克思恩格斯全集》第 46 卷，人民出版社 2003 年版。

26.《马克思恩格斯全集》第 46 卷（上），人民出版社 1979 年版。

27.《马克思恩格斯全集》第 46 卷（下），人民出版社 1980 年版。

28.《列宁全集》第 24 卷，人民出版社 1990 年版。

29.《列宁专题文集　论社会主义》，人民出版社 2009 年版。

30.《列宁专题文集　论马克思主义》，人民出版社 2009 年版。

31.［德］马克思：《1844 年经济学哲学手稿》，人民出版社 2000 年版。

32.段忠桥：《马克思的分配正义观念》，中国人民大学出版社 2018 年版。

33.贾春增：《外国社会学史》（第三版），中国人民大学出版社 2008 年版。

34.李惠斌、李义天编：《马克思与正义理论》，中国人民大学出版社 2010 年版。

35.吕增奎编：《马克思与诺齐克之间——G.A.柯亨文选》，江苏人民出版社 2007 年版。

36.应奇、刘训练编：《马克思与诺齐克之间——G.A.柯亨文选》，江苏人民出版社 2007 年版。

37.［德］阿克塞尔·霍耐特：《不确定性之痛——黑格尔法哲学的再现实化》，王晓升译，华东师范大学出版社 2016 年版。

38.［印］阿马蒂亚·森：《再论不平等》，王利文、于占杰译，中国人民大学出版社 2016 年版。

39.［加］艾伦·梅克森斯·伍德主编：《民主反对资本主义——重建历史唯物主义》，吕薇洲等译，重庆出版社 2007 年版。

40.［英］伯尔基：《马克思主义的起源》，伍庆、王文扬译，华东师范大学出版社 2007 年版。

41.［美］布坎南：《马克思与正义》，林进平译，人民出版社 2013 年版。

42.［美］布鲁姆：《巨人与侏儒》，秦露等译，华夏出版社 2003 年版。

43.[加] 查尔斯·泰勒:《黑格尔》,张国清译,译林出版社2002年版。

44.[英] 大卫·哈维:《资本主义社会的17个矛盾》,许瑞宗译,中信出版集团2017年版。

45.[英] 戴维·米勒:《社会正义原则》,应奇译,江苏人民出版社2005年版。

46.[意]德拉—沃尔佩:《卢梭与马克思》,赵培杰译,重庆出版社1993年版。

47.[德] 斐迪南·滕尼斯:《共同体与社会——纯粹社会学的基本概念》,林荣远译,商务印书馆1999年版。

48.[美] 古尔德:《马克思的社会本体论:马克思社会实在理论中的个体和共同体》,王虎学译,北京师范大学出版社2009年版。

49.[德] 黑格尔:《法哲学原理》,范扬、张企泰译,商务印书馆2013年版。

50.[英] 霍布斯:《利维坦》,黎思复、黎廷弼译,商务印书馆1985年版。

51.[加] 凯·尼尔森:《平等与自由——捍卫激进平等主义》,傅强译,中国人民大学出版社2015年版。

52.[美] 凯文·奥尔森编:《伤害＋侮辱——争论中的再分配、承认和代表权》,高静宇译,上海人民出版社2009年版。

53.[美] 罗伯特·诺奇克:《无政府、国家和乌托邦》,姚大志译,中国社会科学出版社2008年版。

54.[美] 罗尔斯:《正义论》,何怀宏等译,中国社会科学出版社2009年版。

55.[英]洛克:《政府论》(上篇),瞿菊农、叶启芳译,商务印书馆1982年版。

56.[英]洛克:《政府论》(下篇),瞿菊农、叶启芳译,商务印书馆1981年版。

57.[英] 罗斯·阿比奈特:《现代性之后的马克思主义——政治、技术与社会变革》,王维先等译,江苏人民出版社2011年版。

58.[美] 玛莎·C.纳斯鲍姆:《正义的前沿》,朱慧玲等译,中国人民大学出版社2016年版。

59.[美] 迈克尔·J.桑德尔:《自由主义与正义的局限》,万俊人等译,译林出版社2001年版。

60.[美] 迈克尔·哈特、[意] 安东尼奥·奈格里:《大同世界》,王行坤译,中国人民大学出版社2016年版。

61.[英] 穆勒:《政治经济学原理及其在社会哲学上若干问题》(上卷),赵荣潜、桑炳彦译，商务印书馆 2007 年版。

62.[美] 南茜·弗雷泽、[德] 阿克塞尔·霍耐特：《再分配，还是承认？——一个政治哲学对话》，周穗明译，上海人民出版社 2009 年版。

63.[美] 萨缪尔森、诺德豪斯：《经济学》，中国发展出版社 1992 年版。

64.[美] 塞缪尔·弗莱施哈克尔：《分配正义简史》，吴万伟译，译林出版社 2010 年版。

65.[法] 托克维尔：《论美国的民主》（全二卷），董果良译，商务印书馆 2009 年版。

66.[法] 托马斯·皮凯蒂：《21 世纪资本论》，巴曙松等译，中信出版社 2014 年版。

67.[英] 亚当·斯密：《国民财富的性质和原因的研究》（上），郭大力、王亚南译，商务印书馆 1972 年版。

68.[美] 约翰·罗尔斯：《作为公平的正义》，姚大志译，中国社会科学出版社 2003 年版。

69.[美] 约翰·罗默：《在自由中丧失：马克思主义经济哲学导论》，段忠桥、刘磊译，经济科学出版社 2003 年版。

70. C.B. Macpherson, *The Political Theory of Possessive Individualism: Hobbes to Locke*, Oxford: Clarenden Press, 1962.

71. Christine Spynowich, *Equality Renewed, Justice, Flourishing and the Equalitarian Ideal*, Routledge, 2017.

72. G.A. Cohen, *Self-ownership, Freedom, and Equality*, Cambridge: Cambridge University Press, 1995.

73. Iris Marion Young, *Justice and the Politics of Difference*, Princeton: Princeton University Press, 1990.

74. John Rawls, *Political Liberalism*, New York: Columbia University Press, 1993.

75. MacIntyre A., *Whose justice? Which rationality?* Lodon: Duckworth, 1998.

76. Robert Nozick, Anarchy, *State and Utopia*, Oxford: Blackwell Publishers ltd, 1974.

期刊类：

1. 白刚：《从"资本正义"到"劳动正义"——〈资本论〉的"正义转向"》，《贵州师范大学学报》2018 年第 5 期。

2. 邓伟生：《威廉斯论按需分配》，《世界哲学》2015 年第 6 期。

3. 丁世俊：《蹩脚的文学作品，精湛的思想著作——读〈伊加利来旅行记〉》，《读书》1981 年第 9 期。

4. 冯志宏：《社会正义视阈下的当代中国风险分配》，《马克思主义与现实》2015 年第 1 期。

5. 韩立新：《劳动所有权与正义——以马克思的"领有规律的转变"理论为核心》，《马克思主义与现实》2015 年第 2 期。

6. 何中华：《"平等"问题的历史规定及其超越——重读马克思〈哥达纲领批判〉》，《山东社会科学》2011 年第 10 期。

7. 贺来、何宇白：《人自我理解的变革与马克思哲学的正义观——对马克思哲学正义观研究的一个前提性探讨》，《求是学刊》2018 年第 4 期。

8. 黄山河：《按劳分配中资产阶级权利的内容没有改变——学习〈哥达纲领批判札记〉》，《中国经济问题》1980 年第 9 期。

9. 李佃来：《马克思权利平等思想辨析》，《山东社会科学》2016 年第 11 期。

10. 李义天：《认真对待"塔克—伍德命题"——论马克思正义概念的双重结构》，《中国人民大学学报》2018 年第 1 期。

11. 李义天：《马克思的平等概念：质疑与重构》，《湖南师范大学社会科学学报》2018 年第 1 期。

12. 李义天、张霄：《马克思主义伦理学何以可能——访英国肯特大学戴维·麦克莱伦教授》，《江海学刊》2018 年第 9 期。

13. 林育川：《历史唯物主义视域中的规范正义——一种可能的马克思主义正义理论》，《哲学研究》2018 年第 8 期。

14. 凌新、高园：《论权利的不平等——马克思主义平等正义观的基本原则》，《江汉论坛》2004 年第 9 期。

15. 刘华伯：《正确理解按劳分配正义中的资产阶级中的权利问题》，《社会科学研究》1982 年第 6 期。

16. 马嘉鸿：《如何理解〈资本论〉"重建个人所有制"问题》，《哲学研究》2017 年第 5 期。

17. 马晓燕：《差异政治：超越自由主义与社群主义正义之争——I.M. 杨的政治哲学研究》，《伦理学研究》2010 年第 1 期。

18. 马拥军：《马克思恩格斯论原子式个人——兼论改革开放 40 年来个人与集体关系的变化》，《中国浦东干部学院学报》2018 年第 3 期。

19. 毛勒堂：《劳动正义：马克思正义的思想内核和价值旨趣》，《毛泽东邓小平理论研究》2017 年第 3 期。

20. 裴宏、李帮喜：《剩余价值的生产与再分配——基于分析马克思主义视角》，《当代经济研究》2014 年第 12 期。

21. 乔惠波：《重新认识马克思的"个人所有制"及其当代意义》，《广西社会科学》2016 年第 10 期。

22. 司晓静：《从权利的平等到财产的不平等——对洛克私有财产不平等正当性证明的反思》，《学术研究》2017 年第 10 期。

23. 孙可庸：《按劳分配与资产阶级式的权利——当代马克思主义哲学的使命（一）》，《改革与战略》1993 年第 2 期。

24. 涂良川、胡海波：《论马克思的分配正义思想》，《现代哲学》2009 年第 2 期。

25. 王峰明：《资本主义生产方式的二重性及其正义悖论——从马克思〈资本论〉及其手稿看围绕"塔克—伍德命题"的讨论》，《哲学研究》2018 年第 8 期。

26. 王凤鸣、陈海英：《论权力集中与权力制约》，《理论探讨》2014 年第 5 期。

27. 王海明：《按需分配与按劳分配新探》，《人文杂志》2010 年第 1 期。

28. 王庆丰：《〈资本论〉中的生命政治》，《哲学研究》2018 年第 8 期。

29. 王新生：《作为规范理论的马克思主义政治哲学》，《求是学刊》2006 年第 5 期。

30. 王新生：《马克思正义理论的四重辩护》，《中国社会科学》2014 年第 4 期。

31. 武海宝：《马克思政治经济学批判中的法权观探析》，《马克思主义研究》2018 年第 10 期。

32.[日]小堀真裕:《当今日本社会中的马克思主义与左翼运动——迟来的"再分配"政治的走向》,《学海》2011 年第 2 期。

33. 杨缨、周生春:《最后的差异与特权:按劳分配的正义性与历史局限性》,《社会科学战线》2011 年第 8 期。

34. 姚大志:《分配正义:从弱势群体的观点看》,《哲学研究》2011 年第 3 期。

35. 于光远:《把"各尽所能,按需分配"改回"各尽所能,各取所需"——我的一个建议》,《中国翻译》1981 年第 5 期。

36. 余金成:《按劳分配及其在马克思主义发展史上的四次解读》,《理论学刊》2016 年第 5 期。

37. 袁立国:《生产方式的正义:马克思正义论的存在论视野》,《社会科学辑刊》2015 年第 3 期。

38. 张盾:《财产权批判的政治观念与历史方法》,《哲学研究》2011 年第 8 期。

39. 张盾:《财产权问题与黑格尔法哲学的当代意义》,《人文杂志》2011 年第 9 期。

40. 张盾:《财产权批判的政治观念与历史方法》,《哲学研究》2018 年第 8 期。

41. 赵汀阳:《制造个人》,《社会科学论坛(学术评论卷)》2009 年第 1 期。

42. Jeffrey Reiman, "Exploitation, Force, and the Moral Assessment of Capitalism: Thoughts on Roemer and Cohen", *Philosophy and Public Affairs*, Vol.16, No.1, 1987.

43. Richard J. Arneson, "Lockean Self-Ownership: Towards a Demolition", *Political Studies*, Vol. XXXIX 1991.

责任编辑：曹　歌
封面设计：胡欣欣
版式设计：严淑芬
责任校对：杜凤侠

图书在版编目（CIP）数据

马克思政治哲学视阈中的分配正义问题研究／涂良川　著 . — 北京：
　人民出版社，2023.9
ISBN 978－7－01－024389－4

I. ①马…　II. ①涂…　III. ①马克思主义政治经济学－分配理论－研究
　IV. ① F0-0 ② F014.4

中国版本图书馆 CIP 数据核字（2021）第 268056 号

马克思政治哲学视阈中的分配正义问题研究

MAKESI ZHENGZHI ZHEXUE SHIYU ZHONG DE FENPEI ZHENGYI WENTI YANJIU

涂良川　著

人民出版社 出版发行
（100706　北京市东城区隆福寺街 99 号）

北京中科印刷有限公司印刷　新华书店经销

2023 年 9 月第 1 版　2023 年 9 月北京第 1 次印刷
开本：710 毫米 ×1000 毫米 1/16　印张：16.75
字数：192 千字

ISBN 978－7－01－024389－4　定价：68.00 元

邮购地址 100706　北京市东城区隆福寺街 99 号
人民东方图书销售中心　电话（010）65250042　65289539